Kinderleben ist Gefühlsleben: wechselhaft, heftig und ausgesprochen authentisch. Doch gerade diese emotionale Kraft der Kinder ist es, die Eltern immer wieder verunsichert und an ihrer Erziehungskompetenz zweifeln läßt. Dabei sind Emotionen das wertvollste, was Kinder haben, sagt die französische Psychotherapeutin Isabelle Filliozat, sie sind Ausdruck des Lebens selbst. Kenntnisreich und verständnisvoll fächert sie die kindliche Gefühlswelt aus Angst, Wut, Freude, Traurigkeit und Depression auf, beschreibt deren Hauptanlässe und -schauplätze und leitet zu einem unerschrockenen und achtsamen Umgang damit an. »Wir müssen dringend lernen, die Emotionen als solche zu erkennen, zu benennen, zu verstehen, auszudrücken und positiv damit umzugehen, wenn wir nicht zu ihren Sklaven werden wollen; das ist unerläßlich für das Glück und die Zukunft der Kinder.« Denn die Intelligenz des Herzens ist entscheidend für den späteren Erfolg im Leben.

Isabelle Filliozat ist Psychotherapeutin, Mutter zweier Kinder und Autorin zahlreicher Bücher. Auf deutsch ist von ihr erschienen: ›Die Intelligenz der Gefühle entdecken‹ (1998) und ›Sei, wie du fühlst‹ (2002).

Inhaltsverzeichnis

Einleitung   11

1. **Kann man den emotionalen Quotienten eines
   Kindes fördern?**   20
   Die Intelligenz des Herzens   20
   Vertrauen Sie auf sich selbst   21

2. **Sieben Fragen, die Sie sich stellen sollten,
   um (fast) allen Situationen gewachsen zu sein**   27
   Was erlebt das Kind?   27
   Was sagt das Kind?   32
   Welche Botschaft möchte ich dem Kind
      zukommen lassen?   36
   Warum sage ich das eigentlich?   40
   Stehen meine Bedürfnisse in Konkurrenz
      zu denen meiner Kinder?   44
   Wer oder was ist für mich das Wertvollste?   52
   Welches Ziel habe ich?   55
   Sieben Fragen, die wir im Gedächtnis
      behalten sollten   59

3. **Das Leben ist Bewegung**   61
   Wer bin ich? Ein emotionales Wesen   62
   »Also soll man den Kindern
      alles durchgehen lassen?«   65
   »Das verstehe ich nicht«   71
   Die emotionale Unterdrückung   79
   Halten, ohne zu unterdrücken   91
   »Das Kind geht mir auf die Nerven
      mit seinem Gejammer«   100

4. Die Angst 108

Soll man seinen Ängsten Beachtung schenken? 108

Die häufigsten Ängste 112

Durch die Angst hindurchbegleiten 126

Sich Lampenfieber zunutze machen 133

Ist es ängstlich? 135

**5. Die Wut hilft bei der Entwicklung
der Identität** 141

Wut ist eine gesunde Reaktion 141

Ein Bedürfnis entschlüsseln 147

Eine physiologische Reaktion,
die begleitet werden muß 150

Wenn die Eltern wütend sind 155

Ein paar Tricks, wie man in dem Augenblick,
wo man losschlagen möchte, Gewalt
vermeiden kann 161

Ist das Kind jähzornig? 162

6. Die Freude 166

Kann man lernen,
sich seines Lebens zu freuen? 166

Die Liebe 171

Spielen, schreien und lachen 172

Die Freude begleiten 175

7. Die Traurigkeit 177

Tränen rühren uns 177

Die Sehnsucht 185

Durch die Traurigkeit hindurchbegleiten 187

8. Die Depression 189

Wie erkennt man sie? 189

Schulversagen – ein Symptom 193

Ist das Kind depressiv? 194

9. Das Leben ist kein langer, ruhiger Fluß 198
   Abhärtung, um schwierige Situationen
      zu meistern? 198
   Trennungen 202
   Die Ankunft eines neuen Kindes 214
   Streitigkeiten in der elterlichen
      Paarbeziehung 217
   Sie lassen sich scheiden 218
   Unfälle, Krankheiten, Leiden 226

**10. Einige Vorschläge, wie Sie mit Ihren Kindern
   glücklicher leben können** 229
   Seien Sie glücklich 229
   Hören Sie zu 233
   Kommunizieren Sie mit dem Körper,
      dem Herzen, dem Kopf – von Mensch
      zu Mensch 238
   Genießen Sie das Glück, Eltern zu sein 240

Schlußbemerkung 243

Danksagung 245
Anmerkungen 246
Bibliographie 247

Für meinen Vater, der sich immer gegen die Verwendung des Wortes »erziehen« verwahrte und es vorzog, seine Kinder zu »begleiten«. Da er von der Gewalt geprägt war, die seine Eltern ihm angetan hatten, gelang es ihm nicht immer, wirklich präsent zu sein, dennoch war er stets für seine Kinder da. Er hat mich geliebt, respektiert und als eigenständigen Menschen betrachtet; er verstand es, mir zu geben, was er selbst nicht bekommen hatte.

Für Margot und Adrien, die mich zur Mutter gemacht haben.

Für Suos Pom, Hebamme im Entbindungsheim Biziau, und für Corinne Drescher-Zaninger, Geburtshelferin, die mich in den intensivsten Glücksmomenten meines Lebens begleitet haben.

Für LLL Leche League und ihre Vorsitzende Claude Didierjean-Jouveau, die mir geholfen hat, meine Kinder zu stillen, und mir damit eine wundervolle Vertrautheit mit ihnen ermöglichte.

»Ihr sagt:
Der Umgang mit Kindern ist ermüdend.
Da habt ihr recht.
Und ihr fügt hinzu:
weil man sich auf ihr Niveau begeben muß,
sich bücken, sich beugen, sich krümmen, sich klein machen muß.
Da habt ihr unrecht.
Nicht das ist es, was am meisten ermüdet.
Es ist vielmehr die Tatsache, daß man sich bis zur Erhabenheit
ihrer Gefühle emporschwingen muß.
Daß man sich recken, strecken
auf seine Zehenspitzen stellen muß.
Um sie nicht zu verletzen.«
   Janusz Korczak

Einleitung

Intelligenz des Herzens in sich zu tragen heißt: lieben, den anderen verstehen, sich selbst verwirklichen, unter allen Umständen ganz man selbst sein und in emotional schwierigen Situationen – bei Konflikten, Fehlschlägen, Trauerfällen, Trennungen, aber auch bei Erfolgen, Anerkennung und wichtigen Begegnungen – angemessen reagieren können. Kurz gesagt, es ist die Fähigkeit, glücklich zu sein, sich nicht von Mißgeschicken beherrschen zu lassen, seinen Lebensweg bewußt zu wählen und harmonische Beziehungen mit seinen Mitmenschen aufzubauen. Wer würde das seinen Kindern nicht wünschen?

Was hält uns von einem erfüllten Leben ab, wer kann uns daran hindern, glücklich zu sein? Was kann unsere Seele krank machen? Es sind die (häufig unbewußten) Erinnerungen an unsere Kindheitsleiden und die Ängste, die daraus resultieren: die Angst, verurteilt, verletzt, abgelehnt oder übergangen zu werden, die Angst vor Mißerfolg, die uns an unseren Fähigkeiten zweifeln läßt, die Angst vor Ablehnung, die uns einredet, wir hätten keinen Platz unter den anderen, die Angst vor den Mitmenschen, die Angst vor dem Sterben ...

Weil Angst, Leiden und verdrängte Wut – und nicht etwa eine konstitutionelle Veranlagung – einen Menschen daran hindern können, sich zu zeigen, wie er ist, und normale Beziehungen zu anderen Menschen einzugehen, sollten wir unseren Kindern in ihrer Entwicklung helfen – indem wir bewußt vermeiden, sie zu verletzen, und sie lehren, Vertrauen in sich selbst zu entwickeln.

Die heutige Gesellschaft unterscheidet sich grundlegend von der früherer Zeiten. Darum entsprechen auch die Erziehungsrezepte von gestern den heutigen Anforderungen nicht mehr.

In der heutigen Gesellschaft – und mehr noch in der zukünftigen – führt der Weg zum Erfolg über Selbstvertrauen, Autonomie und Geschick im Umgang mit anderen Menschen. Die Fähigkeiten zur Kommunikation und die Beherrschung der eigenen Emotionen sind mindestens ebenso wichtig geworden wie fachliche Kompetenzen. Um im Privat- wie im Berufsleben Erfolg zu haben, ist die Intelligenz des Herzens wichtiger als je zuvor. *Dabei genügt es nicht, nur den Intelligenzquotienten unserer Kinder zu fördern. Wir müssen uns auch besonders um ihren emotionalen Quotienten kümmern.* Schließlich haben viele kognitiven oder schulischen Probleme ihre Ursache in emotionalen Blockaden.

Keine Mutter und kein Vater möchte mitansehen, daß ihr Kind ständig vor dem Fernseher hockt oder an seiner Spielkonsole »klebt«. Wie also können wir unseren Kindern helfen, der Invasion der Bildschirme, dem Überhandnehmen von Videospielgeräten und Computern zu widerstehen, wie können wir ihnen beistehen, der Gewalt und dem hypnotischen Rhythmus, die von den Bildern elektronischer Spiele, Clips, Werbesendungen, Filmen und Comics ausgehen, nicht zu erliegen?

Keine Mutter und kein Vater können die Vorstellung ertragen, daß ihr Kind der Gewalttätigkeit, dem Alkohol oder der Drogensucht verfällt. Wie können wir unsere Kinder angesichts dieser Versuchungen stärken und schützen, wo doch die Gewalt in den Schulen überall präsent ist und immer jüngere Kinder Alkohol und Drogen konsumieren?

Keine Mutter und kein Vater möchte, daß ihr Kind sich einer Sekte anschließt und seinen eigenen Willen aufgibt, um sich dem eines anderen blind zu unterwerfen. Wie können wir unseren Kindern genug Selbstvertrauen, innere Sicherheit und Autonomie geben, damit sie nicht der Verführungskunst eines Gurus erliegen?

Gewalttätiges Verhalten, krankhafte Abhängigkeit von Beziehungen, von Fernsehen, Drogen oder Medikamenten sind auch Versuche, unkontrollierbare Emotionen zu beherrschen. *Der*

Ursprung dieser Symptome liegt in der Kindheit – hinter ihnen stecken Defizite, beziehungsbedingte Verletzungen und Kommunikationsprobleme.

Schüchternheit, Abwertung oder – das Gegenteil – eine Überbewertung der eigenen Person sind die Resultate der eigenen Geschichte. Verletzte Gefühle, unverstandene Absichten, fehlgedeutete Verhaltensweisen – die Gründe, an der Eltern-Kind-Beziehung zu leiden, sind vielfältig.

Das Kind ist ein eigenständiger Mensch. Die Emotion ist das Wichtigste an einem Menschen, sie ist Ausdruck des Lebens selbst. Sie annehmen und respektieren zu können heißt, das Kind als Person anzunehmen und zu respektieren. Oft sind Eltern jedoch hilflos angesichts der Heftigkeit der Affekte ihrer Kinder; sie versuchen, sie zu beruhigen, ihre Schreie zum Verstummen, ihre Tränen zum Versiegen zu bringen und die geäußerte Erregung zu dämpfen. *Dabei hat jede Emotion einen bestimmten Sinn, eine Absicht: Sie ist heilsam.* Emotionale Entladungen sind ein Mittel, um sich von den Folgen schmerzlicher Erfahrungen zu befreien. Die Unterdrückung unserer Gefühle dagegen ist – wie ich es in meinem letzten Buch *Die Intelligenz der Gefühle entdecken* gezeigt habe – schädlich. Sie verursacht alle möglichen Arten defensiver Prozesse, schmerzlicher Wiederholungen sowie Zwänge und körperliche Symptome.

Wir müssen dringend lernen, die Emotionen als solche zu erkennen, zu benennen, zu verstehen, auszudrücken und positiv damit umzugehen, wenn wir nicht zu ihren Sklaven werden wollen; das ist unerläßlich für das Glück und die Zukunft unserer Kinder.

Heutzutage weiß man, daß die ersten sechs Jahre im Leben eines Kindes über seine gesamte spätere Entwicklung entscheiden ... Was also können wir in dieser wichtigen Phase tun? Und was nicht? Wie sollen wir etwas tun? Und vor allem: Wie sollen wir uns selbst verhalten? Verantwortungsbewußte Eltern stellen sich eine Menge Fragen.

Sobald eine Frau schwanger ist, wird sie von allen Seiten mit Ratschlägen überhäuft. Jeder hat seine Vorstellung vom Stillen, vom Schlafenlegen, von der Art und Weise, »Babys zu entwöhnen«, von der elterlichen Autorität, vom Prügeln und anderen Bestrafungen: »Lassen Sie das Kind vor allem nicht in Ihrem Bett schlafen«; »Man muß Kindern Grenzen setzen«; »Ein Baby braucht viel Schlaf«; »Ein Junge soll nicht mit Puppen spielen«; »Wenn Kinder hinfallen, darf man sie nicht aufheben oder trösten, sonst verweichlichen sie«; »Wenn Sie Ihr Kind tun lassen, was es will, machen Sie einen Kriminellen aus ihm« etc… Und das ist erst der Anfang einer langen Reihe von »man muß« und »man sollte unbedingt«. Jede Mutter und jeder Vater wird mit wohlgemeinten Belehrungen und »Fragen« überschüttet, die von nicht offen ausgesprochenen Erziehungsprinzipien nur so wimmeln.

Alles wird behauptet – aber auch das Gegenteil. Eltern erhalten zwar eine ungeheure Fülle von Empfehlungen, aber nur wenige wirkliche Informationen. Denn wenn auch jeder Mensch seine eigenen Vorstellungen hat und sie lautstark kundtut, so entbehren sie oft eines objektiven Gehalts. Viele Meinungen über Kindeserziehung werden mit um so größerer Leidenschaftlichkeit, ja Vehemenz verbreitet, je irrationaler sie sind – sie beruhen nur selten auf ernsthaften Analysen.

Eltern fällt es oft schwer, sich zwischen den vielen verschiedenen Auffassungen für das Richtige zu entscheiden. Sie sind schnell verunsichert, ja ratlos. Häufig schwingen in den Ratschlägen mehr oder minder direkte Drohungen mit: »Sie wissen ja gar nicht, was Sie da tun, so macht man Drogensüchtige aus seinen Kindern.« Auch Schuldgefühle werden geweckt: »Das liegt immer an der Mutter« oder »Das kommt daher, daß die Eltern sich scheiden lassen.«

Ich möchte Ihnen hier keineswegs noch einen weiteren Ratgeber vorlegen. Eltern leben Tag für Tag an der Seite ihrer Kinder. Sie kennen sie besser als jeder sogenannte »Spezialist«, sei dieser ein renommierter Kinderarzt oder ein Psychoanalytiker.

Aber zuweilen können Blockaden und Mißverständnisse eine harmonische Beziehung und wahrhaftes Verständnis vereiteln. Wenn ein »Spezialist« Ihnen bei etwas helfen kann, dann bei der Überwindung emotionaler Blockaden.

Ziel dieses Buches ist es, Mittel zu finden, mit denen eventuelle Schwierigkeiten besser umgangen und emotionale Verwicklungen gelöst werden können. Es will Ihnen helfen, einige Hindernisse in der emotionalen Entwicklung aus dem Weg zu räumen. *Eine junge Mutter, ein junger Vater brauchen keine Ratschläge, sondern Orientierung und Anhaltspunkte. Sie müssen lernen, sich selbst und ihren Kindern Vertrauen zu schenken.*

Zwei grundlegende Gedanken durchziehen dieses Buch:
- *Kinder teilen uns mit, was sie in jeder Phase ihrer Entwicklung brauchen,* wir müssen es nur verstehen, ihnen zuhören und ihre Sprache entschlüsseln.
- *Eltern können ihre Kinder verstehen und die richtige Haltung ihnen gegenüber einnehmen,* unter der Voraussetzung, daß sie nicht in mechanischer Art und Weise Erziehungsprinzipien folgen, ihr Urteil nicht blind von Experten bestimmen lassen, sich nicht in rigide Schemata einpressen lassen, die noch aus der eigenen Erziehung stammen, und daß sie nicht zu große Wunden aus ihrer eigenen Geschichte davongetragen haben.

Können wir überhaupt über die Erziehung unserer Kinder sprechen, ohne von der eigenen zu reden und ohne uns klarzumachen, wie sehr sie uns – bewußt oder unbewußt – geprägt hat? Wenn uns Situationen oder Haltungen unserer Kinder auf die Nerven gehen und dazu bringen, heftig, ja gewalttätig zu werden, so ist ganz offensichtlich, daß wir unsere eigene Geschichte überwinden müssen, um die gegenwärtige Wirklichkeit zu erfassen und angemessener und effizienter zu handeln. Wenn die Beziehungen, die wir zu unseren Kindern haben, sehr schwierig werden, dann hat dies wahrscheinlich mit unseren Emotionen und unserer Biographie zu tun. In diesem Fall empfiehlt es sich, einen Psychotherapeuten zu Rate zu ziehen.

Kann man seinen Kindern helfen, ihren emotionalen Quotienten zu entwickeln? Wie bekommen Eltern Vertrauen in die eigenen Kompetenzen als Erzieher? Diese Fragen werden im Mittelpunkt des ersten Kapitels stehen.

Es gibt kein allgemeingültiges Rezept für die richtige Erziehung. Wenn es auch Entwicklungsprinzipen gibt, die zu kennen sich lohnt, *so gibt es doch kein absolutes »Muß«,* keine Wunderlösung, die aus einem Kind einen »gelungenen« Erwachsenen macht; das, was zu einem bestimmten Zeitpunkt richtig ist, kann zu einem anderen falsch sein. *Statt fertige Antworten und unfehlbare Rezepte zu suchen, sollten wir lieber lernen, eigenständig für uns und unsere Kinder zu denken und zu entscheiden.* Im zweiten Kapitel lege ich Ihnen sieben Fragen vor, die Sie sich stellen sollten, um in einigen speziellen Situationen angemessen reagieren zu können.

Das Gefühl der Identität gründet sich auf das Bewußtsein, das ein Mensch von sich selbst hat, und auf seine Emotionen. Im dritten Kapitel erkunden wir daher die Welt der Emotionen: Was sind sie, wozu dienen sie, wie soll man darauf reagieren? Soll man ein Kind ermutigen, seine Affekte zu unterdrücken, um »stark« zu sein, oder soll man seinen Ängsten, seinem Weinen und seinen Zornesausbrüchen Beachtung schenken? Wie kann man ihm helfen, mutig zu werden und dennoch sensibel zu bleiben?

In den Kapiteln vier, fünf, sechs und sieben gehen wir den jeweiligen Bedeutungen von Angst, Wut, Freude und Traurigkeit nach.

Wenn die Emotionen eines Kindes nicht verstanden werden, besteht die Gefahr, daß es sich in seine Depression einigelt und abkapselt. Die Symptome dafür werden wir im achten Kapitel entschlüsseln.

Im Leben eines Kindes kann es Dramen und Härten geben. Im neunten Kapitel werden wir sehen, wie man Todesfälle,

Trennungen, Leiden und Krankheiten begleitet und wie wir unseren Kindern helfen können, sie zu überstehen.

Im zehnten Kapitel werden wir dann einige Ideen vorstellen, die Ihnen zeigen, wie Sie mehr Spaß und Lebensfreude mit Ihren Kindern haben können.

Ehe wir uns an die Erkundung der Welt der Emotionen machen, möchte ich noch einmal daran erinnern: Unsere Kinder erwarten nicht von uns, daß wir vollkommen, sondern nur, daß wir menschlich sind. Man kann nicht jeden Fehler vermeiden. Fehler gehören zum Lernprozeß dazu. *Hören Sie auf, sich darüber Gedanken zu machen, ob Sie eine »gute Mutter« oder »ein guter Vater« sind; achten Sie vielmehr auf die Bedürfnisse Ihrer Kinder.*

Manche Passagen in diesem Buch werden Sie vielleicht in Erstaunen versetzen, manche Behauptungen kommen Ihnen möglicherweise ungewöhnlich vor. Nehmen Sie sich die Zeit, darüber nachzudenken und zu beobachten, welchen Widerhall sie in Ihnen auslösen. Viele Eltern teilen mir bei Vorträgen oder Seminaren mit, wie meine Ideen bei ihnen ankommen. Was ich berichte, ist nichts Außergewöhnliches – es ist das Offenkundige, das manche meiner Zuhörer jedoch unter diesem speziellen Blickwinkel noch nicht gesehen haben.

Wenn Eltern sich über die Folgen ihres Verhaltens gegenüber ihren Kindern Gedanken machen, sagt man ihnen gerne, sie stellten sich »zu viele Fragen«. Doch Leute, die so etwas behaupten, wenden lediglich selbst vorgefertigte Antworten an, ohne sich darum zu kümmern, welche negativen affektiven Konsequenzen das auf ihre Kinder haben könnte. Wer von ihnen leistet die bessere Erziehungsarbeit? Sich Fragen zu stellen gehört zum Wesen des Menschen dazu.

Sie haben den Eindruck, alles falsch zu machen? Verlieren Sie nur nicht den Mut! Sie haben dieses Buch gekauft, also wollen Sie lernen, wie Sie Ihr Kind und sich selbst respektieren können, wollen lernen, Ihre und seine Emotionen wahrzunehmen. Die Beschäftigung damit ist, insgesamt gesehen, noch sehr neu.

Erinnern wir uns: Vor nicht allzu langer Zeit konnte man ein Kind mit einer Peitsche schlagen oder stundenlang in eine dunkle Kammer sperren, ohne daß andere sich darüber aufgeregt hätten. Kaum jemand hatte etwas an Drohungen, Schlägen oder Gefühlskälte auszusetzen. Man mußte diese kleinen Ungeheuer »dressieren«, ihnen »gute Manieren« beibringen. Alle Arten von Schlägen waren erlaubt, Kinder durften nichts dagegen sagen, da all das »zu ihrem Besten« dienen sollte. Es ist erst zwei Generationen her, daß Kinder nur Pflichten hatten – alle Rechte lagen auf seiten der Eltern. Wir machen es heute besser als unsere Eltern, und unsere Kinder werden es besser als wir machen. Das ist der Sinn der Evolution.

Sie haben Schuldgefühle wegen einer bestimmten Haltung, die Sie gegenüber Ihren Kindern einnehmen? Vergegenwärtigen Sie sich Ihre Herkunft, rufen Sie sich ins Gedächtnis, was Sie selbst in Ihrer Kindheit ertragen haben. Das wird Ihnen helfen, die Dinge zu relativieren. Ihre Schuldgefühle helfen Ihren Kindern nicht. Übernehmen Sie lieber die Verantwortung für Ihr Handeln. Die Anforderungen, die die Elternschaft mit sich bringt, sind tatsächlich hoch; es ist ein Beruf, der unmöglich zu meistern ist, wenn man Freud Glauben schenken will, weil er uns so sehr mit uns selbst, mit unseren Grenzen, unseren noch nicht verheilten Verletzungen konfrontiert und weil unsere Kinder uns unweigerlich eine ganze Reihe von Dingen vorwerfen; das müssen sie tun, um sich zu entwickeln, sich von uns zu unterscheiden und abzusetzen.

Und noch eins: Falls Sie versucht sind, sich selbst als schlechte Mutter oder schlechten Vater zu verurteilen, überlegen Sie, wieviel Hilfe und Unterstützung Sie in Ihrem Alltag bekommen. Haben Sie einen Partner, mit dem Sie sich die Aufgabe der Kinderbetreuung teilen? Gibt es genügend Großeltern, Onkel, Tanten, Pflegemütter, Babysitter, Au-pair-Mädchen, Paten, Freundinnen und Freunde, die Ihnen zur Seite stehen und Sie entlasten? Sich um ein Baby zu kümmern bedeutet, Tag und Nacht verfügbar zu sein – das kann man nicht von einem einzigen Menschen verlangen. Wenn die Bürde der Verantwortung auf einem einzigen Elternteil liegt – und dieser zudem noch isoliert ist –, dann wäre es unrealistisch zu erwarten, daß dieser die immensen Bedürfnisse eines Kleinkindes befriedigen kann.

Setzen Sie die Meßlatte also nicht allzu hoch an: Seien Sie tolerant zu sich selbst, und vor allem: Bringen Sie Ihre eigenen Emotionen und Bedürfnisse zum Ausdruck.

Hören Sie Ihrem Kind zu, erlauben Sie ihm, sich von seinen Spannungen zu befreien, geben Sie ihm Raum für seine Gefühlsausbrüche – und es wird aus allen Schwierigkeiten des Lebens gestärkt hervorgehen.

Ich hoffe, daß Sie in diesem Buch Orientierungen und Hinweise finden, die Ihnen helfen, ein glücklicheres Familienleben zu führen. Jedenfalls hat diese Absicht mich beim Schreiben geleitet.

Viel Vergnügen beim Lesen.

1. Kann man den emotionalen Quotienten eines Kindes fördern?

Als ich mein erstes Kind erwartete, wünschte ich mir, es möge ein guter Mensch werden, ohne unterwürfig zu sein, es möge sich behaupten können, ohne dominieren zu müssen, es möge mutig und kühn werden, ohne arrogant oder zynisch zu sein – es möge glücklich mit sich selbst und den anderen werden. Kurz: Ich hoffte, daß es die Intelligenz des Herzens besitzen möge.

Die Intelligenz des Herzens

Die Intelligenz des Herzens ist die Fähigkeit, die Probleme zu lösen, die durch das Leben, durch andere Menschen, bestimmte Härten, Leiden, Krankheit und Tod an uns herangetragen werden. Sie kann nur dann zum Einsatz kommen, wenn wir mit der eigenen Angst, Wut und Traurigkeit, die unseren Alltag durchziehen, richtig umgehen können.

Die Intelligenz des Herzens ermöglicht es uns, uns den Fragen des Menschseins zu stellen, uns zu entwickeln, unserem Leben einen Sinn zu geben, unsere Beziehungen zu anderen Menschen harmonisch zu gestalten und die täglichen Probleme mutig und klug zu bewältigen. Sie hilft uns, unsere Pläne zu verwirklichen, unseren Weg zu finden und uns zu entfalten. Sie ist im Alltag ebenso wichtig wie bei großen existentiellen Erschütterungen.

Die Emotionen eines Kindes zu respektieren heißt, ihm zu ermöglichen, zu fühlen, wer es ist, und sich seiner selbst bewußt zu werden. Es heißt, ihm die Stellung eines Subjekts zuzugestehen und ihm zu erlauben, anders zu sein als wir. Es heißt, das Kind nicht als Objekt, sondern als eigenständigen Menschen zu betrachten und ihm einzugestehen, die Frage: Wer bin ich? auf seine ganz besondere Weise zu beantworten. Es bedeutet auch, ihm bei seiner Selbstverwirklichung zu helfen, ihm zu erlauben, sein »Heute« in Verbindung zum »Gestern« und »Morgen« zu sehen, sich seiner inneren Ressourcen bewußt zu werden – seiner Stärken wie seiner Schwächen – und wahrzunehmen, wie es auf einem bestimmten Weg, *seinem* Weg fortschreitet.

Das Kind lernt im wesentlichen von seinen Eltern. Die Haltung, die sie in ihrer Erziehung ihm gegenüber einnehmen, ist ganz entscheidend für die Entwicklung seines emotionalen Quotienten. Das Kind paßt sich dabei seinen Eltern an, es neigt dazu, ganz spontan eher einem Beispiel als Ratschlägen zu folgen.

Die unbewußten Botschaften sind ebenso wirkungsvoll – wenn nicht noch mehr – wie Handlungen oder bewußte Worte. Wollen wir unseren Kindern helfen, ihren emotionalen Quotienten zu entwickeln, so zwingt uns das, auch unseren eigenen auszubilden. Einem Kind zu helfen, reifer zu werden heißt, selbst zu reifen. Unsere Kinder – die Spiegel unserer inneren Wirklichkeit – konfrontieren uns mit unseren Grenzen und lehren uns zu lieben. Sie sind wundervolle geistige Führer, wenn man ihnen zuzuhören versteht.

Intelligenz des Herzens zu haben heißt, lieben zu können und durch die Herausforderungen und Härten des Lebens zu wachsen und sich zu entwickeln.

Vertrauen Sie auf sich selbst

Meine Tochter Margot war ungefähr vierzehn Monate alt und wachte regelmäßig nachts auf. Erschöpft, wie ich war, suchte ich eine Kinderärztin auf, die sich als Spezialistin für Kinderpsychologie bezeichnete. Schon nach wenigen Minuten fällte sie ein kategorisches Urteil. »Das ist die Ursache für das Verhalten Ihrer Tochter!« verkündete sie. Meine Tochter schlief nämlich immer an meiner Brust ein. Für die Ärztin war dies die Ursache all unserer Sorgen. Sie hatte ihre Diagnose gestellt, ich hatte mich ihr zu unterwerfen. Meine eigene Geschichte, die meiner Tochter oder die meines Lebensgefährten interessierte sie überhaupt nicht. Das einzige, worum es ging, war das Stillen! Ihre Argumentation war nicht zu widerlegen: Meine Tochter schlief an meiner Brust ein, danach legte ich sie wieder in ihr Bett. Wenn sie aufwachte, war die Brust nicht mehr da; das verstand sie nicht und fing an zu weinen. Ihre Lösung, die sie ohne weiteres Nachdenken verkündete, ergab sich ganz zwangsläufig: Ich sollte das abendliche Stillen einfach weglassen. Margot sollte »allein« einschlafen. Natürlich würde sie weinen, das sollte ich aber nicht weiter beachten. Die Ärztin beruhigte mich; in drei, höchstens vier Tagen würde sie nicht mehr weinen.

Margot, ich bitte dich um Verzeihung. Wie sehr bedauere ich heute, auf diese Frau gehört zu haben. Ich ließ dich also weinen. Du hast vierzig nicht endenwollende Minuten allein in deinem Zimmer geweint, und am Ende bist du in den Armen deines Vaters eingeschlafen. In dieser Nacht wachtest du alle zwei Stunden auf. Da die Ärztin Schuldgefühle in mir geweckt hatte, machte ich es leider am nächsten und am übernächsten Abend genauso. Nach vier Tagen weintest du noch ebenso heftig, weil du deine abendliche Mahlzeit verlangtest, natürlich wachtest du noch öfter auf als zuvor. Da beschloß ich, mich über die Meinung der Spezialistin hinwegzusetzen und auf dich zu hören. Ich gab dir, was du wolltest und was du brauchtest: den körperlichen Kontakt, die Milch, die Nähe – all das, was eine Stillmahlzeit eben ausmacht. Wir schoben dein Bett an unseres, und du schliefst mit großem Behagen an meiner Brust ein. Beruhigt wie du nun warst, hast du entspannter geschlafen.

Erst später, nachdem ich mich anhand zahlreicher Publikationen informiert hatte und mir von einer intelligenten Psychoanalytikerin Rat geholt hatte, verstand ich, daß dein Problem gar nicht das Einschlafen gewesen war. Du bewegtest dich einfach zwischen zwei Tiefschlafsequenzen, ohne ganz aufzuwachen; du suchtest deine Grenzen der Geborgenheit, suchtest Orientierung, meinen Geruch, meine Brust. Erst wenn du spürtest, daß ich nicht neben dir war, wachtest du wirklich auf und weintest. Die Argumentation der Kinderärztin war nicht ganz falsch gewesen – du suchtest tatsächlich die Brust. Doch die Lösung, die sie vorgeschlagen hatte, war verkehrt. Ich brauchte nichts anderes tun, als dich nachts in meiner Nähe zu behalten, in einem Bett neben mir.

Viele Eltern nehmen ihre Kinder mit zu sich ins Bett, solange diese noch ganz klein sind. Doch trauen sie sich nicht, es allzu laut zu sagen, und fühlen sich deswegen oft schuldig. Sie haben sich die Vorstellung zu eigen gemacht, das sei eigentlich »nicht gut«, und fürchten, das könne später die Sexualität ihres Kindes beeinträchtigen oder es sonst in seiner normalen Entwicklung behindern.

In den meisten Ländern der Erde existiert der Ausdruck »nachts durchschlafen« nicht; die Kinder schlafen bei ihren Müttern, solange sie noch gestillt werden, bis sie zwei, drei Jahre alt sind. Manche Experten sind der Meinung, das Bett sei ausschließlich der Intimität der Eltern vorbehalten. Da kann ich nur sagen: Ein bißchen mehr Phantasie bitte! Es gibt auch andere Orte, an denen man Liebe machen kann!

Selbstverständlich darf ein Kind seine Eltern nicht entzweien. Aber ein Baby, das in seinem eigenen Bett schläft, kann das auch gar nicht. Wenn die Eltern seine nächtliche Anwesenheit dazu benutzen, um Abstand voneinander zu nehmen, dann kann das Kind nichts dafür. Wenn eine Frau die Anwesenheit ihres Kindes als Grund angibt, um sich dem Geschlechtsverkehr mit ihrem Partner entziehen zu können, dann ist das ein Vorwand. Sie würde einen anderen finden, wenn der Säugling nicht da wäre.

Schädlich hingegen ist das Verlangen der Mutter oder des Vaters nach dem Körper des Kindes. Das Ausnutzen der Gegenwart des Babys, um seinen Partner von sich zu distanzieren oder um ein Bedürfnis nach affektiver Rückversicherung zu befriedigen, ist problematisch, vielleicht sogar pervers, nicht jedoch das Bemuttern an sich.

Ein Säugling nimmt einen bestimmten Platz in einem Bett ein. Damit keiner der Beteiligten sich gestört fühlt, empfiehlt es sich, ein kleines Bett neben das der Eltern zu schieben. Mutet man einem Säugling zu, ohne die Atemgeräusche seiner Eltern und ohne den Geruch seiner Mutter einzuschlafen, so ist dies ein gewaltsamer Akt, der geschieht, damit die Erwachsenen ihre Ruhe haben. Die frühzeitige Trennung hat nicht etwa Autonomie zur Folge, sondern produziert Verlassenheitsängste und eine Beziehungsabhängigkeit. Autonomie entsteht durch das Gefühl der Geborgenheit. Sollten wir uns nicht die Frage stellen, warum die Furcht, verlassen zu werden, in unserer Gesellschaft so verbreitet ist?

Glücklicherweise setzen sich die heutigen Kinderbücher über das Tabu hinweg und erlauben den Eltern neue Freiheiten. In zahlreichen Büchern wollen die kleinen Bären nicht allein im Bett liegen und schlafen am Ende an Mama oder Papa Bär geschmiegt ein.

Kinderärzte können es auch nicht besser wissen als die Mütter. Sie haben während ihrer Ausbildung häufig nur Theorien gelernt. Ein Baby aber ist nichts »Theoretisches« – es ist sehr real. Und wenn die Praxis neue Horizonte eröffnet, dann ist es ganz wichtig, den Kindern besser zuzuhören, anstatt sie zu Schweigen und Unterwerfung zu erziehen.

Versucht ein Arzt, ein Psychiater, ein ausgewiesener Experte oder Ihre Schwiegermutter Schuldgefühle in Ihnen zu wecken? Dann beenden Sie sofort das Gespräch! Hören Sie nur auf jemanden, der Ihnen hilft, Ihr Kind zu verstehen.

Wenn ich das hier so betone, dann deshalb, weil Mütter besonders anfällig für Beeinflussungen sind – vor allem bei ihrem ersten Kind, aber auch bei den nachfolgenden, da kein Kind genauso wie ein anderes ist. Die meisten Mütter möchten ihre Sache gut machen, sie fühlen sich für dieses Leben, das sie auf die Welt gebracht haben, verantwortlich. Doch angesichts der immensen Bedürfnisse ihres Säuglings fühlen sie sich oft ohnmächtig – sie können sich von diesem kleinen Kind, das sie da in den Händen halten, direkt eingeschüchtert fühlen. Sie sehen sich einer neuen Verantwortung, einem neuen Beruf gegenüber und haben als Ausbildung dafür nur die Erziehung, die sie selbst genossen haben. Daher lassen sie sich allzuleicht von allen möglichen Besserwissern beeindrucken. Die Erziehung ist ein sehr sensibles Thema, das häufig leidenschaftliche Diskussionen auslöst. Es kommt schnell zu heftigen Auseinandersetzungen, die Familien sogar entzweien können.

Es ist wichtig, sich klarzumachen, wie verwundbar eine Mutter ist, und es ist besser, sie zu ermuntern, sich schon vor der Geburt ihres Kindes mit positiven, hilfreichen Menschen zu umgeben, die bereit sind zu hören, welchen natürlichen Bezug sie zu ihrem werdenden Kind hat. Meiden sollte eine Mutter hingegen Menschen, denen es nur um ihre eigene Weltanschauung geht.

Wer etwas tut, um sich den Vorstellungen anderer anzupassen, läuft Gefahr, sich zu täuschen. Stellen Sie sich die Frage: *»Sagt mir das zu oder steht es mir entgegen?«* Wenn es Ihnen zusagt, tun Sie es. Wenn nicht, lassen Sie es!

Vertrauen Sie auf sich selbst, hören Sie auf Ihr Herz und vertrauen Sie Ihrem Kind. Versuchen Sie zu verstehen, was es Ihnen durch sein Schreien, aber auch durch seine Verhaltensweisen oder Störungen sagt. Was es Ihnen nicht mit Worten vermitteln kann, wird es durch Symptome zum Ausdruck bringen. Keine Panik – das ist eine Sprache, mit der es sich an Sie, seine Mutter oder seinen Vater, wendet – Sie können lernen, diese Sprache zu verstehen.

Es ist wahr, daß die Sprache des Kindes nicht immer leicht zu entschlüsseln ist. Wenn hinter seinem Weinen oder seinen Symptomen auch immer eine Notlage steht, so ist das nicht ohne weiteres zu deuten. Es kann von weither kommen – kann mit seiner eigenen Geschichte oder der eines Vorfahrn zusammenhängen. Tatsächlich spiegeln die Kinder oft das Unbewußte ihrer eigenen Eltern (oder Großeltern) wider. Um besser zu begreifen, womit man es zu tun hat, ist manchmal die Hilfe eines Psychotherapeuten notwendig. Seine Rolle ist es, Sie innerlich in Bewegung zu bringen, Ihnen zu zeigen, welche Spuren Sie verfolgen sollten, um die Ursache der Schwierigkeiten zu finden, Ihnen zu helfen, Ihre eigene Geschichte in Worte zu fassen, um die affektiven »Knoten« zu entdecken, die in Ihrem Unbewußten oder dem Ihres Kindes vorhanden sein können. Er wird Ihnen zuhören und Ihnen einen Weg weisen, Sie selbst müssen aber Ihre eigene Lösung finden. Suchen Sie sich die Hilfe eines Vermittlers, nicht eines Ratgebers. Akzeptieren Sie keine kategorischen Meinungen und keine felsenfesten Behauptungen. Die Gewißheiten anderer helfen Ihnen nicht. Sie werden Ihre Lösungen im Dialog mit Ihrem Kind finden, indem Sie sich vortasten und Verschiedenes ausprobieren. Jede Beziehung ist eine einmalige Schöpfung!

2. Sieben Fragen, die Sie sich stellen sollten, um (fast) allen Situationen gewachsen zu sein

Ein Journalist fragte einmal Françoise Dolto: »Hatten Sie Probleme bei der Erziehung Ihrer Kinder?« – »Ja, jedes Kind hat Schwierigkeiten, zu verstehen, was geschieht, da es die Welt auf magische Weise interpretiert. Bevor meine Kinder fünf Jahre alt waren, mußte ich mich täglich aufs neue bemühen zu verstehen, was in ihrem Kopf vorging.«[1]

Diese Antwort der großen Pädagogin und Ärztin sollte uns demütig machen! Françoise Dolto hat Tausenden von Kindern und Eltern zugehört, sie auf ihrem Lebensweg begleitet und ihnen geholfen. Sie besaß eine unglaubliche Intuition, eine tiefgründige Weisheit und eine große Kenntnis der psychischen Mechanismen. Und dennoch hatte sie mehr Fragen als Antworten, wenn es um ihre eigenen Kinder ging. Jedes Kind ist ein einmaliges Individuum und stellt uns mit seiner Eigenart vor neue Herausforderungen. Reagiert man darauf – nach vorgestanzten Erziehungsregeln – mit systematischen Lösungen, so läßt man nicht gelten, daß es ein eigenständiges Individuum, ein Subjekt ist. Sich wegen eines Kindes Fragen zu stellen bedeutet, daß man den Wunsch hat, ihm ganz individuell zu antworten.

Fragen ja, aber welche?

Was erlebt das Kind?

Ein Kind ist ein vollwertiger Mensch. Es hat seine eigenen Gedanken, seine Emotionen, seine Phantasmen, seine Vorstellungen.

Eltern fühlen sich angesichts der Heftigkeit der Affekte, die ihr Kleinkind an den Tag legt, oft ohnmächtig, weil sie überreizt und überfordert sind. In den Augen der Erwachsenen genügt oft eine Lappalie, damit das kleine Gesicht sich zusammenzieht und das Kind zu weinen beginnt. Die geringste Frustration kann zu einer ungeheuren Wut führen.

Das im Reifungsprozeß befindliche Gehirn liefert dem Kind noch nicht die geistigen Mittel, die ihm später ermöglichen werden, seiner Erregung Herr zu werden. Das Kleinkind ist noch nicht in der Lage, Hypothesen aufzustellen, logische Schlüsse zu ziehen, seinen Standpunkt in Frage zu stellen, sich von etwas zu distanzieren oder in die Zukunft zu denken. Es lebt ganz in der Gegenwart, und sein Gedankengang hat eine eigene Logik, die egozentrisch und magisch ist. Sein Denken ist damit sozusagen »vorlogisch«.

Das kleine Kind ist in der Unmittelbarkeit seiner emotionalen Reaktion gefangen; es verfügt nicht über »vermittelnde« Gedanken, mit deren Hilfe es die Dinge relativieren oder die einzelnen Faktoren unterschiedlich werten könnte. Es wird rasch von seinen Affekten überwältigt und braucht deshalb unsere Hilfe, damit es aus dieser schwierigen Lage wieder herausfindet.

Andererseits versucht es all seinen Wahrnehmungen einen Sinn zu geben. Es tut dies mit den Mitteln, die ihm zur Verfügung stehen. Es strukturiert und deutet seine Wahrnehmungen auf seine Weise, anhand der – häufig unvollständigen und zuweilen verzerrten – Informationen, die es hat. Das kann zu Emotionen führen, die für seine Eltern unbegreiflich sind.

Arnaud ist aggressiv, »wegen jeder Kleinigkeit« bekommt er furchtbare Wutanfälle. Seine Eltern haben sich vor kurzem getrennt. In seinem Inneren sagt er sich: »Papa ist fortgegangen; das heißt, er liebt mich nicht mehr, weil ich ein böses Kind bin.«

Bénédicte ist traurig; in der Schule nimmt sie nicht am Unterricht teil, sie spielt auch nicht mit den anderen Kindern. Es fällt ihr schwer, ihren Platz im Leben zu finden. Überall fühlt sie sich überflüssig. Ihre Eltern streiten sich häufig. Sie sagt sich: »Papa und Mama ärgern sich über mich; wenn ich nicht auf die Welt gekommen wäre, würden sie sich jetzt nicht streiten. Es ist meine Schuld.«

Camille sagt sich: »Meine Eltern haben sich wegen mir getrennt. Vor meiner Geburt waren sie verliebt; es wäre besser, ich wäre tot.« Er hat sich eine schwere, galoppierende Leukämie zugezogen, die seine Eltern an seinem Krankenhausbett vereint hat!

Denis hat Angst vor anderen Menschen. Seine Eltern laden nie Gäste ein, gehen wenig aus, konzentrieren sich nur auf das Haus und die Familie. Angesichts dieser Umstände sagt er sich: »Die Welt ist gefährlich, die anderen Menschen sind böse.«

Mit solchen Schlußfolgerungen bildet das Kind Ansichten über sich selbst, seine Eltern und das Leben. Und diese Ansichten sind es, die sein weiteres Verhalten bestimmen werden. Das, was das Kind sieht, was es hört und empfindet, kann große Verwirrungen in seinem Kopf anrichten. Verwirrungen, die es mehr oder weniger tief verletzen und sogar seine Entwicklung in einem ganz bestimmten Bereich blockieren können.

Das Kind sieht die Welt mit seinen eigenen Augen. Wir sollten uns davor hüten, seine Reaktionen zu verurteilen. Hören wir ihm zuerst zu. Versuchen wir herauszufinden, wie es die Dinge erlebt, wie es sie miteinander assoziiert, was es fühlt und was es zu sich selbst sagt.

Es hat Angst vor Schnecken? Für was stehen Schnecken in seiner Vorstellung?

Nachdem eine Klientin diese Haltung des Zuhörens im Laufe eines von mir geleiteten Kurses gelernt hatte, berichtete sie mir ihr Abenteuer mit einem kleinen Jungen: Etienne weinte, weil ihm sein Luftballon in den Händen zerplatzt war. Im Bewußtsein ihrer neuen Erkenntnisse vermied sie es, ihn vorschnell mit der Aufmunterung »Das ist doch nicht so schlimm, ich kaufe dir einen neuen« zu trösten. Statt dessen beugte sie sich zu ihm hinunter und fragte: »Was bedeutet dieser Luftballon denn für dich?«

Zu ihrer großen Verwunderung vertraute der kleine Etienne ihr schluchzend an:

»Alle Dinge gehen kaputt! Auch mein Opa – er ist letzte Woche gestorben.«

Und wir, die Erwachsenen, meinen, der Verlust eines Ballons sei doch nicht so schlimm! Hätte Sophie die Sache bagatellisiert und nicht weiter ernst genommen – wie wir es so häufig tun –, hätte sie die Not des Kindes nicht erkannt. So aber hatte Etienne die Chance, in seiner Trauer verstanden zu werden.

Natürlich haben nicht alle Kinder, denen ein Luftballon platzt, vor kurzem ihren Großvater verloren. Aber die metaphysische Frage bleibt bestehen. Die Eltern sehen nur den Ballon und die paar Pfennige, die er gekostet hat. Das Kind dagegen hatte einen Ballon in seinen Händen, und plötzlich war da nichts mehr als ein winziges Stückchen Gummi! Diese Verwandlung ist absolut verblüffend! Zudem weiß das Kind nicht immer, inwieweit es zu diesem Ergebnis beigetragen hat und ob es möglicherweise daran schuld ist – vor allem, wenn die Eltern noch bemerken: »Siehst du, ich hab' dir doch gesagt, du sollst aufpassen!«

Wir können gar nicht ermessen, was sich im Geist eines Kindes abspielt. Hüten wir uns davor, seine Empfindungen herunterzuspielen. Eine Kleinigkeit, die uns entgeht, kann in seinen Augen die allergrößte Bedeutung haben.

Wie kann man ihm zuhören und ihm helfen, diese affektiven Knoten zu entwirren?

Man sollte dem Kind immer ermöglichen, seine Emotion zum Ausdruck zu bringen und es durch sein Weinen, Schreien und Zittern hindurchbegleiten, ohne zu versuchen, es zu beruhigen. Das Weinen, Schreien und Zittern ist eine Art und Weise, sein Leiden kundzutun. Vertrauen Sie auf seine Kompetenzen. Das Kind weiß, was gut für es ist. Wenn es Ihnen gelingt, ganz bei ihm zu sein, ihm zuzuhören und seine Tränen zu respektieren, werden nach dem erfolgten Ausbruch Entspannung, Vertrauen und körperliches Wohlbefinden eintreten.

Ein Baby weint, weil es ein Bedürfnis hat oder etwas sagen möchte. Vergewissern Sie sich zuerst, daß seine Bedürfnisse befriedigt sind. Wenn es weiterweint, hören Sie ihm einfach zu. Es vertraut Ihnen seine Spannungen an. Vielleicht teilt es Ihnen mit, wieviel Angst es während des Geburtsvorgangs hatte, wie verärgert es ist, weil Sie nicht sofort zur Stelle waren, als es gestillt werden wollte. Vielleicht drückt es aus, wieviel Kummer es ihm bereitet, daß es sich nicht von seinem Vater akzeptiert fühlt. Vielleicht zeigt es auch, daß es unter der Aufregung leidet, die seit dem Tod des Großvaters in der Familie herrscht. Es fühlt ungeheuer viele Dinge, die es herausweinen muß, um sie nicht im Körper zu behalten.

Wenn ein Kind etwas größer ist und sprechen kann, sollten Sie immer noch zuallerst seinen Emotionen Beachtung schenken und sie ernst nehmen. Fragen Sie es nicht, »warum« es weint. Es würde dann nur versuchen, Ihnen eine rationale Erklärung zu liefern, die von seinem eigentlichen Problem oft weit entfernt ist. Begleiten Sie es vielmehr in seiner Empfindung, indem Sie es fragen: »Was ist los?« »Was macht dich so traurig?« oder auch »Wovor hast du Angst?« Seine Begründung kann einem Erwachsenen unlogisch vorkommen; auch wenn sie in der Tat vorlogisch ist, so ist das Kind doch fest davon überzeugt. Indem wir das Kind durch seine Gedankengänge hindurchbegleiten, können wir ihm helfen, ihm eine fehlende Information liefern oder die Situation durch einen anderen Standpunkt erhellen.

Juliette ist in der Vorschule. Sie ist das schwarze Schaf ihrer Klasse. Was ist geschehen, daß die anderen Kinder sich ihr gegenüber so aggressiv und geringschätzig verhalten? Es nützt nichts, wenn man sie bittet, freundlicher mit Juliette umzugehen. Ein Verhalten ist ein Symptom. Es hat Ursachen. Suchen wir sie.

Die Lehrerin stellt Juliette behutsam einige Fragen und erfährt, daß die Kleine häufig von einem Jungen beleidigt wird, der immer wieder verächtlich zu ihr sagt: »Du hast ja nicht mal einen Vater!« Diese Worte sind äußerst schmerzlich für Juliette, denn sie hat ihren Vater vor kaum sechs Monaten verloren. Die

Lehrerin erinnert sich, wie sich die Kinder am ersten Tag vorgestellt haben. Dieses kleine Mädchen hatte den anderen ohne Umschweife verkündet: »Ich heiße Juliette, und mein Vater ist tot.«

»Das ist nicht wahr!« hatte Matthieu sofort erwidert.

Für ihn und für die anderen Kinder ist die Vorstellung, daß ein Vater stirbt, unmöglich. Das hieße ja, daß ihr Vater ebenfalls sterben könnte, und so etwas ist undenkbar! Was war das für ein Mädchen, das so etwas Grauenhaftes ausposaunte? Wer war diese Böse, die ihnen einen solchen Unsinn unterbreitete? Man mußte sie bestrafen, ihr wehtun, sie vernichten.

Es gelang der Lehrerin, die Kinder zum Sprechen zu bringen; sie erforschte ihre Gedankengänge und klärte gemeinsam mit ihnen einige Punkte: den wahrhaften Grund für den Tod dieses Mannes, seine vorausgegangene Krankheit, die Gefahr einer Ansteckung. Die kleinen Vorschüler brauchten die Gewißheit, daß der Umgang mit Juliette nicht auch ihren eigenen Vater umbringen würde! Diese potentielle »Bedrohung« hatte ihnen Angst eingejagt, gegen die sie ankämpften, indem sie Juliette ausschlossen.

Sie sind erstaunt und machtlos angesichts der Intensität einer Emotion, die Ihr Kind äußert? Sie verstehen nicht, was eine solche Reaktion auslösen konnte? Sie wissen nicht, wie Sie ihm helfen können, eine schwierige Phase durchzustehen? Hören Sie ihm zu, versetzen Sie sich in seine Lage, schauen Sie sich die Dinge mit seinen Augen an, und stellen Sie sich die Frage: *Was erlebt es?*

Was sagt das Kind?

Der Lehrer von Frédéric wurde vor kurzem wegen sexuellen Mißbrauchs minderjähriger Kinder in Haft genommen. Ein kleiner Junge hat vier nicht endenwollende Monate lang seine

Übergriffe ertragen müssen. Seine Mutter wundert sich, daß ihr Sohn ihr nie etwas davon erzählt hat. Auf die Bitte des Psychologen hin erinnert sie sich jedoch:

»Ja, es stimmt, er sagte mehrmals: ›Ich habe Bauchweh, ich will nicht in die Schule gehen.‹ Ich habe das für eine Laune gehalten. Ich dachte, er macht mir etwas vor, um nicht in die Schule gehen zu müssen. Und dann war sein Lehrer, dieser Herr X., ja auch so nett.«

Ja, natürlich sind Pädophile häufig sehr nett. Frédéric konnte nicht mit seiner Mutter reden, sie hörte ihm gar nicht zu. Sie nahm seine Weigerung, zur Schule zu gehen, nicht ernst und setzte ihn herab, indem sie ihn als Simulanten behandelte; sie weckte sogar Schuldgefühle in ihm, als sie behauptete, sein Lehrer sei doch so nett! Da sie es ablehnte, seiner Weigerung einen Sinn zu geben, leugnete sie die Bedürfnisse ihres Kindes.

Hinter dem, was Eltern oft eine »Laune« nennen, hinter einem sonderbaren, ungehörigen, übertriebenen – oder einfach außergewöhnlichen – Verhalten sollten wir stets die Emotion, das Bedürfnis zu ergründen suchen. Das Kind will damit immer etwas sagen.

Wenn Ihr Kind nicht zur Schule gehen will, dann hat es dafür einen guten Grund. Sein Lehrer muß nicht unbedingt pädophil sein, aber vielleicht spricht seine beste Freundin nicht mehr mit ihm, oder es fürchtet sich vor dem Jungen aus der siebten Klasse, der während der Pause immer zu ihm kommt. Möglicherweise hat es Angst vor der Lehrerin oder fürchtet sich davor, eine Hausaufgabe abgeben zu müssen oder sich beim Sport vor den anderen zu blamieren. Vielleicht versteht es nicht, was der Lehrer vorträgt, oder findet den Unterricht einfach langweilig. Es braucht Sie, Ihr Zuhören, Ihr aufmerksames Wahrnehmen seiner Gefühle, vielleicht braucht es auch Ihren Schutz oder Ihre Hilfe, um ein Problem zu lösen.

Jedes übertriebene – und vor allem langanhaltende Verhalten, ganz gleich, ob es von großer Aggressivität oder Passivität geprägt ist, ob es eine sehr starke Abhängigkeit von der Mutter oder eine übermäßige Eifersucht offenbart, ob es gravierende Konzentrationsstörungen oder systematischen Widerstand beinhaltet – all das hat eine Motivation. Eine Emotion ist blockiert, ein Bedürfnis wird nicht erkannt.

Noch einmal: Fragen Sie ein Kind nicht, *warum* es dies oder jenes getan hat – meistens hat es keine Ahnung. Wahrscheinlich sind ihm seine eigentlichen Motive gar nicht bewußt. Wenn Sie es fragen, warum es etwas getan hat, wird es einen plausiblen Grund konstruieren. Gut möglich, daß es einen finden wird, doch wird dieser selten die wirkliche Ursache sein.

Das Baby hat keine Worte, um etwas zu sagen. Seine erste Sprache ist der Schrei. Nach und nach wird es sprechen lernen, aber was es nicht mit Worten sagen kann, wird es auch weiterhin durch Schreie, Wut, Weinen und alle möglichen »unerhörten« Verhaltensweisen und andere Weigerungen, zu kooperieren, zum Ausdruck bringen. Es ist nicht ganz einfach zu formulieren, was sich in ihm abspielt. Das Kind versteht nicht unbedingt, was mit ihm geschieht. Es hat den Eindruck, es habe kein Recht, darüber zu reden. Es hat Angst vor den Reaktionen seiner Eltern, vor ihrem Zorn; es fürchtet, ihnen Kummer zu bereiten.

Eltern nennen diese Schreie, die sie nicht zu deuten verstehen, oft »Laune« oder »Theater spielen«. Für ein Kind ist es jedoch entsetzlich, wenn es nicht verstanden wird, wenn seine Versuche, sich Gehör zu verschaffen, mit abwertenden Worten abgetan werden. Launen gibt es nicht – es handelt sich bei einem solchen Verhalten um eine Sprache, um eine Botschaft, die entschlüsselt werden muß.

Sicherlich ist es nicht immer einfach, die Mitteilungen eines Kindes zu begreifen, das seine Gedanken nicht wie wir strukturiert. Aber wir sind alle einmal Kinder gewesen. Mit ein wenig Mühe sollten wir uns daran erinnern können, was wir einst fühlten und wie wir es mitgeteilt haben. Wenn wir als Erwachsene die Schreie eines Kindes nicht hören wollen oder seine Verweigerungshaltung nicht zur Kenntnis nehmen, wenn wir sie nicht als eine Sprache begreifen und versuchen, ihren Sinn zu verstehen, wenn wir es ablehnen, diesen zu erfassen, oder ihn bagatellisieren (»Zu dieser Stunde weint er immer«, »Sie ist nun einmal so, sie ist ungeschickt«), so tragen wir dazu bei, daß sich das Kind in sich selbst zurückzieht. Es hat eine Bitte geäußert, Hilfe gesucht, ein Bedürfnis zum Ausdruck gebracht – und wurde nicht verstanden. Es ist gezwungen, sich durch gewisse Symptome Beachtung zu verschaffen.

Immer wiederkehrende Mittelohrentzündungen, Ekzeme, Allergien, die Weigerung zu essen, Bettnässen, Probleme in der Schule, Aggressivität – all das können Appelle sein. Das Kind ist bereit, seine Entwicklung, seine körperliche und psychische Gesundheit zu opfern, um endlich Beachtung zu finden.

Dabei sollte man jedoch bedenken, daß nicht alle Verhaltensweisen des Kindes unbedingt Appelle sein müssen. Versuchen Sie nicht krampfhaft alles und jedes zu analysieren und systematisch den Sinn hinter jeder seiner Gesten aufzuspüren. Übermaß schadet immer.

Wie können Sie wissen, ob das Kind etwas durch eine Krankheit, einen Unfall oder ein schulisches Problem sagen will? Hören Sie ihm zu. Sie können sicher sein, daß eine Botschaft dahintersteht, wenn das Verhalten hartnäckig anhält, wenn die Symptome trotz der Behandlungen fortdauern oder wiedererscheinen.

Und haben Sie keine Angst, es könnte Ihnen eine Botschaft Ihres Kindes entgehen. Solange sein Problem nicht gelöst ist, wird das Kind dieses in allen möglichen Ausprägungen und mit unterschiedlichen Symptomen zum Ausdruck bringen, bis es eine Reaktion provoziert.

Wenn ein Verhalten Sie überrascht, nervös macht oder beunruhigt, wenn Ihr Sohn oder Ihre Tochter eine Ihnen unangebracht scheinende Emotion, systematischen Widerstand oder variierende Symptome an den Tag legt, sollten Sie sich, ehe diese besorgniserregend werden, die Frage stellen:
Was sagt das Kind?

Welche Botschaft möchte ich dem Kind zukommen lassen?

Hüten Sie sich davor, alles und jedes für eine unterschwellige Botschaft zu halten! Kritzelt das Kind die Wände voll, bemalt es Ihren Terminkalender, zerschneidet es einen Vorhang, um sich ein Hochzeitskleid daraus zu machen, oder zeichnet es einen Fußballplatz auf den neuen Teppichboden in seinem Zimmer, so sind das nicht unbedingt Verhaltensweisen, die eine Botschaft enthalten. Das sind ganz natürliche Wege des Experimentierens und Erkundens der eigenen Fähigkeiten. Wenn dadurch der Boden oder Wertgegenstände beschädigt werden, dann lag das nicht unbedingt in der Absicht des Kindes. Hierbei ist sehr wichtig, das Alter eines Kindes zu beachten.

Ihre dreijährige Tochter zerschneidet eine Ihrer Ketten? Und Ihr achtjähriges Kind tut dasselbe? Dann haben die beiden Handlungen durchaus nicht dieselbe Bedeutung. Die Dreijährige möchte erproben, was sie mit ihrer neuen Schere alles schneiden kann. Sie hat noch nicht wirklich verstanden, daß eine Handlung möglicherweise nicht rückgängig zu machen ist, und glaubt, es sei ohnehin nicht schlimm, da »Mama oder Papa es schon reparieren werden«. Bei dem älteren Mädchen ist das anders. Hier handelt es sich wahrscheinlich um ein Strafverhalten. Sie bringt damit vermutlich ihren Zorn zum Ausdruck: auf Sie, auf Ihren Lebensgefährten, ihren Bruder oder einen Lehrer. Schneidert sie sich jedoch aus dem Duschvorhang ein Kleid, so sollten Sie ihr aufstrebendes Talent nicht an der Entfaltung hindern! Vielleicht wird sie einmal eine große Modeschöpferin!

Mit viel Sorgfalt und sehr gekonnt hat Eric einen Fußballplatz auf den nagelneuen grünen Teppichboden gezeichnet. Er ist ihm wirklich gut gelungen! Er wußte nicht, daß er das nicht tun durfte, schließlich war es doch sein Zimmer! Seine Mutter würdigte sein Talent und beglückwünschte ihn zu seiner Kreativität, sein Vater jedoch brüllte ihn an und zwang ihn, alles sofort wieder zu entfernen. Gern hätte sein Vater viel Geld für einen Teppich bezahlt, auf dem bereits ein Fußballplatz aufgedruckt gewesen wäre; aber er konnte es nicht ertragen, daß sein Sohn ihn selbst darauf zeichnete. In seinen Gedanken »beschädigte« das den Teppichboden; das objektive Ergebnis interessierte ihn nicht.

Unsere Reaktionen auf die Kreationen unserer Kinder werden die Ansichten bestimmen, die sie später von sich selbst haben. Welche Botschaft möchten Sie Ihrem Kind übermitteln?

»Du bist kreativ, du hast originelle Ideen – es wäre gut, wenn wir das geeignete Material fänden, mit dem du sie entfalten kannst.« Oder auch: »Du bist verrückt! Du bist rücksichtslos! Was du da gemacht hast, ist scheußlich!«

Das Kind, das die erste Botschaft erhält, wird sich, im Vertrauen auf seine Fähigkeiten, Hilfsmittel beschaffen, um seiner Kreativität Ausdruck zu verleihen. Das andere wird sich künftig tatsächlich so verhalten und das Bedürfnis haben, sich zu rächen, vielleicht nicht unbedingt am Teppichboden, aber da sind ja auch noch kostbare Vasen und zerbrechliche Figuren im Glasschrank von Papa! Vielleicht zerstört es sich aber auch selbst, indem es sich selbst abwertet.

Sie wollen Ihrem Kind beibringen, die Gegenstände in Ihrem Haushalt nicht zu zerstören, sondern zu respektieren? Dann sollten Sie auch sein Bedürfnis zu experimentieren achten.

Als ich eines Tages an den Wänden meines Arbeitsraums einige Filzstiftstriche entdeckte, war ich zuerst ärgerlich und erinnerte die Kinder, wie schon manchmal zuvor, an meine Bitte: »Malt auf Papier, nicht an die Wände!« Doch als die Wandbemalungen weitergingen, erlaubte ich jedem Kind, eine Zeichnung an der Wand anzubringen, um diese zu dekorieren. Also haben die Kinder sich darangemacht, die dreißig Zentimeter, die ich ihnen zugestanden hatte, zu verzieren. Die Ecke ist sehr hübsch geworden, und die anarchischen Aggressionen mit dem Filzstift haben aufgehört.

Es war schwer für mich, das Verbot, die Wände zu bemalen, zu rechtfertigen, denn meine Schwester, die Malerin ist, hatte die Treppenwände mit wundervollen Fresken geschmückt. Warum sollte diese Frau das Recht zu malen haben und sie, die Kinder, nicht? Das war in ihren Augen ungerecht. Die Tatsache, daß ich ihnen einen eigenen Raum zugestand, wertete sie auf; zufrieden wie sie nun waren, hatten sie danach kein Bedürfnis mehr, ihre Spuren an den Wänden zu hinterlassen.

Bei jeder unserer Reaktionen haben wir die Wahl zwischen einer liebevollen Botschaft »Ich liebe dich, du bist begabt« und einer zerstörerischen Botschaft: »Du bist eine Null, du bist nichts wert.«

Eine gemeinsame Front?

Das Kind hat zwei Elternteile. Theoretisch hat es also eine zweifache Chance, positive Botschaften zu erhalten. Leider beschließen die Eltern oft, »mit einer Stimme zu sprechen«. Viele Eltern meinen, sie müßten ihren Kindern gegenüber eine gemeinsame Front bilden. Eine »Front«? Damit befinden wir uns bereits in einer Konfrontationsdynamik, in einem Machtspiel. Keine Sorge, die Kinder haben kein Interesse daran, ihre Eltern zu entzweien. Sie suchen nach Wahrheit. Sie wollen glücklich sein, sich entfalten. Sie »profitieren« nicht unbedingt von einer Meinungsverschiedenheit zwischen ihren Eltern. Und wenn der eine Elternteil eine negative Botschaft vermittelt, kann der andere etwas Gegenteiliges sagen. Die Kinder wissen, was zutreffend ist und was nicht. Das Kind hat viel mehr das Empfinden von Unstimmigkeit, wenn ein Elternteil sich der Haltung des anderen anschließt und damit seine eigenen Werturteile verrät.

Ihr Partner demütigt oder verletzt Ihr Kind? Haben Sie den Mut, zu sagen, was Sie denken, was Sie empfinden. *Haben Sie den Mut, sich auf die Seite Ihres Kindes zu stellen, seinen Schmerz zu bezeugen, es zu verteidigen.* Es wird dann wissen, daß es sich auf Sie verlassen kann. Wenn Sie hingegen nichts sagen oder Ihrem Partner sogar noch beipflichten, dann verraten Sie Ihr Kind, und es wird das Vertrauen in Sie verlieren.

Ebenso sollten Sie akzeptieren, daß Ihr Partner das Kind verteidigt, wenn Sie einmal übertreiben. Niemand ist vollkommen, wir alle irren uns hin und wieder oder sagen einmal etwas, ohne groß nachzudenken, oder wir »rasten aus«, weil wir müde und gereizt sind oder weil etwas aus unserer eigenen Kindheit »wieder hochkommt«. Das tut Ihrem Image in den Augen Ihres Kindes keinen Abbruch, weil es kein Image sucht, sondern einen wirklichen Menschen als Gegenüber. Wenn Sie Ihre Fehler eingestehen, lehren Sie das Kind, es ebenfalls zu tun.

Eltern sind nicht immer einer Meinung – es ist wichtig für das Kind, auch das zu erfahren. Warum sollten Sie ihm eine einheitliche Auffassung von der Welt und vom Leben präsentieren? Viel bereichernder ist die Feststellung, daß es verschiedene Standpunkte gibt. Über die kann man diskutieren, sich austauschen und die Konflikte lösen.

Also keine gemeinsame Front, aber auch keine Rivalität darum, wer der bessere Elternteil ist – und auch kein Verlagern von anderen Konflikten auf das Gebiet der Kindererziehung!

Mit viel Achtung voreinander sollten die beiden Partner ihre Meinungsverschiedenheiten austragen und dem Kind damit zeigen, daß es möglich ist, zusammen zu leben und sich zu lieben, auch wenn man nicht immer derselben Ansicht ist.

Unsere Kinder hören uns zu und beobachten uns

Mit jeder unserer Handlungen – nicht nur denen gegenüber unserem Kind, sondern auch denen gegenüber jedem anderen Menschen und jeder Situation – lassen wir dem Kind eine Botschaft zukommen.

Schauen Sie sich Ihr Leben und Ihre Lebensweise an. Wie leben Sie und was möchten Sie Ihr Kind lehren? Lügen Sie zuweilen oder verheimlichen Sie manchmal etwas, kommt es vor, daß Sie die Realität verzerren, wenn es Ihnen in den Kram paßt? Respektieren Sie Regeln und Gesetze? Gehen Sie bei Rot über die Straße?

Wieviel Glück, Liebe und Lebensfreude bringen Sie ganz allgemein zum Ausdruck? Bleiben Sie in einer Firma, in einem Beruf oder in einer Ehe, obwohl Sie darin unglücklich sind? Welche Botschaften über Ihre Arbeit, über die Freiheit, über die Art und Weise, das Leben zu führen, über die Selbstverwirklichung und die Liebe geben Sie an Ihr Kind weiter?

Bei allen Entscheidungen über Ihr Leben und bei all Ihren Haltungen dem Kind gegenüber sollten Sie sich stets von der Frage leiten lassen:

Welche Botschaft möchte ich ihm zukommen lassen?

Warum sage ich das eigentlich?

»Margot, Adrien, kommt, wir müssen los.« Ich stehe neben dem Auto, und die Kinder sind noch immer dabei, Kastanien vom Bürgersteig aufzuheben. Sie tun so, als hätten sie mich nicht gehört, und sammeln einfach weiter. »Da, schau, die da nehm' ich mir!« »Hier, nimm, die hier steck' ich in deine Tasche.«

Ich merke, wie ich langsam ungeduldig werde – doch plötzlich drängt sich mir die Frage auf: *Warum um alles in der Welt möchte ich eigentlich, daß sie sofort ins Auto steigen? Weil ich es so entschieden habe? Welche Gründe habe ich denn?* Heute ist Sonntag, ich bin mit ihnen allein, ich habe beschlossen, mich ihnen den ganzen Tag zu widmen. Es ist zwar Mittagszeit, aber der Hunger scheint ihnen nicht besonders zuzusetzen – warum also müssen wir uns beeilen? Was macht es schon für einen Unterschied, ob man Kastanien aufsammelt, im Park spielt oder Karussell fährt? Schließlich haben wir dann volle zwanzig Minuten damit zugebracht, sehr schöne, glatte und glänzende Kastanien vom Boden aufzuheben.

Ich bin mir sicher, daß auch Sie schon ähnliche Situationen erlebt haben. Häufig erfolgen unsere Reaktionen ganz automatisch, daher sollten wir uns öfter die Frage stellen:

Warum? Was treibt mich dazu, auf die Bitte meiner Kinder mit ja oder mit nein zu antworten? Wer oder was bestimmt meine momentane Haltung?

Als Margot zum ersten Mal den Wunsch äußerte, ihren Nachtisch, ein Eis, als Vorspeise zu essen, hörte ich mich sagen: »Nein, das Eis ist ein Dessert, das ißt man zum Schluß.« Beunruhigt durch meine ganz automatisch hervorgebrachte Antwort, fragte ich mich kurz darauf: »Warum sage ich das eigentlich?« Als ich wirklich über das Problem nachdachte, erinnerte ich mich an die Grundlagen der Ernährungslehre und die Funktion des Magens: Zucker regt die Sekretion des Insulins an, er bereitet die Verdauung vor. Wenn wir also am Ende der Mahlzeit etwas Süßes essen, dann, weil wir noch essen wollen, obwohl wir doch eigentlich keinen Hunger mehr haben. Damit wir noch etwas zu uns nehmen können, müssen wir also unseren Organismus täuschen. Daß ein süßes Dessert eine Mahlzeit abschließt, ist ein kulturbedingter Brauch und für die meisten von uns eine angenehme Gewohnheit; wenn man es aber recht bedenkt, ist es nicht sehr gesund. Also habe ich meiner Tochter ihr Eis gegeben. Danach hat sie anstandslos ihre ganze Mahlzeit gegessen. Seither kommt es hin und wieder vor, daß sie eine Frucht, ein Eis oder ein Stück Kuchen vor ihren Nudeln oder den grünen Bohnen ißt, aber sie tut es immer seltener, denn je älter sie wird, desto mehr respektiert sie die Gepflogenheiten, die sie um sich herum sieht. Ich habe erlebt, daß sie mitten in einer Hauptmahlzeit ihren Nachtisch verlangte oder zwischen jedem Gang eine Gabel voll Kuchen oder ein Stück Clementine verspeiste. Warum hätte ich es ihr verbieten sollen, da sie schließlich auch alles andere aß – und sich damit, wenn man es insgesamt betrachtet, ausgewogen ernährte.

Ist es die Gesundheit oder sind es die sozialen Konventionen, die Ihre Einstellung bestimmen? Als Mutter oder Vater bin ich für die Gesundheit meines Kindes verantwortlich, aber auch für seine Sozialisation. Man kann einem Kind erklären, was eine soziale Konvention ist, aber es ist wichtig, diese beiden Faktoren nicht zu verwechseln, indem man beispielsweise einem Kind weismacht, es sei schädlich für seine Gesundheit, den Nachtisch zu Beginn der Mahlzeit zu essen.

Wenn ein Kind eine sehr eigenwillige Bitte an seine Eltern richtet, fürchten diese häufig, daraus könne eine sogenannte »Laune« werden. *Launen sind eine Erfindung der Eltern. Sie tauchen auf, wenn die Eltern Machtspiele praktizieren.* Als Margot verkündete, sie wolle ihr Eis zu Beginn der Mahlzeit essen, war dies keine Laune, sondern die Lust am Experimentieren. Hätte ich mich ihrem Verlangen widersetzt und mich damit auf ein Machtspiel eingelassen, hätte sie wahrscheinlich mit den Mitteln des Machtspiels reagiert und auf ihrer Forderung beharrt. Ich bin der Auffassung, daß Machtspiele von den Eltern und nicht von den Kindern initiiert werden. Als Beweis möchte ich folgendes anführen: Oft wird behauptet, Eltern würden leicht zum Sklaven eines Säuglings, wenn sie sich alles gefallen ließen! Tatsächlich aber ist das Kleinkind vollkommen abhängig von Ihnen, zum Dominieren fehlen ihm ganz offenkundig die geistigen Fähigkeiten.

Sind Ihre Verhaltensweisen von Ihrer Erziehung, von Automatismen, deren Ursache Sie nicht mehr kennen, oder von klaren Tatsachen bestimmt? Oder von der Vernunft? Mit Vernunft meine ich hier nicht die Vorurteile Ihrer Eltern oder Ihres Hausarztes, sondern Ihre eigene Überlegung, die auf zuverlässigen Informationen beruhen sollte.

Eine Mutter vertraute mir an, wieviel Überredungskunst es sie kostete, ihren Sohn dazu zu bewegen, jeden Tag seinen Joghurt zu essen. Sie, ein Opfer der Werbung, glaubte ernsthaft, Joghurt sei notwendig für das Wachstum ihres Kindes, und es müsse unbedingt Milchprodukte essen! Die Stimme der Lebensmittel-Lobby war so laut, daß sie die ihres Sohnes nicht hören konnte. Als ihr durch Zufall eine neutralere und damit objektivere Information in die Hände fiel, mußte sie einsehen, wie sehr sie sich geirrt hatte. Sie hatte ihren Sohn jeden Tag gezwungen, einen Joghurt zu sich zu nehmen, der seinen Magen übersäuerte, ihm jedoch wesentlich weniger Calcium zuführte, als es Mandeln oder Haselnüsse taten, die er besonders gerne aß. Kurz, was sie für gesund gehalten hatte, war es nur bedingt!

Während unserer letzten Ferien, in denen wir uns in einem Hotel einquartiert hatten, wurde ich Zeugin einer kleinen Szene, die mich bestürzte: Wir standen um ein Büffet herum, an dem man die Wahl zwischen Frankfurter Würstchen und Cordon bleu hatte. Ein kleines Mädchen, das von seinem Vater begleitet wurde, wollte unbedingt Würstchen essen. Doch der Vater lehnte ab, mit der Begründung: »Mama hat gesagt, du sollst Cordon bleu essen, also wirst du's auch tun.« Natürlich sind Würstchen kein besonders nährwerthaltiges Nahrungsmittel. Aber ein Cordon bleu ist ein Schnitzel vom Kalb oder Huhn mit einer Scheibe Schinken und Käse; das Ganze ist paniert. Man kann das mögen. Aber drei Arten von Proteinen in einem Gericht sind, vom ernährungswissenschaftlichen Standpunkt aus gesehen, kaum empfehlenswert. Was das kleine Mädchen wollte, ein Würstchen, war nicht schlechter – warum es ihm also nicht erlauben? Es verschlägt einem oft die Sprache angesichts solch absurden Verhaltens. Das Kind hat dann schnell das Verdikt akzeptiert, obwohl es immerhin schon etwa zwölf Jahre alt war. Seine Mutter bestimmte über sein Leben, offenbar ohne sich allzu viele Fragen über den Sinn dessen zu stellen, was sie ihrer Tochter aufzwang.

Man kann nicht alles wissen. Aber wenn unsere Kinder eine Bitte an uns richten, sollten wir sie anhören und uns die Frage stellen:

Warum reagiere ich so und nicht anders?

Stehen meine Bedürfnisse in Konkurrenz
zu denen meiner Kinder?

Wir hätten gerne, daß unsere Kinder nicht wegen einer »Bagatelle« weinen, daß sie nicht zornig werden, weil man ihnen etwas verweigert oder weil man ihre volle Windel wechseln möchte.

Wir hätten gerne, daß unsere Kinder kooperativer wären, daß sie sich ankleiden, wenn man sie darum bittet, daß sie dann zu Tisch kommen, wenn auch alle anderen es tun, daß sie gerne ins Bett gehen, ihr Zimmer aufräumen, ihren Mantel an dem dafür vorgesehenen Haken aufhängen und ihre Schuhe nebeneinander in den Schuhschrank stellen.

Wir hätten gerne, daß sie leise und brav sind, daß sie nicht schreiend herumrennen, sich ruhig auf ihren Stuhl setzen, wenn es ans Essen geht, mit ihrer Gabel zügig und anständig alles essen, was auf ihrem Teller liegt, trinken, ohne ihren Becher umzuwerfen, und bei Tisch nicht mit dem Essen herumspielen.

Im Grunde hätten wir gerne, daß unsere Kinder keine Kinder wären!

Nur – es sind nun einmal Kinder! Sie sind ganz in ihrer kindlichen Rolle, wenn sie alle Spielsachen auf einmal herausholen, barfuß auf den kalten Fliesen herumlaufen, sehr früh morgens aufwachen, um zu spielen, wenn sie sich vor Aufregung schier die Lunge aus dem Hals schreien, wenn sie sich in den Schränken verstecken und im Wohnzimmer Fangen spielen oder auch die Küche mit ihren dreckigen Stiefeln schmutzig machen.

Seien wir einmal ehrlich: Käme es uns nicht ein wenig sonderbar vor, wenn sie sich ständig wie kleine, ordentliche, zivilisierte Erwachsene verhielten? Nach kurzer Zeit wären wir entsetzt über ihren Mangel an Natürlichkeit. Aber man muß es klar und deutlich sagen: Die Bedürfnisse der Eltern und die der Kinder stehen in Konkurrenz zueinander. Die meisten Eltern lieben aufgeräumte Zimmer, schätzen Ruhe und eine gemäßigte Ausdrucksweise, träumen von Behaglichkeit und morgendlichem Ausschlafen. Die Mehrheit der Kinder fühlt sich in großer Unordnung wohl, liebt Lärm und steht sehr früh morgens auf, insbesondere an Sonn- und Feiertagen. Gestehen wir es ein: Diese Konkurrenzsituation birgt Konflikte und kompliziert die Beziehung. Wenn wir uns die Diskrepanz nicht bewußtmachen, besteht die Gefahr, daß ein Wettstreit um die Bedürfnisse ausbricht. In diesen Machtspielen gibt es immer einen Gewinner, aber auch einen Verlierer. Und, um die Wahrheit zu sagen: Was die Beziehung betrifft, gibt es notgedrungen zwei Verlierer. Wie soll man sich von jemandem wahrhaft geliebt fühlen, der die eigenen Bedürfnisse leugnet?

Eltern sein heißt sicherlich, für eine gewisse Zeit seine eigenen Bedürfnisse hintanzustellen, um die Bedürfnisse jener verletzbaren, sensiblen Wesen zu befriedigen, die Kinder sind. Aber das ist weder einfach, noch fällt es einem immer leicht. Eine junge Mutter berichtete mir ganz verzweifelt, sie sei oft nervlich so am Ende, daß sie nahe daran sei, auf ihre Kinder einzuschlagen. Das erstaunte und bestürzte sie, denn auf diese Gefühlslage war sie absolut nicht gefaßt gewesen. Vor ihrer Mutterschaft hatte sie Kinder als wunderbare, vollkommene Wesen betrachtet, die sie, sobald sie einmal selbst welche hätte, unaufhörlich bewundern würde. Als sie dann Kinder hatte, stellte sie verblüfft fest, daß deren Verhalten sie oft rasend machte, ja, daß sie ihre Kinder zuweilen richtig haßte.

Ja, sie bringen uns hin und wieder auf die Palme. Alle Eltern müssen zuweilen darunter leiden – sofern sie nicht ihre Kinder leiden lassen.

Je nach Alter werden die Nächte von Stillmahlzeiten, von Bettnässen oder von Alpträumen unterbrochen. Tagsüber verlangen die Kleinen unaufhörlich Aufmerksamkeit. Unmöglich, sich in einen Roman zu vertiefen, einmal in Ruhe mit einer Freundin zu telefonieren, sich morgens einmal im Bett zu aalen, ja auch nur in Ruhe auf die Toilette zu gehen. Mit einem Kind zu leben ist tatsächlich anstrengend. Wenn wir uns das nicht eingestehen, sammeln wir unweigerlich Groll an, den wir dann bei dem kleinsten Mißgeschick auf das Kind projizieren, indem wir beispielsweise sagen: »Kind, du bist unerträglich!« oder sogar: »Was habe ich nur getan, daß ich so ein Kind bekommen mußte!«

Eltern sein ist eine Vollzeitbeschäftigung – ein Vierundzwanzig-Stunden-Job. Wenn dieser bei manchen Menschen unterbrochen wird, weil sie für acht oder zehn Stunden zur Arbeit gehen, so warten danach dennoch Pflichten auf sie. Im Gegensatz dazu ist es geradezu erholsam, ins Büro gehen zu können. Dort ist man anerkannt, geachtet, man hat mit Erwachsenen zu tun, es gibt keine Schreie, kein Weinen und auch keine Raufereien. Mütter, die immer zu Hause sind, verfügen nicht über diesen Freiraum, in den sie sich flüchten und aus dem sie neue Kraft schöpfen können. In der Ausübung seines Berufes fühlt man sich kompetent, geschätzt, und sei es auch nur durch die Diskussionen mit den Kollegen. Man bekommt neues Selbstvertrauen. Selbst wenn die Arbeit an sich nicht sehr interessant ist, so bietet sie doch Möglichkeiten des Austausches und der Kontakte mit anderen Menschen.

Wenn wir unsere Bedürfnisse nicht anerkennen und uns damit um wesentliche Voraussetzungen für unsere eigene Entwicklung bringen, werden wir wahrscheinlich auch unseren Kindern nicht wirklich geben können, was sie brauchen. *Daher ist es die Pflicht der Eltern, ihre eigenen Bedürfnisse zu entdecken, sie anzuerkennen und nach Möglichkeit zu befriedigen.*

Falls es einen Bedürfniskonflikt gibt, so muß er nicht in einen Wettstreit ausarten. *Langfristig gesehen wird sich Kooperation immer auszahlen.* Diese verlangt, daß jeder seine Bedürfnisse zum Ausdruck bringt und daß man sich gegenseitig dabei respektiert. Gestehen Sie Ihren Kindern ihre Bedürfnisse zu *und* äußern Sie Ihre eigenen.

Nach der frühen Kindheit, wo die Bedürfnisse der Kinder notgedrungen Vorrang haben, sollten Sie darüber diskutieren! *Die berühmten Grenzen, die man gegenüber Kindern ziehen soll, sind genau da, wo Ihre Bedürfnisse angetastet werden.*

Wenn Sie sagen: »*Ich* möchte in Ruhe essen. Überleg' mal, was kannst du tun, um mir das zu ermöglichen?«, so ist das sicher wirkungsvoller als: »Halt den Mund, du bist wirklich unerträglich.«

Ihr Kind will abends nicht ins Bett gehen? Machen Sie ihm klar, daß nun die Stunde gekommen ist, in der die Eltern Vorrang haben und sich nicht mehr um seine Belange kümmern. Es ist unnötig, dem Kind zu drohen, es auszuschimpfen oder zu bestrafen; wahren Sie einfach *Ihre* Bedürfnisse.

Es ist wichtig, sich auszuruhen, um nicht in einen Erschöpfungszustand zu geraten. Es ist wichtig, immer wieder neue Kraft zu schöpfen, um einen klaren Kopf zu behalten, sich die täglichen Pflichten mit dem Partner zu teilen, um nicht unbewußt Groll anzuhäufen und Frustrationen und Wut in sich selbst zuzulassen, wenn der Partner seinen Anteil nicht leistet – sei es, weil er durch eine äußere Pflicht daran gehindert wird, sich einfach weigert, ihn zu übernehmen, oder weil er im Begriff ist, sich aus der Beziehung zu lösen.

Wenn Eltern ihre Emotionen nicht eingestehen, können sie leicht der Versuchung erliegen, sie auf die Kinder zu projizieren. Das bedeutet, daß sie mit etwas belastet werden, das sie im Grunde nichts angeht.

Patricia hat ihre beiden Kinder allein aufgezogen. Da sie sich sorgte, daß ihnen der Vater fehlen könnte, wollte sie diesen Mangel »wettmachen« und verdoppelte ihre Aufmerksamkeit. Doch nachdem sie ein wenig über ihr Verhalten nachgedacht hatte, sprang ihr eine andere Tatsache ins Auge: Ihr selbst fehlte ein Mann. Dieser Erkenntnis hatte sie sich lange Zeit verweigert und den Mangel statt dessen auf ihre Söhne projiziert. Heute haben diese Kinder Probleme, autonom zu werden. Sie haben nicht genug Selbstvertrauen und sind noch immer sehr abhängig von ihrer Mutter.

Eine Mutter, ganz gleich, wie aufmerksam sie auch ist, wird niemals einen Vater ersetzen können. Das ist nicht ihre Rolle. Die Kinder erwarten nicht von ihr, daß sie diesen Mangel ausgleicht, sondern daß sie ihre Emotionen wahrnimmt und ihre eigenen nicht zu verdrängen sucht. Hätte Patricia ihren eigenen Bedürfnissen mehr Beachtung geschenkt, hätte sie ihre Kinder freier aufwachsen lassen. Vielleicht hätte sie sogar einen Mann kennengelernt, mit dem sie wieder eine Partnerschaft, eine Familie hätte aufbauen können. Und dieser Mann hätte die Funktion des Vaters erfüllen, das ausgleichende männliche Element darstellen können, das ihre Söhne so sehr gebraucht hätten ...

Seine eigenen Bedürfnisse beachten bedeutet nicht, sich egoistisch zu verhalten. Vielmehr heißt es, die Lage realistisch einzuschätzen und zu versuchen, auf geeignete Weise darauf zu reagieren. Im allgemeinen kommt dabei jeder auf seine Kosten.

Wenn unseren Kindern unsere eigene Erziehung im Weg steht

Wenn auch unser Alltag uns eine ganze Menge Sorgen bringt, so datieren die meisten unserer wichtigsten und dringendsten Bedürfnisse doch nicht aus der Gegenwart. Die Bedürfnisse, die am schwierigsten zu kontrollieren sind, stammen aus unserer Kindheit. Da sie nicht nur in der Vergangenheit unbefriedigt geblieben sind, sondern zumeist gar nicht als solche erkannt werden, verstärken sie das Gefühl des Mangels, und es genügt wenig, damit sie in Wettstreit mit denen unserer Kinder geraten und uns daran hindern, die Bedürfnisse der Kinder wahrzunehmen, zu verstehen und oft auch in geeigneter Weise auf sie zu reagieren.

»Sie geht mir auf die Nerven mit ihrem Gejammer!« Maryse ist unfähig, ihrer Tochter Zärtlichkeit zu geben; ihre eigenen Eltern haben sie nie in den Arm genommen. Trotz ihres bewußten Wunsches, es zu tun, ist die Blockade zu stark, es gelingt ihr einfach nicht. Wenn Eva sich ihr nähert und ein bißchen schmusen will, weist sie sie zurück. Würde sie dem Verlangen der Tochter entsprechen, könnte sie sehen, wie Eva Zärtlichkeit erhält, und sich gleichzeitig vorstellen, wie sie als kleines Mädchen selbst Zärtlichkeit empfängt. Es war für Maryse so furchtbar, niemals gestreichelt zu werden, daß sie den Schmerz über dieses Defizit nicht in sich wecken will. Sie zieht es vor, ihr eigenes Bedürfnis zu leugnen und zu sagen: »Ich bekam keine Zärtlichkeiten, und ich bin trotzdem nicht gestorben«, und damit die Bedürfnisse ihrer Tochter zu leugnen, um alles besser verdrängen zu können. Denn wenn sie anerkennen könnte, daß Eva Zärtlichkeit braucht, müßte sie logischerweise die Auffassung vertreten, daß jedes kleine Mädchen sie benötigt, also auch sie selbst, als sie ein kleines Mädchen war.

Bleiben die eigenen Kindheitsbedürfnisse verdrängt, kann ich nicht wahrnehmen, was mein Kind braucht. In diesem Fall werde ich entweder meine eigenen Bedürfnisse – die notgedrungen maßlos sein müssen, weil sie seit langer Zeit nicht gestillt wurden – projizieren oder einfach jedes Bedürfnis leugnen, um mein eigenes Leid nicht zu spüren.

Wenn ich das begriffen habe, kann ich mir die Frage stellen: »Will ich wirklich in Konkurrenz zu meinem Kind treten?«

Zwei Wochen nach ihrer Entbindung ist Nathalie zum Wintersport gefahren und hat ihr Baby seiner Großmutter überlassen! Sie rechtfertigte sich mit der Behauptung, sie benötige Ruhe und müsse nach einer solchen Strapaze erst einmal wieder zu sich selbst finden. Sie hat keine Ahnung, was ihre Tochter dabei empfindet. Auf eine Nachfrage hin erzählt sie, daß sie selbst sehr frühzeitig von ihrer Mutter getrennt wurde. Sie hat den Schmerz, den sie deswegen enpfand, in sich vergraben und fügt ihrer neugeborenen Tochter nun dieselbe Qual zu, als wolle sie zu ihrer Mutter sagen: »Du hast recht gehabt, du siehst, ich habe nicht darunter gelitten, denn ich tue dasselbe mit meiner Tochter.«

Irene ist aus beruflichen Gründen zwei Monate in die Vereinigten Staaten gefahren und hat ihren drei Monate alten Sohn zu Hause in der Obhut einer – wenn auch versierten – Kinderbetreuerin gelassen. Als sie zurückkam, wunderte sie sich, warum ihr kleiner Tom in einem solch elenden Zustand war. Er verweigerte die Nahrung und schlief schlecht. Sie hatte ihn durch ihr Verhalten in seiner Entwicklung behindert. Obwohl es den Anschein hat, achtete Irene nicht wirklich auf ihre eigenen Bedürfnisse, als sie in die USA fuhr. Sie reagierte vielmehr auf die Notschreie ihrer eigenen Kindheit: Sie war im selben Alter von ihrer Mutter »verlassen« worden.

Claire ist Mutter von drei Kindern; Yves hat nur zwei, aber alle beide kommen oft spät von ihrer Arbeit zurück. Sie räumen ohne weiteres ein, daß hinter ihrer Entschuldigung, sie hätten noch wichtige Arbeiten beenden müssen, der Wunsch steht, nicht mit den Kindern konfrontiert zu werden, mit ihren Anforderungen, ihren Emotionen. Die Arbeit ist wesentlich leichter. Die Kinder werden sich die Zeit schon irgendwie mit Computerspielen und Fernsehen vertreiben. Ihre Eltern gehen ihnen aus dem Weg, weil sie die Berührung mit ihren eigenen Kindheitsemotionen fürchten.

Ein Säugling kann seine Bedürfnisse nicht selbst befriedigen. Sind die Erwachsenen, von denen er abhängt, für ihn nicht verfügbar, weil sie selbst noch in ihrer eigenen Kindheit gefangen sind, gerät er in große Not. Um zu überleben, um akzeptiert und geliebt zu werden, sind kleine Kinder sehr bald bereit, alles zu tun, um das Wohlwollen der Menschen zu erwerben, die sie betreuen. Sie lernen, nicht zu weinen, wenn sich niemand darum kümmert. Sie lernen sogar, weniger schnell an der mütterlichen Brust zu saugen, wenn sie merken, daß ihr heftiges Saugen ihre Mutter irritiert. Sie unterdrücken ihre Bedürfnisse und ihre Affekte, werden sehr »brav« und benehmen sich so, daß ihre Eltern stolz auf sie sind. Aber indem sie sich so verhalten, löschen sie ihre eigenen Emotionen aus und lernen, daß sie kein Vertrauen haben können und die Außenwelt in erster Linie feindlich ist.

Achten Eltern dagegen auf ihre eigenen wahrhaften Bedürfnisse, schenken sie ihrer Paarbeziehung genügend Aufmerksamkeit, sind sie sich ihrer Rolle als Frau oder Mann richtig bewußt und sind ihre eventuellen früheren Verletzungen ausgeheilt, dann werden sie die Bedürfnisse ihres Kindes erkennen und befriedigen können.

Kein Buch, kein Experte wird jemals allgemeingültige Lösungen aufzeigen können. Jedes Kind ist ein eigenständiger Mensch, der sich von allen anderen Menschen auf der Welt unterscheidet. Zudem verändert sich ein Kind. Es entwickelt sich. Es hat nicht sein ganzes Leben lang dieselbe Schuhgröße und auch nicht dieselben Bedürfnisse. Es ist gut möglich, daß es im Alter von zwei Jahren leidenschaftlich gerne Birnen ißt, sie mit drei Jahren hingegen verabscheut. Man kann sich auf nichts Gesichertes stützen, keine systematische Strategie anwenden. Eltern müssen sich ständig neu anpassen. Das ist nicht leicht, wenn man seine eigene Kindheit vergessen oder verdrängt hat.

Um glücklich zusammenzuleben, sollten wir die überschwenglichen Verhaltensweisen unserer Kinder in den Grenzen halten, die wir ertragen können, und sollten lernen, noch toleranter zu werden. Wir dürfen nie vergessen, daß sie von uns abhängig sind und daß es unsere Aufgabe ist, für sie zu sorgen. Heilen wir also unsere alten Wunden, um unseren Kindern zu ermöglichen, nach ihren eigenen Rhythmen zu leben. Wir werden dann entspannter und heiterer sein.

Wenn wir wütend auf unsere Kinder oder unfähig sind, auf sie einzugehen, oder wenn wir versucht sind, sie allzusehr zu behüten, dann sollten wir uns die Frage stellen:

Stehen meine Bedürfnisse in Konkurrenz zu denen meiner Kinder?

Wer oder was ist für mich das Wertvollste?

Die zweijährige Béa weint und ist ganz verzweifelt. Das Glas, das sie in den Händen hielt, ist ihr heruntergefallen, und ihre Mutter hat sie deswegen furchtbar angeschrien.

Hubert, sieben Jahre, verkriecht sich in seinem Zimmer und verhält sich so leise wie möglich. Er hat entsetzliche Angst davor, daß sein Vater all die zusammengeklebten Papierbögen auf seinem Schreibtisch entdecken könnte. Es hat es nicht mit Absicht getan, er wollte nur ein Spielzeug wieder zusammenkleben, das zerbrochen war, als er aus Versehen drauftrat. Da er wußte, daß sein Vater, hätte er es ihm gezeigt, nur Vorwürfe gemacht und gesagt hätte: »Wenn du deine Spielsachen ordentlich aufräumen würdest, würde das nicht passieren«, hat er es vorgezogen, es selbst zu reparieren – und da ist die Katastrophe geschehen. Er war eben damit beschäftigt, die einzelnen Teile zusammenzuhalten, da sprang die Katze auf den Schreibtisch und warf den Leimtopf um, der sich über die Papiere ergoß!

Allzuoft gehen Eltern ungehemmt auf ihre Kinder los und vergessen dabei, was wirklich zählt. Wegen eines zerbrochenen Glases, das zu Boden gefallen ist, eines Kleidungsstücks, das im Wohnzimmer herumliegt, oder eines verlorenen Spielzeugs brüllen sie, toben und nehmen dabei in Kauf, daß sie ihre Kinder verletzen. Sie stellen unversehrte Blumenbeete, das Sofa im Wohnzimmer oder die Vase der Großmutter über ihre Kinder.

»Was ist für mich das Wertvollste?« ist die Frage, die man sich stellen sollte, ehe man einschreitet. Eltern sind erwachsene Menschen; sie sind mit einem Gehirn ausgestattet, das imstande ist, eine automatische Reaktion abzublocken und sich für ein Verhalten zu entscheiden, das den eigenen Wertmaßstäben und Zielen entspricht. Das Gehirn eines Kindes ist dazu noch nicht in der Lage.

Wenn ich antworte: »Das Wertvollste für mich ist die Liebe meiner Kinder, daß sie mir vertrauen und ich niemals vor ihnen rot werden muß«, so schütze ich diese Liebe und dieses Vertrauen.

Ganz anders reagiere ich dagegen, wenn ich antworte: »Das Wertvollste für mich ist das Urteil meiner Schwiegermutter, die Sauberkeit meiner Küche und meine persönliche Ruhe.« Denn dann besteht die Gefahr, daß ich nur meine Rolle als gute Mutter und Hausfrau oder auch nur meine Ruhe sicherstellen will.

Auch wenn man eine solche Entscheidung natürlich nur selten bewußt fällt, so ist sie darum um so wirkungsvoller. *Denn Ihr Kind nimmt Ihr Unbewußtes wahr. Ihre Reaktionen sind ihm wichtiger als Ihre Worte.* Wenn Sie es, ärgerlich über ein zerbrochenes Glas oder einen Fleck auf seinem Hemd, ausschimpfen und herabsetzen, verletzen Sie es; das Kind meint dann nämlich, das Glas oder das Hemd seien wichtiger als es selbst. Da können Sie noch so oft sagen: »Ich liebe dich, mein kleiner Schatz« – es wird die Botschaft verinnerlichen: »Ich bin nicht wichtig für Mama« oder »Ich werde nicht geliebt, wenn ich Fehler mache.«

Wird Eltern klar, was ihre Reaktionen bei ihren Kindern auslösen, so kann das ihr Verhalten radikal ändern.

Thédora hat eine geradezu katastrophale Beziehung zu ihrer Mutter. Diese Frau hat ihre Tochter die ganze Kindheit hindurch gedemütigt und herabgesetzt. Heute hat Thédora selbst Kinder, und ihre Mutter legt gegenüber ihren Enkeln ein ganz unerträgliches Verhalten an den Tag: Sie vernachlässigt den älteren Jungen und zieht ganz offenkundig den jüngeren vor. Sie überhäuft ihn mit Geschenken, geht mit ihm in den Zoo und ins Kino. Thédora hatte im Beisein ihrer Mutter niemals dagegen protestiert. Doch als sie sich die Frage stellte, was das Wertvollste für sie sei, wurde ihr klar, daß sie mit ihrem eigenen Verhalten ihre Mutter schützte, vielleicht sogar hoffte, daß diese sie endlich lieben würde. Diese einfache Erkenntnis genügte. Das Glück ihrer Kinder war ihr von nun an wichtiger als die Unterwerfung unter ihre Mutter. Thédora stellte daraufhin ihre Mutter zur Rede, die angesichts der Entschlossenheit ihrer Tochter bald ihr zerstörerisches Spiel aufgab.

Ein Kind erschüttert notgedrungen die Ordnung, die seine Eltern eingerichtet haben. Das liegt in der Natur der Dinge. Lassen die Eltern nicht zu, daß ihre Ordnung gestört wird, leben sie weiterhin »wie vorher«, das heißt, so, als ob das Kind nicht da wäre, ändern sie weder an ihrer Lebensweise noch an ihrem Arbeitsrhythmus etwas und gehen sie auch weiterhin genauso oft aus, schließt das Kind möglicherweise daraus, daß es nicht wichtig ist, ja sogar, daß es kein Recht auf eine eigene Existenz hat. Es kann deswegen Gefühle der Scham (ich störe) und der Minderwertigkeit (ich bin nicht gut genug) entwickeln.

Ein Kind muß spüren, daß es wertvoll ist, daß es seinen Platz hat, daß es wichtig ist und daß seine Bedürfnisse wie seine Gegenwart respektiert werden. »Was ist für mich das Wertvollste?«

Diese Frage hat mir geholfen, wenn ich mehrmals in der Nacht aufgeweckt wurde, wenn die Pfingstrose, die ich in der Mitte meines Gartens gepflanzt hatte, Spuren von zwei kleinen Füßen aufwies, die leider darüber hinweggetrampelt waren, wenn eine Arbeit, die ich auf meinem Computer fertiggestellt hatte, durch ein paar unglückliche Griffe von kleinen zweijährigen Händen gelöscht worden war, oder ganz einfach, wenn ich müde war und sah, daß ich trotzdem noch den Boden wischen mußte.

Aber eines steht unumstößlich fest: Das Wichtigste für mich sind die Liebe und das Vertrauen, das meine Kinder in sich selbst haben. Und ich möchte auch, daß sie Vertrauen in mich haben. Daher weiß ich, welchen Weg ich verfolge: Ich will sie nie verletzen, nie anlügen, herabwürdigen, verraten oder in Angst und Schrecken versetzen. Unter allen Umständen werde ich aufrichtig zu ihnen sein, werde zeigen, was ich empfinde, und mir anhören, welche Empfindungen sie haben, werde ihnen helfen, sich zu lieben, Zutrauen in ihre Fähigkeiten zu bekommen und Verantwortung zu übernehmen, ohne Schuldgefühle zu entwickeln.

Wenn unsere Kinder Unordnung in unser Leben bringen, wenn wir nicht wissen, wie wir uns verhalten sollen, wenn wir fühlen, daß wir nicht so handeln, daß es zu ihrem Wohl ist, sondern die Wertmaßstäbe unserer eigenen Eltern oder die anderer Menschen im Auge haben, dann sollten wir uns die Frage stellen:

Was ist für mich das Wertvollste?

Welches Ziel habe ich?

Absolut gesehen gibt es keinen guten oder schlechten Weg. Es gibt den, der zum Ziel führt, und den, der mich davon entfernt.

Ist es »gut« oder »schlecht«, dem Kind die Wahl zu überlassen, was es an diesem Morgen anziehen möchte?

Ist es »gut« oder »schlecht«, einer bestimmten Bitte nachzukommen?

Ist es »gut« oder »schlecht«, es weinen zu lassen?

Ist es »gut« oder »schlecht«, es um zwanzig Uhr ins Bett zu bringen?

In Wirklichkeit ist es weder gut noch schlecht. An einem Tag werden Sie mit Ja, an einem anderen mit Nein antworten – je nach der Entwicklungsstufe Ihres Kindes, seinen Bedürfnissen und Ihrem Ziel. Viel wichtiger, als sich Ratschläge von außen anzuhören, was angeblich »gut« und »schlecht« sei, ist für Eltern, sich innerhalb der Beziehung zu ihren Kindern bewußt zu machen, welches Ziel sie eigentlich haben: »Welches ist *mein momentanes* Ziel in der Beziehung zu meinem Kind?«

Karine hat zu ihrem Geburtstag ein Paar Rollerskates bekommen. Géraldine, ihre ältere achtjährige Schwester, möchte nun auch welche haben – möglichst sofort. Suzanne, ihre Mutter, will sie Géraldine zu ihrem Geburtstag schenken, der in zwei Monaten sein wird. Zwar rücken die Ferien näher, und es wäre schön, wenn beide Mädchen Skates besäßen, um gemeinsam damit fahren zu können. Aber wenn Géraldine schon jetzt ihr

Geschenk erhielte, würde Karine das ungerecht finden. Suzanne fragt sich, was sie machen soll; sie wägt das Für und Wider ab und bittet mich um meine Meinung. Ich schlage ihr vor, darüber nachzudenken, was für eine Beziehung sie momentan zu Géraldine hat, und sich die Frage zu stellen: »Welches Ziel habe ich?«

Ihre Beziehung zu ihrer älteren Tochter ist schwierig. Géraldine ist sehr eifersüchtig auf ihre Schwester – zu Recht, gesteht die Mutter. Von Anfang an war mit Karine alles leichter. Das ist nicht weiter verwunderlich, sie ist ja auch die zweite Tochter. Suzanne berichtet, wie schwierig ihre Entbindung von ihrem ersten Kind war, erzählt mir ihre gemeinsame Geschichte. Sie leidet darunter, daß sie Géraldine nicht genausoviel Liebe geben konnte wie später ihrer kleinen Schwester. Ihr Ziel? Wiedergutmachen! Géraldine sagen, wie sehr sie sie liebt, wie wichtig sie für sie ist. Was also war zu tun? Ich gab ihr ganz bewußt keinen Rat. Suzanne hat noch am selben Abend auch für Géraldine ein Paar Rollerskates gekauft und ihr erklärt, daß es ein Zeichen ihrer Liebe und der Wiedergutmachung für in der Vergangenheit Geschehenes sei. Suzanne hat ihr Herz sprechen lassen, Géraldine hat die Botschaft verstanden. Es war für beide ein bewegender Augenblick.

Eine andere Situation und ein anderes Ziel hätten eine andere Reaktion erforderlich gemacht. *Es gibt keine allgemeingültige Lösung, sondern eine bestimmte Lösung für ein Kind und seine Mutter (bzw. seinen Vater) in einem ganz bestimmten Augenblick ihrer gemeinsamen Geschichte.*

Tatsächlich stehen hinter jeder unserer Handlungen mehr oder weniger bewußte Ziele. Es kann auch vorkommen, daß wir gegen unsere bewußten Ziele arbeiten. Wie Pamela, die behauptet, es sei ihr Wunsch, daß ihre Kinder reifer und selbständiger würden, ihnen aber dennoch jeden Abend die Kleider hinlegt, die sie am nächsten Tag tragen sollen.

Unsere Ziele bestimmen unsere Reaktionen und damit unsere Beziehung zu unserem Kind, und das um so mehr, wenn sie unbewußt bleiben. Werden sie uns bewußt, so haben wir die Möglichkeit, uns für die Beziehung, die wir wollen, zu entscheiden und sie dementsprechend zu gestalten.

Ist es mein Ziel, daß meine Küche tipptopp sauber und aufgeräumt ist, dann werde ich mich nicht so verhalten, wie ich es tue, wenn mein Ziel darin besteht, meine Kinder zu lehren, daß sie in allen Lebenslagen Vertrauen zu sich selbst haben können.

Ist es mein Ziel, meinen Kindern die Möglichkeit zu geben, autonom zu werden und selbständig zu denken, werde ich mich anders verhalten, als wenn ich sie unterwürfig und gehorsam haben möchte.

Ist es mein Ziel, meinem Kind immer wieder zu zeigen, wieviel Liebe ich für es empfinde, handle ich anders, als wenn ich ihm helfe, reifer zu werden und Enttäuschungen durchzustehen.

Ist es mein Ziel, meinem Ehemann zu beweisen, daß ich eine perfekte und untadelige Ehefrau bin, dann werde ich mich nicht so verhalten, wie wenn mein Anliegen darin besteht, auf die Bedürfnisse meiner Kinder zu achten.

Solange ich vom Urteil anderer Menschen abhängig bin – sei es real oder imaginär –, kann ich mich nicht auf die wirklichen Bedürfnisse meines Kindes konzentrieren.

Die Bedürfnisse eines Kindes als wichtig erachten, ihm Vorrang geben und es respektieren bedeutet weder, ihm »alles zu erlauben«, noch »nichts zu sagen«, wenn es etwas beschädigt oder kaputtmacht; es heißt, seine eigenen Emotionen zu zeigen, es aber gleichzeitig weiterhin zu lieben und das auch zu erkennen zu geben.

Ich hing sehr an einem schönen, handgeblasenen, mit einer blauen Schlange verzierten Glas, das mir mein Lebensgefährte geschenkt hatte. Daher hatte ich den Kindern verboten, es anzufassen. Eine Sekunde der Unaufmerksamkeit genügte, in der Adrien (zwei Jahre) es doch in die Hände nahm – und fallenließ. Als das Glas auf dem Küchenboden zerschellte, brach ich in Tränen aus. Ich hatte dieses Glas so geliebt! Doch auch in diesen schmerzlichen Sekunden war mir bewußt, daß ich meine Kinder liebe und daß es mein Ziel ist, ihnen die Botschaft weiterzugeben: Meine Liebe ist bedingungslos – ihr könnt mir vertrauen. Ich habe daher meiner Wut Ausdruck verliehen, ohne meinem Sohn Vorwürfe zu machen, der – das sah ich durch meinen Tränenschleier hindurch – natürlich auch entsetzt über das war, was er angerichtet hatte. Als Adrien meine Reaktion sah, fing er an zu weinen. Ich konnte ihn beruhigen, ihm sagen, daß ich ihn weiterhin liebte, daß ich jedoch das Bedürfnis zu weinen hatte, weil ich über das zerbrochene Glas so traurig war. *Ich sprach über mich, nicht über ihn.* Ich zeigte meine Gefühle, ich verurteilte ihn jedoch nicht. Nach dieser Szene hat er noch mehrmals gesagt: »Einmal habe ich dein Glas zerbrochen, und du hast geweint, und ich habe auch geweint.« Er redete darüber, hatte das Bedürfnis, sich die Situation in Erinnerung zu rufen, so als ob er sie dadurch besser verarbeiten könnte. Jedesmal antwortete ich: »Ja, ich habe geweint, weil ich dieses Glas sehr gemocht habe; es ist zerbrochen, und deshalb konnte ich nicht mehr daraus trinken. Es ist ganz natürlich zu weinen, wenn man traurig darüber ist, daß etwas verlorengeht, das einem wertvoll war.«

Einige Monate später stellte Adrien ganz vorsichtig ein großes Glas auf den Tisch und sagte: »Siehst du, Mama, ich habe es nicht zerbrochen, weil du geweint hast, als ich dein Glas zerbrochen habe. Ich mag nicht, wenn du weinst. Und ich habe auch geweint, weil ich dein Glas zerbrochen habe. Du hast geweint, und ich habe auch geweint.«

Adrien paßt jetzt insgesamt besser auf, wenn er etwas in die Hände nimmt. Er selbst faßt es in Worte, es ist ihm bewußt geworden, was für einen anderen Menschen – in diesem Fall für mich – der Verlust eines liebgewordenen Gegenstandes bedeuten kann. Er fühlte sich schuldig, aber es war ein gesundes Schuldgefühl, das Achtsamkeit für die Empfindungen des anderen und zudem das Bewußtsein für die Folgen seiner Handlungen implizierte – was ihn dazu führte, Verantwortung zu übernehmen.

Hätte ich ihn dagegen ausgeschimpft, ihn als ungeschickt bezeichnet und angebrüllt, so hätte er sich höchstwahrscheinlich in seinem Inneren schlecht gefühlt. Er hätte sich sowohl geschämt als auch ein ungesundes Schuldgefühl empfunden – und hätte damit eine ganz natürliche Wut gegen sich selbst gewandt, um sich gegen eine Demütigung zu wehren, über die er jedoch nicht hätte reden können, da er ja »im Unrecht« war. Da er die Bezeichnung, er sei »ungeschickt«, sei ein Mensch, »der nie aufpaßt«, verinnerlicht hätte, wäre er danach künftig nicht etwa besonders behutsam mit Gläsern und anderen Gegenständen umgegangen, sondern hätte nur krampfhaft darauf geachtet, »nur ja nicht ungeschickt zu sein«. Angespannt und auf sein mögliches Versagen und seine Ungeschicklichkeit – anstatt auf den jeweiligen Gegenstand – konzentriert, hätte er ganz unweigerlich noch andere Dinge zerbrochen. Und falls sich das Mißgeschick wiederholt hätte, hätte er vor allem den Gedanken bewahrt, er sei schlecht und ungeschickt. Und wenn Kinder einmal davon überzeugt sind, sie seien ungeschickt, besteht viel eher die Gefahr, daß sie etwas zerbrechen. Ist es Ihr Ziel, Ihrem Kind beizubringen, daß es geschickt oder daß es ungeschickt ist?

Wenn Sie Ihr Kind immer so behandeln wie das, was für Sie das Wertvollste ist, werden auch Ihre zerbrechlichen Gegenstände sicherer sein. *Ein Kind, das sich wertvoll fühlt, nimmt Rücksicht auf seinen Nächsten und ist sich der Folgen seines Tuns bewußt.* Es handelt nicht in der Angst, »falsch« zu handeln, sondern mit Achtung für die Gefühle anderer und im Bewußtsein, daß es Verantwortung trägt. *Welches Ziel haben Sie?*

Sieben Fragen, die wir im Gedächtnis behalten sollten:

1. Was erlebt das Kind?
2. Was sagt das Kind?
3. Welche Botschaft möchte ich ihm zukommen lassen?

4. Warum sage ich das?
5. Stehen meine Bedürfnisse in Konkurrenz zu denen meiner Kinder?
6. Was ist für mich das Wertvollste?
7. Welches Ziel habe ich?

3. Das Leben ist Bewegung

Es ist nicht immer leicht, den Emotionen der Kinder zu begegnen. Sie machen uns unruhig, stellen unsere Überzeugung, eine »gute Mutter« oder ein »guter Vater« zu sein, in Frage. Sie verunsichern uns. »Was soll ich tun?« fragen wir. Sie lassen uns an unserer Beschützerrolle zweifeln, konfrontieren uns mit unserer Funktion als Betreuer. Sagen wir es ruhig: Manchmal wäre es uns lieber, wenn unsere Kinder nicht weinten, nicht schrien und sich nicht auf dem Boden herumwälzten. Wir zögen es vor, sie hätten nicht ganz so viele Emotionen.

Nur, ihre Affekte sind nun einmal das Wertvollste, das sie haben; hier liegt ihr Identitätsgefühl, ihr Bewußtsein für ihre eigene Existenz.

Ein Kind, das kreuzbrav ist, ist zwar ruhig, aber innerlich auch irgendwie tot. Leben ist Bewegung. Ein Kreuz ist unbeweglich. Damit das Kind einem Kreuz gleicht, hat es die Bewegung in sich abtöten müssen. E-motion, E = nach außen, motion (engl.) = Bewegung. *Die Emotion ist die Bewegung des Lebens an sich.* Es ist eine Bewegung, die innen beginnt und außen ihren Ausdruck findet. Es ist die Bewegung meines Lebens, die mir und meiner Umgebung sagt, wer ich bin.

Die Angst hilft, sich gegen Gefahren zu wappnen und zu schützen. Angesichts eines Trauerfalls empfinden wir Traurigkeit, die Freude bedeutet Entfaltung, sie verleiht uns Dynamik. Die Wut legt unsere Grenzen fest, unsere Rechte, unseren Raum, unsere Integrität; sie ist die Reaktion auf eine Enttäuschung. Die Liebe verbindet uns mit anderen Menschen.

Durch Weinen, Schreien und Zittern werden die unvermeidlichen Spannungen des Lebens besser ertragen. Die Existenz eines Kindes ist voller Frustrationen, Fragen, Ängste und Wut. Säuglinge *müssen* weinen, ganz gleich, wie gut sie betreut werden. *Die Emotion ermöglicht es, sich nach einer Verletzung innerlich wieder zu sammeln und aufzubauen.* Ein verletzendes Ereignis, ein Unfall, eine schwierige Phase, eine Ungerechtigkeit führen nur dann zu Traumata, wenn man den Gefühlen, die sie hervorrufen, nicht freien Lauf läßt. Der emotionale Fluß ist die Garantie für unsere psychische Gesundheit.

Emotionen haben einen »schlechten Ruf«, sie werden häufig nicht gern gesehen, aber sie sind nützlich, denn sie geben uns das Bewußtsein für unsere Existenz.

Wer bin ich? Ein emotionales Wesen

Der Schlüssel, der die Tür zum Ich-Bewußtsein öffnet, ist die Emotion. »Guten Tag, kleiner Mann!« – »Ich bin nicht kleiner Mann, ich bin Adrien.«

Adrien, zwei Jahre und zwei Monate (und frühreif, das ist nicht zu leugnen), mag es nicht, wenn man ihn irgendwie etikettiert. Seit einigen Tagen verlangt er, daß man ihn beim Vornamen nennt. Wenn ich, während ich den Teller vor ihn hinstelle, aus Spaß zu ihm sage: »Hier bitte, mein Herr«, so antwortet er: »Ich bin kein Herr, ich bin Adrien.« Adrien existiert. Er zeigt seine Identität, seine Individualität, indem er ausdrückt, was er will und was er nicht will, was er fühlt, was er erlebt.

»*Ich* bin sehr zornig, ich habe eine Stinkwut.«

»*Ich* habe keine Lust zu schlafen.«

»*Ich* bin traurig, wenn du weggehst. Ich will nicht, daß du weggehst.«

»Ach, Mama, wie bin *ich* froh, dich wiederzusehen!«

»Als ich den Salzstreuer in meinem Mund ausgeleert habe, hat es fürchterlich gebrannt, und ich habe geweint.«

Wenn er seinen Gefühlen solcherart Ausdruck verleiht, sind wir versucht, zu antworten: »Ja, du hast recht, so ist es und nicht anders«, ihn zu ermahnen: »Du mußt schlafen, damit du morgen früh gut in Form bist«, zu erklären: »Du weißt, ich muß arbeiten gehen …«

Wir geben Antworten, wir versuchen, die Sache abzuschließen, das Problem zu lösen – und dabei hören wir nicht auf das Kind. Doch mit solchen Äußerungen seiner Gefühle verlangt es in Wirklichkeit gar nichts von uns. *Es will einfach ich sagen!*

Es drückt seine Empfindungen aus, faßt in Worte, was es in sich wahrnimmt, offenbart sein Inneres; es sagt sich selbst und uns, wer es ist und was es erlebt. Es fühlt dabei, daß es für sich selbst existiert – warum sollten wir da von unseren Angelegenheiten sprechen? Wenn wir auf den Inhalt seiner Worte eingehen, anstatt die Emotion zu erfassen, zeigen wir ihm klar und deutlich, daß seine Gefühle keine Bedeutung haben, daß sein *ich* nichts ist. Unsere rationalen Erklärungen vermitteln ihm nur, daß es zu Unrecht fühlt, was es fühlt!

Wie kommt es, daß wir auf eine so unsensible Weise reagieren? Wir haben unsere eigenen Emotionen so tief in uns vergraben, daß wir es vorziehen, sie nicht herauszuholen. Wir wollen uns nicht bewegen lassen. Haben wir etwa Angst davor, daß unsere verdrängten Emotionen wieder auftauchen und uns überwältigen könnten? Was haben wir denn erlebt, als wir ebenso alt waren wie unser Kind? Da wir fürchten, eine vielleicht allzu schmerzliche Vergangenheit wieder wachzurufen, weigern wir uns, die Schreie unserer Kinder zu hören. Und dadurch sperren wir sie im selben »Gefängnis« ein wie uns selbst.

Und wenn wir statt dessen ihre Emotionen nutzten, um der Richtung zu folgen, die sie uns vorgeben, wenn wir aus unserem Gefängnis heraustäten und ihnen die Freiheit, sie selbst zu sein, ließen?

Die Gefühle unserer Kinder wahrnehmen, darauf reagieren und sie anerkennen bedeutet, ihnen zu helfen, ihre Persönlichkeit aufzubauen und als Individuen zu existieren.

Wer bin ich? *Ich.*

Das Selbstgefühl gründet sich auf das Bewußtsein von den eigenen Emotionen. *Ich bin der Mensch, der ich zu sein fühle.*

Hat das Kind nicht das Recht, zum Ausdruck zu bringen, was es fühlt? Kümmert sich niemand darum, wenn es weint, zornig ist oder Angst hat, erkennt niemand seine Gefühle an und bestätigt ihm auch nicht, daß das, was es empfindet, richtig ist, und daß es das Recht hat, genau das zu empfinden, was es empfindet – dann kann es so weit gehen, daß das Kind das Bewußtsein von dem, was es tatsächlich erlebt, auslöscht. Entweder empfindet es innerlich nichts mehr, oder es hat eine andere Emotion, die ihm anstelle seiner ureigenen Wahrheit »erlaubt« wird.

Hat das Kind nicht das Recht, eigene Empfindungen zu haben, so bleibt es ein Mensch, der von seinen Eltern, seinen Lehrern, den anderen definiert wird. Sie sagen ihm, wer es ist, und es nimmt diese Rolle an. Es fühlt sich nicht mehr, wie es wirklich ist.

Die Erwachsenen wissen nicht immer, was für ein Kind wichtig ist. Welche Bedeutung haben für uns schon der Elefant auf dem Kinderteller oder der kleine Bär? Für ein dreijähriges Kind hingegen sind sie ungeheuer wichtig. Es bekommt einen fürchterlichen Wutanfall, weil es den Teller mit dem Elefanten oder das blaue Glas oder die rosafarbene Gabel wollte, weil die Butter schon geschmolzen ist oder auf seiner Pizza ein klitzekleines Stück angebrannt ist. Gut möglich, daß uns das auf die Palme bringt, weil wir selbst in seinem Alter nicht so viel herummäkeln durften und weil es uns im Augenblick das Leben erschwert. Alle diese »Kleinigkeiten« sind in seinen Augen von großer Bedeutung; man sollte ihnen Beachtung schenken, um dem Kind zu helfen, seinen Geschmack und seine Vorlieben zu entwickeln – sogar in jener unvermeidlichen Phase, wo es an einem Tag unbedingt Champignons will, sie am nächsten Tag jedoch entrüstet zurückweist.

Durch diese Meinungsäußerungen sucht es sich selbst. Es hat

Vorlieben und verleiht ihnen Ausdruck. Ihm wird bewußt, wodurch es sich von anderen Menschen unterscheidet. Es bildet das Gefühl für die eigene Identität heraus. Wie viele Erwachsene haben heute Probleme, Entscheidungen zu treffen, wissen nicht, welchen Weg sie einschlagen sollen, können nicht mehr sagen, ob sie lieber in eine Pizzeria oder in ein chinesisches Restaurant gehen möchten, und überlassen die Entscheidung den anderen; sie haben größte Mühe, eine klare Identität unter Beweis zu stellen!

»Also soll man den Kindern alles durchgehen lassen?«

Sicherlich nicht – das wäre eine vollkommene Fehldeutung dessen, was ich auf den vorangegangenen Seiten erläutert habe. Dieser kleine Satz zeugt von einem Mangel an Verständnis für das, was die Emotionen und Bedürfnisse der Kinder sind. *Nein, ihre Emotionen zu achten heißt nicht, daß ihre Bitten systematisch erfüllt werden müssen.*

Wir gehen in den Zirkus. Am Eingang werden alle möglichen grellfarbigen Schirmmützen und Leuchtgegenstände zum Verkauf angeboten. Margot zupft mich am Arm, deutet auf einen fluoreszierenden Luftballon und sagt:
»Mama, schau mal, so was möchte ich gern!«
»Nein, so was will ich jetzt nicht kaufen, es ist zu teuer!« antwortete ich ungeschickterweise.
Verärgert erwiderte sie darauf:
»Ich weiß, daß du es mir nicht kaufst, aber ich habe trotzdem das Recht, es haben zu wollen!«
Das stimmt, sie hatte dieses Recht! Ich hatte mich zu einer mechanischen Antwort hinreißen lassen.
Wenn man ein Kind in seiner Entwicklung begleitet, so stellt sich immer wieder die Frage, wie mit Frustrationen umzugehen ist. Es gibt »nachgiebige« Eltern, die versuchen, das Kind so

selten wie möglich zu enttäuschen, und »autoritäre«, die dies sehr oft tun. Welche Bedürfnisse hat das Kind?

Der Versuchung widerstehen

In seinem Buch *Emotionale Intelligenz* führt Daniel Goleman ein Experiment an, das der Psychologe Walter Mischel mit vierjährigen Kindern durchgeführt hat. Er machte den Kindern folgenden Vorschlag: »Ich lasse dich jetzt in diesem Zimmer allein; in dieser Dose ist ein Marshmallow für dich. Entweder du nimmst dir das Bonbon sofort, dann bekommst du nur dieses eine. Oder aber du wartest so lange, bis ich eine Besorgung gemacht habe und zurückgekommen bin – dann bekommst du zwei.«

Etwa ein Drittel der Kinder stürzte sich auf das Bonbon, sobald der Experimentator den Raum verlassen hatte. Zwei Drittel warteten ab, bis er zurückkam, und erhielten daraufhin zwei. Diese Untersuchung, angestellt in einer Kindertagesstätte auf dem Universitätscampus von Stanford, war auf mehrere Jahre hin angelegt und wurde bis zu dem Zeitpunkt fortgesetzt, wo die Kinder die Highschool beendeten.

Zwölf bis vierzehn Jahre später zeigte sich, daß zwischen den impulsiven – ehemaligen – Probanden und den anderen Kindern in psychologischer wie sozialer Hinsicht sehr augenfällige Unterschiede bestanden: Diejenigen, die der Versuchung widerstanden hatten, besaßen mehr Selbstvertrauen, waren gefestigter, leistungsfähiger und imstande, Hindernisse zu überwinden. Sie ließen sich weniger von Zweifeln, Ängsten oder Mißerfolgen anfechten, hielten Streß besser aus und verstanden es, ihre Ziele trotz Schwierigkeiten zu verfolgen.

Die Kinder, die den Marshmallow sofort gegessen hatten, wiesen ein problematischeres psychologisches Profil auf. Sie waren störrischer, unschlüssiger, schreckten vor sozialen Kontakten zurück, waren schnell verstimmt, wenn die Dinge sich nicht so entwickelten, wie sie es sich vorgestellt hatten, und hatten ganz allgemein die Neigung, beim Auftreten von Schwierigkeiten »das Handtuch zu werfen«.

Beim Abschluß der Highschool waren die erstgenannten die deutlich besseren Schüler. Sie erreichten Ergebnisse, die um zwanzig Prozent über denen ihrer Kameraden lagen!

Es ist für die Zukunft eines Kindes sehr wichtig, einer Versuchung widerstehen zu können, in der Lage zu sein, die Befriedigung eines Triebes aufzuschieben. Ab dem Alter von vier Jahren sind die Leistungen eines Kindes kennzeichnend für seine zukünftigen Kompetenzen.

Drogensüchtige, insbesondere die straffälligen, sind oft Menschen, die keine Frustration ertragen. Das kleinste Hindernis, das sich ihren Wünschen entgegenstellt, wird als gravierende Einschränkung empfunden.

Die Fähigkeit, mit einer Frustration umgehen zu können, eine Befriedigung aufzuschieben, die Gegenwart einem zukünftigen Ziel unterzuordnen, ist ein fundamentales Element für die Fähigkeit, Glück zu erleben; sie ermöglicht es, im Leben eigene Pläne zu verwirklichen und harmonische Beziehungen mit anderen Menschen zu unterhalten.

Wie lernt das Kind, mit einer Frustration umzugehen?

Frustriert man ein Kind absichtlich, so kann dabei nichts Gutes herauskommen. Ein Baby weinen lassen, sich weigern, es in die Arme zu nehmen, einem größeren Kind eine Zärtlichkeit oder ein Geschenk vorenthalten – das waren Strategien, die Eltern früher anwandten, um ihre Kinder »nicht zu verhätscheln« und sie an Frustrationen zu gewöhnen. Doch diese Methoden haben sich als unwirksam erwiesen.

Das Kind reagiert dadurch besonders empfindlich auf Frustrationen; jede Verzögerung der Befriedigung eines Triebes wird dann unerträglich; die Nicht-Befriedigung erzeugt eine Angst, die es später durch Abhängigkeit (von Alkohol, Drogen, Tabak oder auch Zwangshandlungen usw.) zu kontrollieren

versucht, oder es verhärtet sich und lernt, seine Bedürfnisse zu
verleugnen.

Manche Menschen, die sahen, daß ich meinen Kindern
jedesmal die Brust gab, wenn sie danach verlangten, daß wir auf
ihre Bedürfnisse eingingen und es ablehnten, sie allein in einem
Zimmer zu lassen, prophezeiten uns, wir würden Schwächlinge
aus ihnen machen, die später einmal unfähig wären, mit Enttäuschungen umzugehen. In Wirklichkeit stelle ich jedoch fest,
daß sie beide sehr gut damit umzugehen verstehen und – für
ihr Alter – sogar auf eine ziemlich erstaunliche Weise. Dafür ein
Beispiel:

Eine in Schweden durchgeführte Studie soll ergeben haben,
daß sich der Kariesbefall bei Kindern durch die Einführung
eines sogenannten »Bonbon-Tages« beträchtlich verringerte.
Das Kind kann an einem Tag in der Woche Süßigkeiten essen,
in der übrigen Woche hingegen nicht. Ich fand diese Idee interessant, zum einen wegen der Kariesreduktion, zum anderen
aber auch wegen der nicht-repressiven Grenzen, die dem
Süßigkeitenkonsum auf diese Weise gesetzt wurden. Daher
machte ich meinen Kindern (damals vier und zwei Jahre) den
Vorschlag, sie einmal auszuprobieren.

Wir wählten dafür den Samstag aus. Die gesamte Familie war
von unserem Experiment in Kenntnis gesetzt worden. Kein Ver-
wandter sollte sie allzusehr in Versuchung führen. Wenn sie an
einem anderen Tag Bonbons geschenkt bekamen, wurden sie
gebeten, diese bis zum Samstag aufzuheben. Wenn sie sie trotzdem aßen, so war das ihre Sache. In diesem Fall brachte ich
lediglich meine Mißbilligung zum Ausdruck; weder schimpfte
ich sie aus, noch bestrafte ich sie. Sie wußten, daß sie mir nicht
»gehorchen« mußten, sondern daß es sich um eine Abmachung
zwischen uns handelte.

Wenn Margot Konfekt erhielt, gab sie es meistens mir und
bat mich, ich solle es für »den Samstag« aufbewahren. Manchmal sah ich, wie sie sich in aller Eile ein Bonbon in den Mund
steckte oder schnell in ihr Zimmer lief, um die erhaltene Süßig-

keit in einer Ecke zu verstecken. Doch ein oder zwei verzehrte Bonbons sind nichts, gemessen an der Bedeutung, die mit dieser Lehre einherging. Sie mußte das Gefühl haben, frei wählen zu können, ob sie die Bonbons lieber essen oder aufheben wollte. Ansonsten hätte sie den Eindruck gewonnen, die Frustration sei ihr von außen aufgezwungen worden.

Selbst der zweieinhalbjährige Adrien legte einmal bis zum darauffolgenden Samstag gewissenhaft drei Bonbons weg, die er von einer Babysitterin erhalten hatte. Ein anderes Mal brachte er es fertig, einen Lutscher, den man ihm in einem Restaurant zugesteckt hatte, während des ganzen Rückwegs im Auto unangetastet in der Hand zu halten, und gab ihn mir – wie seine Schwester – zur Verwahrung, als wir das Haus betraten. Am nächsten Samstag (vier Tage später) waren seine ersten Worte beim Aufwachen dann aber auch: »Ich will meinen Lutscher.«

Bedürfnisse und Wünsche

Seit Françoise Dolto weiß man, daß das Erleben zu vieler Frustrationen ein Kind traumatisieren kann, aber auch, daß Frustrationen notwendig sind und zur Reife beitragen. Man weiß, daß es Wünsche und Bedürfnisse gibt und daß zwischen beiden ein Unterschied besteht.

Die Kinder *benötigen* das rote Auto oder die blonde Puppe nicht, sie möchten sie gerne. *Dagegen ist es unbedingt notwendig, daß ihre Wut, der Ausdruck ihrer Frustration, respektiert und verstanden wird.* Selbstverständlich ist es wichtig, nicht in allem nachzugeben; es trägt zur Persönlichkeitsbildung bei, auch einmal zu erleben, daß ein Wunsch verweigert wird.

Ihr Kind wälzt sich aus Wut auf dem Boden herum? Es braucht das Bonbon nicht wirklich, hat aber große Lust darauf. *Es muß seiner Frustration unbedingt Ausdruck verleihen. Es will sehen, daß seine Wut verstanden wird.* Das ist wichtig für das Kind, weil es sich vergewissern muß, daß Ihre Weigerung keine Trennung von ihm bedeutet. Sie haben ihm etwas abgeschlagen, dadurch ist die Beziehung in Gefahr. Ein Kind ist schnell von der Heftigkeit dessen, was es empfindet, überwältigt. Es brüllt – aber schauen Sie genau hin: Es versucht, Sie zu schlagen; das heißt, es möchte den körperlichen Kontakt. Wenn Sie ihm ausweichen, schlägt es gegen die Wand, auf einen Gegenstand, wirft sich auf den Boden. Es muß die Beziehung wieder herstellen. Daher sollten Sie ihm den Kontakt in einem Moment, wo es ihn am nötigsten braucht, nicht vorenthalten.

Während der Pause verfolgt Margot sehnsüchtig das Bündel Luftballons mit den Augen, das zwischen den Sitzreihen hindurchgetragen wird. »Mama, ich will einen Ballon!« Ich hätte Nein sagen, ihr eine Moralpredigt halten können:

»Ich kann nicht ständig etwas kaufen, diese Ballons sind teuer«, oder lügen: »Ich habe kein Geld mehr bei mir« oder sie abzulenken versuchen: »Schauen wir uns doch zusammen das Programm an; zeig' mir doch mal, wie gut du schon lesen kannst.«

Doch ich dachte an die ärgerliche Bemerkung, die sie zuvor am Eingang gemacht hatte, und schaute mir die Ballons ebenfalls an. Auch ich fand sie schön. Also rief ich statt dessen: »Mir gefällt der Papagei am besten! Ach nein, sieh mal, da ist auch Simba mit seinem Papa.« Sie meinte daraufhin: »Und ich finde die rosafarbige Meerjungfrau am schönsten!«

So haben wir uns gegenseitig unsere Vorlieben mitgeteilt. Ein kleiner Junge, der neben uns saß, mischte sich in unser Gespräch ein: »Da ist auch eine Micky-Maus …« Wir verbrachten eine ganze Weile damit, uns auszutauschen und zu träumen – und plötzlich war das Bedürfnis, einen Ballon zu kaufen, gar nicht mehr da. Der Wunsch, einen Ballon zu besitzen, war angesichts des befriedigten Bedürfnisses – des Bedürfnisses, sich verbunden zu fühlen, etwas mitzuteilen – verschwunden.

Hier sollen keine verbindlichen Ratschläge gegeben werden. Das Erfüllen von Wünschen ist an sich nichts Schlechtes. Jeden Wunsch abzuschlagen, unter dem Vorwand, das Gewünschte werde nicht wirklich *benötigt*, wäre ungerecht. Die Kinder könnten sonst daraus ableiten, daß ihnen jedes Vergnügen untersagt sei – mit allen Folgen, die das auf ihre gegenwärtige und zukünftige Daseinsfreude haben kann. Man tut gut daran, nicht zu vergessen, daß geschenkte oder verweigerte Bonbons oder Luftballons eben nicht nur Süßigkeiten bzw. ein Spielzeug sind, sondern Mittel für einen Lernprozeß in der Beziehung. Daher sollten wir nicht zulassen, daß ein wenig Naschwerk die Beziehung zu unseren Kindern stört!

Frustrationen sind unvermeidbar im Leben; es ist unnötig, absichtlich welche hinzuzufügen. Denn früher oder später werden Sie Ihr Kind einmal enttäuschen – damit Ihre eigenen Bedürfnisse respektiert werden oder um es zu schützen oder auch, um seine Gesundheit nicht zu gefährden.

Also erhebt sich die Frage: Wie begleitet man ein Kind, wenn es eine Frustration erlebt? Antwort: Seien Sie bereit, seine Wut wahrzunehmen.

»Das verstehe ich nicht«

Die Botschaft richtet sich an die falsche Person

Margot streitet sich mit ihrem Bruder. Sie spielen Indianer, wobei sie verschiedene Rollen annehmen. Sie möchte unbedingt das kleine graue Pferd, das ihr Bruder besitzergreifend an sich preßt, und nicht das braune, das er ihr hinhält. Die Situation scheint ausweglos. Sie weint. Sie will partout das Pferd, das sie nicht haben kann. Aber was spielt sich in Wirklichkeit hier ab?

Ich betrachte mir einen Moment lang die gesamte Szene: Margots Patentante ist eben zu Besuch; sie sitzt auf dem Sofa und unterhält sich angeregt mit Margots Vater. Einige Minuten zuvor war ich hinaufgegangen, um Margot den Schlafanzug anzuziehen, und dabei hatte sie mir anvertraut: »Ich werde nachher ganz lieb mit meiner Patentante schmusen, weil ich sie ja nicht so oft sehe.« Aber als wir wieder herunterkamen, war ihre Patentante in ein langes Gespräch vertieft. Margot wagte nicht, sie zu unterbrechen, und begann, in ihrer Nähe ganz ruhig zu spielen. Sie wartete auf ein Zeichen ihrer Patentante, damit sie zu ihr gehen könnte. Doch dieses Zeichen kam nicht. Das enttäuschte sie. Da es ihr nicht möglich war, den wahren Grund ihrer Enttäuschung zu zeigen, ohne sich der Gefahr auszusetzen, zurückgewiesen zu werden, brachte sie ihre Frustration indirekt zum Ausdruck – indem sie sie auf das Pferd übertrug. Anstatt einen Streit mit ihrer Patentante anzufangen, zankte sie sich mit ihrem Bruder; aber die dahinterstehende Botschaft lautete ganz offenkundig: »Du gibst mir nicht, was ich will.«

Das Kind bringt etwas zum Ausdruck, was ich mir nicht eingestehe

Als nach den Weihnachtsferien die Schule wieder beginnt, fängt Lucile an zu weinen und sagt zu ihrer Mutter: »Ich will nicht in die Schule gehen, ich habe keine Freundin.« Ihre Mutter versteht das nicht. »Aber was erzählst du denn da für einen Unsinn? Du hast doch jede Menge Freundinnen: Alexandra, Chloé, Nuria, Saida, Camille, das sind doch deine Freundinnen, oder?«

»Sie wollen nicht mehr mit mir spielen.«

»Das ist nicht wahr. Chloé hat dich erst letzten Mittwoch zu sich eingeladen, und nächste Woche gehst du zu Camille; und immer wenn ich dich von der Schule abhole, sehe ich, daß du gerade mit irgendeiner Freundin spielst.« Lucile schluckt ihre Tränen hinunter und macht sich resigniert zur Schule auf. Auch hier sollten wir die Gesamtsituation in unsere Betrachtung miteinbeziehen.

Lucile behauptet, sie habe keine Freunde – was nicht der Wahrheit entspricht. Aber vielleicht meint sie gar nicht sich selbst! Sie sagt »ich«, weil ihre Mutter nicht versteht, daß sie im

Grunde »du« sagen, von ihr sprechen will. Denn Lucile hat recht. Martine, ihrer Mutter, gelingt es nicht, echte, tiefe Bindungen einzugehen. Obwohl sie auf den ersten Blick sehr gesellig und extrovertiert wirkt, mag sie sich nicht wirklich. Nach dem ersten Kontakt mit einem Menschen zieht sie sich stets zurück, aus Angst, der andere könnte entdecken, wer sie in Wirklichkeit ist, das heißt, wofür sie selbst sich hält: für eine uninteressante Person, die nichts zu sagen hat.

In den Weihnachtsferien waren Martine und Lucile gemeinsam weggefahren. Sie lachten viel zusammen und erlebten alles mögliche. Das kleine Mädchen sah, wie ihre Mutter fröhlicher wurde, wie sie die Traurigkeit überwand, in die sie allzuoft versinkt. Sie will sie nicht wieder allein lassen – deshalb behauptet sie, sie wolle nicht in die Schule zurück.

Sie hatte schon mehrmals versucht, ihrer Mutter klarzumachen, daß sie Freunde und Freundinnen haben müßte. Aber ihre Mutter blockte sie ab, indem sie antwortete: »Ich hatte früher Freunde, und jetzt habe ich eben keine mehr. So ist das im Leben nun mal.« Da sich ihre Tochter nicht entschließen konnte, in die Schule zu gehen, ohne noch einmal darauf hinzuweisen, was ihr so wichtig war, versuchte sie es mit der eingangs geschilderten Botschaft: indem sie das Problem auf »ihre Kappe« nahm. Doch ihre Mutter verstand nichts. Natürlich hat die Tochter Freundinnen. Sie versuchte, ihrer Mutter zu sagen, daß sie es gerne sähe, wenn auch sie welche hätte!

Noch einmal: Launen gibt es nicht. Wenn Sie nicht verstehen, was Ihr Kind vorbringt, dann forschen Sie weiter. Versuchen Sie sich vorzustellen, was das Kind möglicherweise erlebt. Was sagt es über seine Bedürfnisse aus? Bringt es etwas zum Ausdruck, das es vielleicht gar nicht selbst betrifft?

Nehmen Sie die Botschaft auf, und betrachten Sie den Gesamtrahmen, um die ganze Situation zu erfassen. An wen könnte sich die Botschaft richten, worauf könnte sie sich beziehen?

Weinen wird mit Leiden assoziiert. In Wirklichkeit jedoch ist es – wie die Ärztin und Forscherin Aletha Solter sehr überzeugend erklärt – das Bemühen des Körpers, sich zu rekonstituieren; es ist also ein therapeutischer Prozeß. *»Weinen ist ein natürliches Mittel zur Regenerierung«*, sagt sie. Das Weinen senkt den Bluthochdruck, beseitigt Toxine, baut Muskelspannungen ab und bringt den Atemprozeß wieder ins Gleichgewicht. Nachdem man geweint, wirklich geweint und aus tiefster Seele geschluchzt hat, fühlt man sich entspannt und befreit.

Die Arbeit, die man als Patient in einer Psychotherapie leistet, besteht großenteils darin, Emotionen auszudrücken, die in der Vergangenheit verdrängt wurden, damit man sein wahrhaftes Wesen wiederfinden kann. Sobald die Menschen, mit denen ich als Therapeutin arbeite, die Erinnerung an traurige und belastende Erlebnisse wiedergefunden haben, bitte ich sie, »sich auszuweinen« – was weh tut. Babys müssen sich, wie alle anderen auch, ausweinen – ein schmerzlicher Vorgang.

Der Grund für das Weinen ist also nicht unbedingt ein momentan nicht befriedigtes Bedürfnis; es kann auch der Ausdruck für aufgestaute Spannungen sein. Falls beispielsweise die Entbindung nicht gut verlaufen ist, hat das Baby möglicherweise das Bedürfnis, noch Wochen danach wegen seiner Geburt, die es als angstvoll oder schmerzhaft erlebte, zu klagen.

Säuglinge haben ein ungeheures Bedürfnis nach Zärtlichkeit und Kontakt, nach Gerüchen und Streicheln. Und sie wollen herumgetragen werden. Läßt man ein Baby stundenlang allein in seinem Bett, so sammeln sich Spannungen an, die es danach »ausweinen« muß.

Können die durch Leiden, Defizite und Frustrationen hervorgerufenen Emotionen nicht sofort zum Ausdruck gebracht werden oder werden sie nicht wahrgenommen, so bleiben sie im Körper. Sobald das Kind eine Gelegenheit sieht, um sich von all seinen Spannungen zu befreien – beispielsweise, wenn seine Mutter am Abend nach Hause kommt –, ergreift es sie und beginnt zu weinen. Damit teilt es seine Not mit; es befreit sich von dem, was es in sich trägt. Es hat dann das Bedürfnis, begleitet und in dem, was es erlebt, respektiert zu werden. Es braucht den Kontakt, damit es sich selbst in dieser Emotion akzeptieren kann, ohne sich von Vernichtung bedroht zu fühlen. Versuchen Sie dann nicht, sein Weinen zum Schweigen zu bringen – tun Sie das Gegenteil, fördern Sie es, damit das Kind sich befreit fühlt.

Der Kinderarzt T. B. Brazelton stimmt mit Aletha Solter überein, wenn er von dem Bedürfnis des Kleinkindes spricht, sich von Spannungen zu befreien, die sich im Laufe des Tages angehäuft haben. Nach Meinung beider Ärzte weinen die meisten Babys im Durchschnitt täglich mindestens eine Stunde lang.

Mein Kind jammert wegen jeder Kleinigkeit

Jammert und greint ein größeres Kind wegen jeder Bagatelle, so versucht es damit vielleicht, ein Ventil zu finden, um wirklich weinen zu können. Irgendwelche Affekte sind blockiert, das Kind benötigt eine Gelegenheit, um sich zu befreien. Es sucht eine Berechtigung, einen Vorwand, um seinen Tränen oder seinem Zorn freien Lauf lassen zu können. Selbst ein größeres Kind, das sich schon sprachlich ausdrücken kann, ja sogar Erwachsene haben das Bedürfnis zu weinen, zu schreien, zu zittern, um sich von heftigen Emotionen zu befreien.

Es gibt jedoch ein Weinen, das heilt, und ein anderes Weinen, das ein bestimmtes Problem eher noch verstärkt. Letzteres Weinen kommt aus dem oberen Brustbereich und wird oftmals nicht von Tränen begleitet. Es steht für ein Ersatzgefühl, das der emotionalen Verdrängung, nicht der Befreiung dient. Befreiendes Weinen geht mit Schluchzen und Tränen einher.

Drücken Sie das Kind fest und liebevoll an sich, bis es sich von seiner unterdrückten Emotion befreit hat. Oft wird es sich anfangs dagegen wehren, dann aber zu schluchzen beginnen.

Träume und Alpträume

Margot (fünf Jahre) kommt mitten in der Nacht zu mir: »Mama, ich habe einen bösen Traum gehabt. Ich will ihn dir erzählen: Da war ein Wolf, der hat eine Ziege gefangen. Er hat die Ziege in einen Käfig gesperrt. Ich wollte zusammen mit meinen Freundinnen die Ziege befreien. Aber wir hatten Angst vor dem Wolf. Ich hab' es geschafft, den Käfig zu öffnen, und die Ziege ist herausgekommen, aber der Wolf hat mich angefallen und mich in die Hand gebissen.« Alle Figuren des Traumes verkörpern unterschiedliche Anteile und unterschiedliche Emotionen der Träumerin.

Am Vorabend hatten wir uns gestritten. Sie wollte, daß ich ihr mit Hilfe eines Tuches das Haar zum Knoten aufsteckte. Da das Ergebnis nicht so ausfiel, wie sie es sich erhofft hatte – sie sah damit nicht so aus »wie ihre Freundin« –, wurde sie sehr zornig. Sie schrie, schlug auf mich ein und wollte meine Arbeitspapiere auf den Boden werfen.

Kommen wir auf den Traum zurück. Wir können ihm entnehmen, daß ein Teil von Margots Gefühlen (die Ziege) in einem Käfig eingeschlossen war. Sie unterdrückte ihre Emotionen. Eine Ziege ist starrköpfig, hat Hörner und weiß, was sie will. Die Ziege verkörperte wahrscheinlich ihre enttäuschten Wünsche. Es gelang Margot (mit der Hilfe ihrer Freundinnen, das heißt, mit dem Vorwand des Tuches), die Ziege zu befreien. Aber sie hatte Angst vor dem Wolf. Dieser Wolf war die Verkörperung ihrer eigenen Aggressivität. Sobald sie die Ziege befreit hatte, fiel der Wolf sie an, das heißt, sobald sie ihre Emotion zum Ausdruck brachte, wurde sie von ihrer Aggressivität überwältigt. Sie fürchtete sich vor dem, was sie getan hatte, kehrte ihre Aggressivität gegen sich selbst. Und diese Hand, mit der sie ihre Mama geschlagen hatte, wurde von dem Wolf gebissen.

Margot ist drei Jahre alt. Sie schläft abends schlecht ein und wacht manchmal nachts auf: Sie hat Angst vor dem bösen Wolf. Wir haben mit der Zeit entdeckt, daß sie diese Panikattacken immer dann hat, wenn sie tagsüber ihren Bruder geschlagen hat.

Wenn Margot ihren Bruder schlägt, fühlt sie sich schlecht. Doch sie will sich nicht schlecht fühlen und projiziert daher diese Bosheit nach außen. Nicht sie ist dann böse, sondern natürlich der Wolf. Aber dieser böse Wolf macht angst. Er wird das Kind für seine Boshaftigkeit »bestrafen«!

»Ich bin wütend, aber ich habe nicht das Recht dazu, ich bin böse, nein, es ist der Wolf, der böse ist und der mich bestrafen wird, und ich habe Angst davor.«

Mit der Angst kehren wir häufig einen Zorn gegen uns – Zorn, dem wir nicht Ausdruck verleihen können. Und in der Tat ist Margot zornig auf ihren kleinen Bruder, der wirklich viel Platz einnimmt. Sie hat das Bedürfnis, sich der Zuneigung ihrer Eltern zu versichern.

Wölfe, Monster, Menschenfresser dienen als Mittel der Projektion auf diesen Zorn, den man nach außen bringen muß, damit er uns nicht zerstören kann. Das Kind kann Angst vor einem Menschenfresser unter seinem Bett, vor einem Monster im Schrank oder einem Wolf haben, der es fressen wird, wenn es im Wachzustand ist. Doch sie können ihm auch erscheinen, wenn es schläft – in seinen Alpträumen.

Alpträume müssen immer ernst genommen werden. Hören Sie Ihrem Kind zu, versuchen Sie mit ihm zu verstehen, was die Bilder darstellen. Schon allein wenn man über die Monster spricht, nimmt man ihnen ihre Macht.

Die Monster können Bilder aus der Wirklichkeit sein, sie können aber auch im Fernsehen gesehen oder nicht verstanden, nicht eingeordnet worden sein; vielleicht sind es aber auch Bilder, die von Ängsten verzerrt sind, oder Projektionen unbewußter Emotionen. Vergegenwärtigen Sie sich, was sich derzeit im Alltag Ihres Kindes und im Familienleben abspielt, aber auch, was sich in der nahen Vergangenheit und – wenn der

Alptraum sich wiederholt – in der weiter zurückliegenden Vergangenheit zugetragen hat.

Hat Ihr Kind im Laufe des Tages oder in den vorangegangenen Tagen große Angst gehabt? Oder hat es Gründe, zornig zu sein? Leidet es unter einem Manko irgendwelcher Art? Oder unter einer Enttäuschung? Ist ein Elternteil abwesend? Haben sich die Eltern gestritten? Ist es geschlagen worden? Gibt es ein Geheimnis in der Familie, etwas, worüber nicht mit ihm gesprochen wurde? Hat es schmerzliche Ereignisse erlebt: Verluste, Frustrationen, Ungerechtigkeiten, Schocks, die zu einem Trauma geführt haben können (Krankenhausaufenthalte, Umzüge, Unfälle)?

Es kommt vor, daß sehr weit zurückliegende Ereignisse erst nach Monaten, ja sogar nach Jahren des Geschehens an die Oberfläche kommen. Die Emotionen werden verdrängt; sie warten auf einen Vorwand, um wach zu werden; sie versuchen, im Traum wieder in Erscheinung zu treten, um Beachtung zu finden.

Neben dem sprachlichen Ausdruck ist auch das Zeichnen ein sehr geeignetes Mittel. Schlagen Sie Ihrem Kind vor, seinen Alptraum zu zeichnen. Das wird ihm ermöglichen, Abstand zu gewinnen und das Gefühl zu haben, ihn bewältigen zu können. Zeichnen bedeutet, etwas zu bestimmen, Grenzen zu setzen. Mit seiner Zeichnung kämpft das Kind gegen sein Gefühl der Ohnmacht an. Es sagt: Ich traue mich, meinem Alptraum ins Gesicht zu sehen, und ich banne ihn auf einen Bogen Papier; ich bin stärker als er, ich habe Macht über ihn.

An den darauffolgenden Abenden sollten Sie es, bevor es schlafen geht, dazu ermuntern, all seine Sorgen aufzuzeichnen, »damit sie dir nicht während der Nacht zusetzen«. Aber hüten Sie sich davor, seine Zeichnung zu interpretieren. Versuchen Sie nicht zu »psychologisieren«; das ist eine Angelegenheit, die es mit sich selbst auszumachen hat. Das Zeichnen eines Alptraums wird es Ihnen aber nicht ersparen, die Ursache dafür zu suchen. Diese Technik ermöglicht dem Kind einen ersten

Zugang zu dem Problem. Falls dieses jedoch gravierend ist, wird das natürlich nicht ausreichen, um es zum Verschwinden zu bringen. Die blockierte Emotion muß befreit werden.

Wenn Ihr Kind keine Lust zu zeichnen hat, können Sie ihm vorschlagen, sich in seinem Kopf eine »Sorgenschachtel« vorzustellen. Es kann sie im Geiste nach seinem Gutdünken gestalten. Bevor es abends einschläft, steckt es all die Sorgen, die es tagsüber hatte, in diese Schachtel, verschließt sie gut und nimmt sich vor, sie erst am nächsten Morgen wieder zu öffnen.

Sie können ihm auch eine kleine Puppe (oder ein Stofftier) schenken, die als »Sorgenpuppe« fungiert. Am Abend vertraut es ihr seine Sorgen an. Diese Puppe wird die Sorgen dann die ganze Nacht lang bei sich behalten. Natürlich ist es wichtig, die Schachtel wieder zu öffnen bzw. der Puppe die Sorgen am nächsten Morgen wieder zu nehmen. Ansonsten funktionieren solche Techniken nicht lange. Sorgen müssen gehört werden, und es ist notwendig, Lösungen dafür zu suchen.

Die emotionale Unterdrückung

»Ich hab' keine Angst davor«, sagt Maxime, um seine Freundin zu beeindrucken. Aber er hält tunlichst Abstand zu dem Regenwurm, den sie in der Hand hält.

»Das tut nicht einmal weh«, sagt Alexandre zu seinem Vater, der ihm eben eine Tracht Prügel verabreicht hat.

»Entschuldigung«, sagt Corinne auf Verlangen ihrer Mutter zu ihrem kleinen Bruder und unterdrückt damit den heftigen Zorn, den sie empfindet. Einige Minuten später stößt sie sich an einem Möbelstück.

Maxime, Alexandre und Corinne leugnen ihre Affekte. Sie geben sich anders, als sie eigentlich sind. Ihr ganzes Leben lang wird es ihnen an innerer Sicherheit fehlen, weil sie nicht auf ihr eigenes Empfinden vertrauen können. Wie Corinne sich am

Tisch gestoßen hat, so werden sie sich an den Ereignissen ihres Lebens stoßen.

Warum hat sich Corinne am Tisch gestoßen? Das ist ein unbewußter Prozeß, der in unserem Alltag häufig vorkommt. Ihr wurde eine große Verletzung zugefügt, als sie gezwungen war, ihre wahrhafte Emotion hinunterzuschlucken. Um sich gegen dieses Leiden zu wehren, hat sie sich eine andere Verletzung zugefügt – eine körperliche, eine »objektivere« –, die ihr ermöglicht, ihrem Schmerz Ausdruck zu verleihen. Sie hatte nicht das Recht, über die empfundene Demütigung zu weinen, als ihre Mutter sie zwang, sich bei ihrem Bruder zu entschuldigen. Nun gibt sie sich das Recht zu weinen, weil sie sich weh getan hat. Und auch jetzt ist sehr wohl möglich, daß jemand zu ihr sagt: »Konntest du nicht aufpassen?«

Angenehme oder unangenehme Gefühle, angenehme oder unangenehme Gedanken, angepaßtes oder unangepaßtes Verhalten – seine Emotion anzuerkennen bedeutet, sich zu akzeptieren, wie man ist. Es heißt, Selbstvertrauen aufzubauen.

Selbstbewußtsein entsteht im Laufe der Erfahrungen, die man macht, und unter der Voraussetzung, daß die Emotionen wahrgenommen und begrüßt werden und daß man darüber spricht. Wenn die Umgebung (Eltern, Lehrer ...) die Gefühle systematisch leugnet, sich weigert, sie wahrzunehmen, und die Emotionen lächerlich macht, glaubt das Kind mit der Zeit, das, was es empfindet, denkt und tut, entspräche nicht dem, was seine Eltern von ihm erwarten.

Vielleicht sind die Eltern von Maxime, Alexandre und Corinne stolz darauf, daß ihre Kinder so mutig, stark und fügsam sind, aber ihnen ist nicht bewußt, welcher Preis dafür bezahlt wird.

Wir alle haben Emotionen. Und wir empfinden alle dieselben Emotionen unter denselben Umständen. Alle Menschen sind in physiologischer Hinsicht ähnlich. Wir alle haben uns irgendwann einmal traurig, müde, verstört, verängstigt, wütend, haßerfüllt, schuldig, voll Scham, ausgeschlossen, eifersüchtig, erleichtert oder glücklich gefühlt. Aber da niemand je über seine tieferen Gefühle spricht, meint jeder, nur er erlebe sie. Jeder glaubt, er sei anders als die anderen, weil er Emotionen hat, die die anderen nicht zu haben scheinen. Er denkt, er sei schlecht, weil er solche Gefühle hat; er hält sich für wertlos, böse, unerträglich. Er beurteilt sich negativ und gerät in Panik bei dem Gedanken, daß auch die anderen dies tun könnten. Folglich verbirgt er seine Affekte und trägt eine Maske zur Schau, die dem zu entsprechen scheint, was die anderen von ihm erwarten. Er hat unablässig Angst, daß jemand entdecken könnte, daß er nicht der ist, der er zu sein scheint, und bemüht sich um so mehr, sich zu verstellen.

Wir alle haben »unmoralische« Phantasmen, »unreine« Gedanken – oder genauer gesagt das, was wir als unmoralisch oder unrein bezeichnen, weil unsere Eltern nicht eingestehen wollten, daß sie dieselben hatten.

Wir alle haben Phantasmen. Ein Phantasma ist ein geistiges Bild, das mit einem Wunsch, einer Emotion verbunden ist. Das kann ein Allmachts-Phantasma sein (vielleicht sehe ich, wie mein Feind an einen Pfahl gebunden ist, während ich ihm lachend dabei zuschaue) oder ein Wutphantasma (ich sehe, wie mein Feind sich verletzt, hinfällt, leidet) oder ein Liebesphantasma (ich sehe, wie der Mann, der mir gefällt, zu mir kommt und mich auf einem feurigen Roß mit sich fortnimmt) oder ein Angstphantasma (ich sehe, wie mich ein Ungeheuer verfolgt, das mich verschlingen will) oder ein Phantasma der Geringschätzung (ich stelle mir vor, daß ich das Wort ergreife und die anderen mich daraufhin herablassend und abschätzig betrachten).

Wer offenbart schon seine Ängste, seine geheimen Träume und seine Wünsche? Wer spricht über seine Einsamkeit oder seine Frustration, seine Eifersucht oder auch nur seine Liebe und seinen sexuellen Genuß? Daher gelangt man leicht zu der Schlußfolgerung: Was sich in mir abspielt, ist anstößig und sonderbar; ich sollte besser nicht darüber reden.

Oft wird die Meinung geäußert, die Unterdrückung der

Triebe geschehe zugunsten des gemeinschaftlichen Lebens, denn wenn jedermann sich »gehen ließe«, könne man nicht mehr zusammen leben. Doch schauen wir uns die Wirklichkeit an: Die gegenwärtige Gewaltstatistik zeigt uns, daß der Weg der Unterdrückung nicht der richtige ist. Das Verleugnen, das Nicht-Beachten, das Nicht-Wahrnehmen der Emotionen führt nur dazu, daß man sie in einen »Schnellkochtopf« einschließt. Wenn zuviel Druck auf dem Ventil ist, springt der Deckel hoch.

Es ist wahr: Das Leben würde unmöglich, wenn wir unsere Impulse, andere zu schlagen, zu erwürgen, zu töten, zu foltern, jedesmal auslebten, sobald das entsprechende Phantasma in uns aufsteigt. In der Tat würden wir in diesem Fall aussterben, denn wir würden uns bald gegenseitig umbringen. Doch können wir nur, indem wir die eigene Wut verdrängen, verhindern, daß wir unseren Nächsten töten? Können wir nicht lernen, unsere Affekte zu erkennen, ohne daß sie uns beherrschen?

Schon Freud hat gezeigt, daß das Bewußtwerden der eigenen destruktiven Triebe ein Individuum nicht etwa destruktiv macht, sondern ihm vielmehr ermöglicht, sich zu rekonstru- ieren. Die Lust am Zerstören, am Verletzen des anderen ist kein Trieb, der zwangsläufig zum Menschen gehört; sie ist ein Schutzmechanismus gegen die Emotion. Um nicht zu fühlen, daß es »mir weh tut«, kehre ich meinen Zorn gegen den ande- ren. Die Verdrängung der Emotion ins Unbewußte führt dazu, daß das Individuum manchmal überwältigt wird und heftig agiert.

Wenn man seine Affekte in sich selbst erkennt, wenn man sie akzeptiert und lernt, sie zu ertragen, ohne Angst zu haben, von ihnen zerstört zu werden, wenn man sie zur Sprache bringt, dann kann man der Gesamtheit seines Selbst bewußt bleiben, ohne diese Affekte ausagieren zu müssen.

Es ist wichtig, dem Kind zu zeigen, daß die Anerkennung und der verbale Ausdruck auch seiner heftigsten Impulse weder seine Beziehung zu Ihnen noch seine eigene Person zerstören.

»Ich verstehe, daß du wütend bist, aber ich liebe dich trotzdem.«

Erlauben die Eltern einem Kind nicht, seiner Wut Ausdruck zu verleihen, wird es sie mit Gefühlen der Schuld und der Angst verdrängen. Bricht seine Mutter in Tränen aus, wird es das Phantasma integrieren, daß es seine Mutter vernichten kann. Bekommt das Kind Prügel, so kann es leicht die Vorstellung entwickeln, selbst vernichtet zu werden, und es in Angst und Schrecken versetzen – was äußerst furchterregend ist, insbesondere wenn das Kind noch klein ist und noch nicht gut zwischen sich und dem anderen unterscheiden kann; denn es nimmt dann die Schläge seiner Eltern als natürliche Kontinuität seines eigenen Zorns wahr.

Muß das Kind (und später der Erwachsene, sofern er diese Angst in der Kindheit nicht überwunden hat) seine Wut verdrängen, ist es gut möglich, daß es Angst hat, innerlich von ihr zerstört zu werden. Es hält seine Wut angestrengt zurück, denn wenn es ihr freien Lauf ließe, bestünde die Gefahr, daß es in Stücke zerspringt! Es hat Angst, das Bewußtsein von den Grenzen seines Wesens, seines Körpers zu verlieren – wo es doch gerade der Ausdruck seines rechtmäßigen Zornes ist, der ihm ermöglichen würde, das Gefühl für sich selbst zu haben und seine Identität zu beweisen.

Wenn die Eltern auf die Emotion ihres Kindes mit Gleichgültigkeit reagieren, wenn sie es in sein Zimmer schicken, damit es dort weint oder »seinen Koller woanders kriegt«, wenn sie sich nicht weiter um das Kind kümmern, dann ist es verzweifelt. Es begreift, daß seine Emotionen die Beziehung gefährden. Es hat keine Wahl: Es darf sich nicht erlauben, diese Bindung zu zerbrechen, sein Überleben hängt davon ab. Seine Eltern geben ihm Schutz und ernähren es. Um mit ihnen verbunden zu bleiben – das heißt, um zu überleben –, muß es seine Empfindung auslöschen, sich abstumpfen.

Der Psychologe Harold Bessell verwendet in seinem Buch *Le Développement socio-affectif de l'enfant* (Die sozioaffektive Entwicklung des Kindes) ein sehr anschauliches Bild. »Wenn man mit seinen Händen arbeitet, sieht man, wie man Schwielen bekommt. Sie schützen die Haut und verhindern, daß sich Blasen bilden. Wenn man in seinen Emotionen verletzt wird, bildet sich etwas, das einer Hornhaut ähnelt und das Gewebe vor möglichen Schäden schützt. Aber genauso wie die Schwielen ist dieses Gebilde weder genauso empfindlich noch genauso weich und geschmeidig wie die ursprüngliche Haut. Ein Mensch, der vollständig mit affektiven Hornhäuten bedeckt wäre, würde die Welt nicht in ihrer Fülle, ja nicht einmal in angemessener Weise wahrnehmen.«

Genau das geschieht. Wir bilden »affektive Hornhäute« in der Kindheit, die in der Folge unsere Wahrnehmung der Welt verfälschen und uns viele Probleme bereiten. Es sind diese Hornhäute – Schutzpanzer gegen das Auftauchen der Emotionen aus unserer Kindheit –, die uns daran hindern, gegenüber dem, was unsere Kinder erleben, so sensibel zu sein, wie wir eigentlich sollten.

Damit ein Erwachsener ein Kind in der Bewußtwerdung seiner selbst begleiten kann, muß er – wenn er auch nicht unbedingt frei von allen »psychischen Schwielen« ist – sich zumindest ihrer bewußt sein, damit er sich in das Kind hineinversetzen kann, ohne sich hineinzuprojizieren, damit er seine Gefühle nachempfinden kann, ohne sie zu entmystifizieren oder zu interpretieren.

Das Weinen, das Schluchzen, der emotionale Ausdruck haben eine heilende Wirkung. Problematisch ist nicht, daß ein Kind einmal verletzt wird oder daß man sich ihm gegenüber einmal ungerecht verhält. *Vielmehr kommt es darauf an, ihm zu erlauben, seine Verletzung auszusprechen, ihm den Raum zu geben, damit es emotional leben und sich von Spannungen befreien kann, die durch die Verletzung oder die Ungerechtigkeit entstanden sind.*

Mein Baby will seinen Schnuller

Schnuller und andere Sauger werden oft eingesetzt, um das Weinen zum Schweigen zu bringen; sie dienen der emotionalen Verdrängung. Wenn ein Baby weint, sagen die Eltern oft, es benötige seinen Schnuller, um einzuschlafen oder um sich zu beruhigen. In Wirklichkeit ertragen diese Eltern das Schreien ihres Kindes nicht; sie verlangen also, daß es still ist. Sie stecken ihm den Schnuller in den Mund und hindern es somit daran, sich von Spannungen zu befreien, die es dann noch ein wenig mehr, noch ein wenig tiefer in sich verdrängen wird.

Ihr Baby hat eine Emotion, das ist der Ausdruck eines Bedürfnisses. Es versucht, sie Ihnen mitzuteilen. Sie aber deuten dieses Bedürfnis als den Wunsch, an etwas zu saugen. Sie geben ihm einen Schnuller. Sie suggerieren Ihrem Kind damit das Verlangen, etwas in den Mund stecken zu wollen, sobald es eine Emotion hat. Gut möglich, daß es später einmal dazu neigen wird, jedesmal, wenn es bewegt ist, etwas Eßbares zu knabbern oder an den Fingernägeln zu kauen.

Das ist ein Musterkind – es schläft die ganze Zeit

Haben Sie diesen Satz noch nie gehört? Viele Babys schlafen, um nicht weinen zu müssen. Das ist eine andere Weise, Empfindungen nicht spüren zu müssen, wenn sie nicht erlaubt sind. Das Schlafen ist dann eine Schutzreaktion gegen die Anstrengung.

Als ich die ersten Male, in denen ich mit meiner wenige Monate alten Tochter eine Geschäftsarkade betrat, bemerkte, daß sie tief und fest schlief, war ich verblüfft. Zuviel Lärm, zuviel Streß – da schalte ich ab, sagte sie damit.

Babys, die weinen, schlafen weniger. Sie sind entspannt durch ihr Schluchzen und dadurch weniger erschöpft von ihren Spannungen. Sie interessieren sich oft mehr für ihr Umfeld und bleiben länger wach.

Es zeigt keine Gefühle

Mathieu weint nie. Er hat vor nichts Angst. Klaglos nimmt er Enttäuschungen hin. In seinem Umfeld erklärt man ihn für stark und mutig. Er entspricht dem gesellschaftlichen Ideal der Männlichkeit – und vor allem stört er die Erwachsenen nicht! Nur, Mathieu ist schließlich ein menschliches Wesen mit menschlichen Gefühlen. Wenn er nichts nach außen hin zeigt, so bedeutet das lediglich, daß er bereits gelernt hat, seine Affekte zu unterdrücken, seine Gefühlsbewegungen tief in sich zu verschließen, sein inneres Wesen zum Schweigen zu bringen.

Vielleicht imitiert er damit einen Elternteil oder sogar beide. Vielleicht ist ihm ein schlimmes Unrecht geschehen, vielleicht hat er einen Verlust erlitten oder empfindet einen Mangel, über den er nicht sprechen kann. Vielleicht sieht er eine Gefahr darin, auszudrücken, was er fühlt. Vielleicht sind seine Emotionen systematisch unterdrückt worden, seit er ganz klein war. Es kann aber auch sein, daß sein inneres Leiden so unerträglich ist, daß er es lieber gar nicht spürt. Eines steht fest: Er benötigt Hilfe, um aus seinem Schutzpanzer herauszufinden, um zu wagen, wieder er selbst zu werden. Das Verleugnen seiner Gefühle entspricht dem Grad des Leidens, vor dem er sich schützt.

Julien hat die Geburt seines kleinen Bruders ohne Probleme akzeptiert. Seine Eltern jedenfalls sind sich da sicher. Er hat sich niemals eifersüchtig auf Maxime gezeigt. Er hat ihn freudig aufgenommen, hat sich viel um ihn gekümmert, ansonsten hat sich nichts an seinem Verhalten geändert. Seine Eltern haben nicht gesehen, daß Julien sich einfach nicht erlaubte, Eifersucht an den Tag zu legen. Er dachte, er hätte kein Recht dazu, sei nicht wichtig genug. Als er die Rolle des großen Bruders annahm, wurde er anerkannt, akzeptiert.

Als Alexandras Mutter ihrer Tochter ankündigte, sie werde sich scheiden lassen und ihr Vater werde ausziehen, sagte Alexandra kein Wort dazu. Sie ging in ihr Zimmer, öffnete ein Buch und begann zu lesen. Die Mutter fühlte sich erleichtert und hatte den Eindruck, ihre Tochter habe es gut aufgenommen. Aber kann man die Ankündigung von der Trennung seiner Eltern überhaupt gut aufnehmen? Ja, wenn einer der beiden Eltern zum Beispiel gewalttätig ist oder wenn beide Eltern sich ständig streiten. Doch in der Beziehung von Alexandras Eltern kam dies nicht vor. Trotz ihrer Meinungsverschiedenheiten hatten sie bis zuletzt das Bild eines harmonischen Paares aufrechterhalten. Alexandras Mutter war der Ansicht gewesen, es sei besser für ihre Tochter, nicht zu wissen, daß ihre Eltern sich nicht mehr verstanden.

Was man gemeinhin »cool bleiben« nennt, ist die Unterdrückung der Affekte. Doch diese Unterdrückung kann nicht geschehen, ohne daß die Persönlichkeit des betreffenden Menschen nachhaltig gestört und verfälscht wird. Alexandra hat sich betäubt. Sie empfand nichts, als die Mutter ihr den Auszug ihres Vaters ankündigte, aber sie nahm sich tief in ihrem Inneren vor, sie werden in ihrem späteren Leben nie lieben, um nicht leiden zu müssen.

Pedro macht sich oft über seine Tochter Amalia lustig, sie reagiert nicht darauf. Sie wird nicht zornig, weil sie weiß, daß sich der Vater dann nur über ihre Empfindlichkeit lustig machen würde. Obwohl ihr Vater behauptet: »Ich sag' das nur so, das hat nichts zu bedeuten«, ist sie verletzt. Die Bezeichnungen, wie »Dummkopf« oder andere Herabsetzungen prägen sich ihr als Etikettierungen ihrer Person ein.

Emotionen sind etwas Gesundes. Ihre Unterdrückung ist für den Betreffenden gefährlich. Kinder können ihre Gefühle verbergen, können sich sogar so sehr davor schützen, daß sie sie gar nicht mehr empfinden; die Folge ist, daß sie ihre emotionalen und sozialen Fähigkeiten nicht voll entfalten können. Das führt dazu, daß auch ihr emotionaler Quotient verkümmert.

Damit Kinder sich selbst erlauben, ihre Emotionen zu empfinden und auszudrücken, brauchen sie die Erlaubnis ihrer Eltern. Und damit diese Erlaubnis auch überzeugend ist, muß sie auf verbaler und non-verbaler Weise gegeben werden, das heißt, sie muß sich in konkreten Verhaltensweisen offenbaren – vor allem muß sie in einer Atmosphäre von Schutz und Geborgenheit erteilt werden. Niemand kann seinen Gefühlen Ausdruck verleihen, wenn er befürchtet, lächerlich gemacht oder gedemütigt zu werden. Damit ein Kind einem Erwachsenen vertrauen kann, muß das Kind sicher sein, daß dieser es gegen mögliche Spötteleien schützen wird.

Damit die Kinder ihren Eltern wirklich vertrauen können, müssen sie zudem der persönlichen Stärke ihrer Eltern sicher sein. Diese Stärke ist weder Gewalt, die einschränkt, noch Kontrolle oder Macht – sie ist ein Gefühl der inneren Sicherheit und die Fähigkeit, die eigenen Emotionen auszuleben. Zeigen sich die Eltern nur nach außen hin stark, verbergen sie gegenüber den Kindern ihre Ängste und Sorgen, so hat das keine beruhigende Wirkung auf Kinder, sondern vermittelt ihnen die Botschaft, daß man sich so im Leben verhalten müsse. Stark sein bedeutet nicht unsensibel sein, vielmehr heißt es, daß man keine Angst vor den eigenen Emotionen hat und sie auslebt.

Wenn Sie beobachten, daß Ihr Kind angesichts eines Ereignisses sein Gefühl gar nicht oder kaum äußert, dann sagen Sie es ihm. Helfen Sie ihm dabei herauszufinden, was es empfindet. Sagen Sie beispielsweise: »Du bist wohl wütend, weil ich mich nicht so verhalten habe, wie du es gewollt hast.«

Haben die Eltern eines Kindes Angst vor Emotionen, dann verleiht es seinen Gefühlen keinen Ausdruck, um die Eltern nicht in Verlegenheit zu bringen. Gestatten Sie ihm, jede Verantwortung dafür von sich zu weisen:

»Du bist nicht für deine Eltern verantwortlich und auch nicht für ihre Gefühle.«

»Deine Mutter bringt nicht zum Ausdruck, was sie fühlt; sie hat Angst vor den Emotionen, die in ihr sind. Ich verstehe das, aber geh' nicht auf Distanz. Hilf ihr, aus sich herauszugehen. Trau dich!«

Das Kind schmollt

Das Schmollen ist eine Sprache. Es zeigt, daß ein Leiden vorliegt und daß dieses Leiden nicht verstanden wird; das Kind zieht es vor, sich ganz ostentativ in sich selbst zurückzuziehen.

Vermeiden Sie alles, was die Überwindung seines Verhaltens erschweren könnte. Äußerungen, wie: »Schmoll nicht!« oder »Wenn du aufgehört hast, den Beleidigten zu spielen, kannst du dich wieder zu uns an den Tisch setzen«, unterstreichen sein momentanes Verhalten nur unnötig. Wenn Sie eine Bemerkung, wie: »Ein Kind, das schmollt, interessiert mich nicht« machen (oder durch Ihre Haltung signalisieren), dann ist das so, als würden Sie zu ihm sagen: »Es ist mir egal, ob du leidest.«

Sie können versuchen, die Emotion zu entdecken, die sich hinter dem Schmollen verbirgt. Fassen Sie sie in Worte: »Ich sehe, daß du verletzt warst, als ich zu Julie gesagt habe ...«

»Du bist wütend darüber, daß ich dir das Eis nicht gegeben habe ...«

Helfen Sie ihm, seinen Gefühlen Ausdruck zu verleihen: »Du hast das Recht zu sagen, daß du unzufrieden bist!« »Es ist wahr, daß das ungerecht ist, du kannst es deinem Freund sagen ...«

Sie können einen gewissen Gleichmut an den Tag legen, der sich natürlich nicht auf das Kind bezieht, sondern auf sein verstocktes Verhalten: Sie tun so, als sei gar nichts. Der Gleichmut darf nur von kurzer Dauer sein. Keinesfalls darf man ein Kind länger als einige Minuten schmollen lassen. Denn je länger das Schmollen anhält, desto stärker wird es, und nach einer Weile wird es immer schwerer, die Haltung aufzugeben, ohne Schaden zu nehmen. Ist das Kind noch klein, so sollten Sie nach einigen Minuten zu ihm gehen und liebevoll sagen: »Na, mein Schatz, bist du immer noch unglücklich?« Nehmen Sie es in die Arme, drücken Sie es fest an sich, und führen Sie es auf natürliche Weise an eine neue Beschäftigung heran.

Wenn das Kind schon größer ist, schlagen Sie ihm eine

andere Beschäftigung vor, die es gern tut, ohne noch einmal auf sein Schmollen anzuspielen.

Vergessen Sie nie, daß ein Kind stets einen positiven Ausweg finden muß! Zwingen Sie es nicht, gedemütigt aus seinem Verhalten herauszukommen. Demütigungen sind Gift für die Psyche.

Das Kind ist zu freundlich

Kümmert es sich vorbildlich um seinen kleinen Bruder oder seine kleine Schwester? Hat es niemals, wirklich niemals, Wut auf ihn (bzw. sie)? Erscheint es Ihnen einfach zu freundlich? Dann wehrt es sich wahrscheinlich gegen ein Gefühl der Eifersucht, das es als verboten oder gefährlich wahrnimmt – und zwar aufgrund eines Mechanismus, den die Psychoanalytiker »Reaktionsbildung« nennen. Das Gefühl, das es zum Ausdruck bringt, ist eine Umkehrung des wahren Gefühls. Es legt eine ganz besondere Freundlichkeit an den Tag, damit seine »Bosheit« nicht sichtbar wird. Es kann seine aggressiven und eifersüchtigen Gefühle nicht in sich anerkennen, denn dann würde es sich böse vorkommen, was unerträglich wäre. Seine Freundlichkeit verhindert den Kontakt mit seiner eigenen Wut und stellt sein Bild vom guten kleinen Jungen wieder her.

Geben Sie ihm die Erlaubnis, eifersüchtig oder zornig zu sein. Sagen Sie ihm, daß diese Gefühle ganz natürlich und normal sind. Sprechen Sie auch über Ihre eigene Kindheit und Ihre Eifersucht.

Eifersucht, die in der Kindheit nicht anerkannt wird, beeinträchtigt später im Erwachsenenleben die Beziehungen zu anderen Menschen. Wird sie dagegen wahrgenommen und akzeptiert, kann sie durchgestanden, überwunden und geheilt werden.

Das Kind gibt dem anderen die Schuld

Wenn es die Verantwortung für eine Dummheit, für einen Fehler übernehmen würde, hätte das Kind das Gefühl, schlecht zu
sein. Doch es will nicht so beurteilt werden. Also ist es der
andere, der schlecht ist. Das Kind projiziert auf einen Bruder,
einen Spielkameraden, einen imaginären Freund oder auch auf
Sie die Verantwortung für das, was es eben getan hat, oder die
Emotion, die es nicht erträgt.

Wecken Sie vor allem keine Schuldgefühle in ihm. Das Bild,
das es von sich hat, ist ohnehin schon sehr zerbrechlich. Deshalb kann es die Emotion ja nicht ertragen. Helfen Sie ihm
vielmehr, dieses Bild zu festigen. Versichern Sie ihm, daß Sie es
bedingungslos lieben, das heißt, auch dann, wenn es sich einmal irrt, ein Glas zerbricht, seine Tasse umwirft, seine Schwester schlägt. Sie können sein Verhalten mißbilligen, ihm aber
nicht die Liebe entziehen. Beruhigen Sie es – jeder Mensch ist
hin und wieder einmal wütend oder eifersüchtig.

Viele Kinder erfinden sich im Alter von drei bis fünf Jahren
imaginäre Freunde, denen sie ihre Dummheiten zuschreiben.
Zeihen Sie Ihr Kind deswegen nicht der Lüge. Es versucht nur,
so gut es kann, mit einem allzugroßen Ansturm von Schuldgefühlen fertig zu werden. Sie können Ihr Kind (höflich) bitten, seinem Freund zu helfen, achtsam zu sein. Übertragen Sie ihm die
Kontrolle über seinen imaginären Freund. Machen Sie sich
keine Sorgen, Ihr Kind weiß sehr wohl, daß sein Freund nicht
wirklich existiert, selbst wenn es Ihnen gegenüber das Gegenteil
beteuert. Und es weiß, daß Sie wissen, daß es das weiß …

Halten, ohne zu unterdrücken

Bringt man einem Kind wirklich Interesse an seinen Gefühlen
und Gedanken entgegen, so hilft man ihm, es selbst zu sein. Ein
Kind bei der Bewußtwerdung seiner selbst zu begleiten heißt

vor allem, ihm zuzuhören, ohne es zu verurteilen, ohne ihm Ratschläge zu geben und ohne zu versuchen, es zu dirigieren. Diese Begleitung vollzieht sich, indem man ihm einfach erlaubt, das, was es erlebt, in Worte zu fassen, und indem man ihm hilft, das, was sich in ihm abspielt, zu erkennen, zu akzeptieren und zu verstehen.

Das Gehirn eines Erwachsenen ist vollständig entwickelt und gibt ihm die Möglichkeit, allein mit seinen Emotionen umzugehen. Das Gehirn des Kindes dagegen ist noch mitten in seiner Entwicklung. Die Frontalbereiche, die einen befähigen, sich auf den anderen zu konzentrieren, die oberen kortikalen Zonen, die ermöglichen, Emotionen zu relativieren, das heißt, sie in Worte zu fassen und ihnen einen Sinn zu geben, sind noch im Werden. Das limbische Gehirn verursacht Ängste, Lachen oder Tränen, ohne die »Vermittlung« der sogenannten oberen Bereiche.

Das Kind braucht daher die Begleitung des Erwachsenen, um nicht von seinen Affekten überwältigt und überfordert zu werden, um seine Energie kanalisieren zu können, um zu lernen, seine Bedürfnisse auf eine gesellschaftlich akzeptierte Weise zum Ausdruck zu bringen, und um zu wissen, daß es kein Risiko eingeht, wenn es seinen Empfindungen freien Lauf läßt. Es darf also keinesfalls mit seinen Gefühlsregungen alleingelassen werden, wenn es noch nicht über die geistigen Mittel verfügt, um mit seinen Erlebnissen kontrolliert umzugehen. Das hieße, es den archaischen psychischen Schutzmechanismen auszuliefern – wie es die Verleugnung, das Sich-Zurückziehen, die innere Spaltung, die Projektion auf den anderen, die Reaktionsbildung sind –, die zwar sicherlich wirkungsvolle Mittel darstellen, um nichts mehr zu fühlen (man denke an die bereits erwähnten »Hornhäute«), die jedoch auf Kosten des Kontakts mit der Realität geschehen.

Anstatt unsere Kinder mit ihren inneren Ungeheuern alleinzulassen, sollten wir ihnen zur Seite stehen: Eltern tragen die Verantwortung für die affektive Sicherheit ihrer Kinder.

Martin schlägt seine Mutter und sagt zu ihr: »Ich mag dich nicht mehr!« Wenn sie sich nun verletzt fühlt und ihrer Verletzung Beachtung schenkt, anstatt seine Verletzung wahrzunehmen, und ihm antwortet: »Ich mag dich auch nicht mehr«, oder auch: »Geh' in dein Zimmer und komm' erst wieder, wenn du dich beruhigt hast«, dann wird sich Martin ganz schrecklich im Stich gelassen fühlen. Er brauchte seine Mutter, zeigte es ihr, indem er sie schlug – denn Schlagen bedeutet Kontaktsuchen –, er brachte es lautstark zum Ausdruck, indem er seine Liebe zu ihr aufs Spiel setzte, und sie hat ihn abgewiesen.

Ein Kind ist ein Kind, es kann die Dinge noch nicht gut ausdrücken. Die Rolle der Eltern besteht darin, ihm zu helfen, die passenden Worte zu finden, und nicht, mit ihm in einen emotionalen Wettstreit zu treten. Ein Erwachsener kann seine Impulse kontrollieren. Es ist ganz natürlich, daß die Emotionen der Kinder Vorrang vor denen ihrer Eltern haben!

Natürlich ziehen sich die Eltern in dem Maße, wie das Kind älter wird, zurück. Doch wenn die Eltern zu früh abwesend waren, hat das Kind nicht lernen können, mit seinen Emotionen umzugehen, und bleibt ohnmächtig seiner Angst ausgeliefert.

Damit wir besser verstehen, was sich zuträgt, wollen wir unsere Aufmerksamkeit einmal auf den Säugling richten: Solange er noch sehr klein ist, hat er noch keinerlei Bewußtsein von sich als einem von der Mutter getrennten Wesen. Wir, die Erwachsenen, wissen, daß uns etwas *weh tut*, wir existieren außerhalb unseres Schmerzes. Der Säugling dagegen *ist* Schmerz. Er ist vollkommen überwältigt von seiner Not und hat es dringend nötig, daß seine Mutter eingreift. Er braucht ihre Gegenwart, ihre Worte, ihre Liebe, ihre Schutzhülle. Da seine körperlichen und psychischen Grenzen noch nicht genau definiert sind, ermöglicht ihm der Geborgenheit spendende Kontakt mit seiner Mutter, seine Affekte in Schranken zu halten und sich sicher zu fühlen.

Kinder leben in der Gegenwart. Sie haben noch nicht die

Fähigkeit entwickelt, sich in die Zukunft zu projizieren; dadurch empfinden sie alles, was sie erleben, intensiver.

Ein Kind muß die Beständigkeit seiner Eltern spüren, wenn es eine Emotion erfährt, und es muß sehen, wie auch sie starke Emotionen durchleben, ohne davon zerstört zu werden.

Soll man beim leisesten Weinen herbeieilen?

Was meinen Sie? Muß man ein Baby, das weint, auf der Stelle in die Arme nehmen, oder läuft es sonst Gefahr zu verkümmern?

Ein Säugling weint. Er hat Hunger. Reagiert seine Mutter in den nächsten neunzig Sekunden, beruhigt sich das Baby innerhalb von fünf Sekunden. Wenn seine Mutter nach drei Minuten nicht reagiert, braucht das Kind fünfzig Sekunden, um sich zu beruhigen. Wenn Sie die Zeit des Eingreifens mit zwei multiplizieren, dann müssen Sie die Dauer des kindlichen Weinens mit zehn multiplizieren.

Je länger Sie warten, desto schwieriger ist es danach für das Kind, sich in seinem Inneren wieder zu reorganisieren.

Was macht der Säugling durch, wenn niemand kommt, obwohl er weint? Er hat noch nicht die Fähigkeit, sich zu sagen: »Das geht vorüber«. Er kann sich nicht sagen, daß seine Mama ein bißchen später kommen wird, wenn sie das Geschirr abgespült, ihr Telefonat beendet oder sonst irgend etwas erledigt hat. Er *ist* Schmerz – weil niemand kommt. Diese Mutter, die ihm zu Hilfe eilen, ihn beschützen müßte, tut es nicht. Sie ist also imstande, ihm weh zu tun! Sie ist gefährlich, er kann ihr nicht mehr vertrauen. Das ist unmöglich, wie kann man seiner Mutter das Vertrauen entziehen? Ihr, von der das eigene Überleben abhängt? Also behält das kleine Kind sein Vertrauen in seine Mutter und zieht es vor, seine innere Wahrnehmung zu verfälschen, sein Leiden und seine Emotionen für ungültig zu erklären, da sie so gefährlich sind! Seine Abhängigkeit von seiner Mutter verstärkt sich, da er seine innere Orientierung verloren hat. Damit bleibt sie die Person, die weiß, was und wann er etwas braucht.

Wenn die Eltern dagegen ihrem Kind Liebe bezeigen, ganz gleich, welche Emotionen es an den Tag legt, lernt es, daß die Emotionen nicht gefährlich sind. Es ist bereit, sie wahrzunehmen, um herauszufinden, was sie ihm mitteilen, weil auch seine Eltern bereit sind, sie wahrzunehmen. Dies wird dem Kind nach und nach ermöglichen, ein Gefühl für seine Kontinuität zu entwickeln. Ob es traurig, fröhlich oder zornig ist – es bleibt derselbe kleine Junge oder dasselbe kleine Mädchen.

Was also tun?

Wenn ein Kind eine Emotion spürt, dann muß die Frage, die Sie sich stellen, lauten: »*Wie kann ich helfen, ein Bewußtsein dafür zu entwickeln, was sich in ihm abspielt?*«

Bei einem Säugling sollten Sie stets so schnell wie möglich intervenieren. Versuchen Sie, sein Bedürfnis auszumachen und es zu befriedigen. Er weiß besser als Ihr Arzt oder Ihre Uhr, wann er Hunger hat. Begleiten Sie ihn in der Äußerung seiner Affekte. Wenn all seine physiologischen Bedürfnisse befriedigt zu sein scheinen, dann handelt es sich um ein psychisches Bedürfnis. Lassen Sie ihn seine Beschwerde, seinen Protest, seine Not mitteilen.

Je größer das Kind ist, desto autonomer ist es im Umgang mit seinen Emotionen. Sie können dann einige Minuten abwarten, ehe Sie herbeieilen; Sie werden dann sehen, wie es mit dem, was es erlebt, zurechtkommt. Wenn es nichts von Ihnen verlangt, dann sollten Sie ihm vertrauen.

Geben Sie ihm genügend Raum, um sich auszudrücken. Wir sind oft geneigt, das Kind sofort zu »trösten« – ich zu allererst, wie ich gestehen muß. Daher halte ich mich bewußt zurück. Wenn eines meiner Kinder weint, versuche ich, ihm zuzuhören, *bevor* ich es tröste und sage: »Ich sehe, daß du dir weh getan hast!« Wenn es sich sehr weh getan hat, bestärke ich es sogar darin zu weinen, indem ich sage: »Weine, mein Liebling, weine dich nur aus, schmieg dich an mich und weine, du hast dir wirklich sehr weh getan!«

Die Frage »warum« sollte unbedingt vermieden werden. »Warum weinst du?« kann als Zuweisung von Schuldgefühlen oder als Herabsetzung aufgefaßt werden; das Kind kann das so auffassen, als habe es keinen Grund zu weinen. Zudem fordert die Frage dazu auf nachzudenken. Doch genau das ist ihm im Augenblick ganz unmöglich. Es muß seine Emotion ausdrücken, ehe es darüber sprechen kann. Außerdem wären wir, wenn wir wüßten, *warum* es weint, versucht, sein Problem lösen zu wollen, ihm Lösungen vorzuschlagen! Doch dies ist in der Regel gar nicht nötig. Das Kind ist vermutlich imstande, allein mit seinem Problem fertig zu werden, es will nur seine Emotion verstanden wissen.

Anstelle von: »Warum?« sollten Sie beispielsweise fragen: »Was ist denn los?« oder: »Was fühlst du?« – Sätze, die sein inneres Erleben begleiten.

Das empathische Zuhören

Das empathische Zuhören besteht darin, das wiederzugeben, was Sie dem, was das Kind eben gesagt hat, entnehmen, indem Sie die bedeutsamsten Aspekte – die Emotion, das Gefühl oder den Wunsch – festhalten. Es geht nicht so sehr darum, die Worte zu hören, sondern vielmehr zu vernehmen, was diesen zugrunde liegt.

Konzentrieren Sie sich auf die inneren Regungen des Kindes und nicht auf die Tatsachen. Seien Sie ganz bei Ihrem Kind, nicht bei den äußeren Ereignissen.

Auf den Satz: »Ich habe keine Lust zu schlafen!« sollten Sie antworten: »So, du hast absolut keine Lust dazu!« anstatt: »Du mußt aber schlafen, um morgen gut in Form zu sein.«

Sie können zum Beispiel noch hinzufügen: »Du hast das Recht, keine Lust dazu zu haben, ich weiß, du würdest lieber weiterspielen, ich kann das verstehen« (und das Kind dennoch ins Bett bringen).

Sie halten das für Unsinn? Probieren Sie es selbst aus. Wenn Sie sich bereits in einem Machtspiel mit Ihren Kindern befinden, werden diese in den ersten Tagen wahrscheinlich Widerstand leisten. Andererseits ist zu fragen, ob es wirklich so tragisch ist, wenn sie einmal ein wenig später ins Bett gehen. Das Gespür für die Beachtung der eigenen Rhythmen ist es wert, auch einmal die pünktliche Einhaltung der Schlafenszeiten zu mißachten. Sobald die Kinder einmal verstanden haben, daß Sie ihre Gefühle respektieren, ohne in ein Machtspiel einzutreten, werden sie bereit sein, sich nach ihrer Müdigkeit zu richten. Wir können unseren Kinder oft vertrauen, wenn es darum geht, was gut für sie ist – es sei denn, wir stehen in einem Machtkampf mit ihnen.

Es geht darum mitzufühlen, empathisch zuzuhören. Das heißt, auf die emotionale Resonanz dessen, was das Kind sagt, zu achten, sich einen Augenblick lang in seine Lage zu versetzen, zu fühlen, was es empfindet, innerlich wahrzunehmen, was es momentan erlebt.

»Mama, soll ich Fußball spielen gehen oder lieber Hausaufgaben machen?«

»Du kannst dich nicht entscheiden. Was sagt dir dein Gefühl?«

»Ich habe keine Lust, die Mathematikprüfung mitzuschreiben.«

»Du hast Angst davor …«

Indem Sie die Dinge neu formulieren, urteilen Sie nicht darüber, kommentieren Sie sie nicht, greifen Sie nicht ein – Sie nehmen nur die Emotionen des Kindes in sich auf. Damit fühlt es sich anerkannt und bestätigt. Es bekommt den Eindruck, daß es das Recht hat, eigene Gefühle zu haben und zum Ausdruck zu bringen, so daß es auf sein eigenes Empfinden vertrauen kann.

Sie können sich gar nicht vorstellen, wie gut eine solche Haltung für Sie, Ihr Kind und Ihre Beziehung ist.

Sie sollten aber immer seinen ganz persönlichen Bereich respektieren. Es ist unsinnig, ihm um jeden Preis ein Geheimnis entlocken zu wollen. Es darf nie zum Sprechen gezwungen werden.

Wenn Sie systematisch und unablässig an den Gefühlen Ihrer Kinder Anteil nehmen wollen, besteht die Gefahr, daß Sie die gegenteilige Wirkung erzielen und Ihre Kinder abhängig oder aggressiv machen, weil diese sich gegen die andauernde Einmischung wehren. Sie können Ihren Kindern vertrauen. Ihre eigene Rolle besteht nicht darin, ihre Probleme zu lösen oder ihnen alle Schwierigkeiten aus dem Weg zu räumen, sondern ihnen die entsprechenden Hilfsmittel zu geben oder, besser ausgedrückt, ihnen zu helfen, das Vertrauen in die Fähigkeit zu entwickeln, in allen Lebenslagen selbst die nötigen Hilfsmittel zu finden.

Auch sollten Sie nie versuchen, »Gedanken zu lesen« oder sie zu analysieren. Denn zuweilen kommt es vor, daß wir durch einen Mechanismus der Projektion, das heißt der Ansteckung von unseren eigenen Emotionen, beginnen, anstelle des Kindes zu denken. Die Entschlüsselung der Emotion muß sorgsam die verschiedenen Nuancierungen respektieren, die es erlebt. Wenn wir sie nach unserem Gutdünken interpretierten, wenn wir an seiner Stelle dächten, hieße das, ihm wiederum eine Etikettierung aufzuzwingen und ihm nicht wirklich zuzuhören.

Letzten Endes sollten Sie, um die Emotionen eines Kindes – ja im Grunde die eines jeden Menschen – zu begleiten, einfach Mitgefühl an den Tag legen. Versetzen Sie sich in seine Lage, versuchen Sie nachzuempfinden, was Sie in derselben Situation und unter denselben Umständen empfinden würden. Nichts, was menschlich ist, ist einem anderen Menschen fremd. Sie selbst sind einmal Kind gewesen. Sie können also verstehen, was sich in einer kindlichen Seele abspielt.

Achten Sie darauf, daß Sie nicht zu viel »psychologisieren«. Das In-Worte-Fassen ist nicht immer notwendig, es genügt oft auch nicht. Ganz wesentlich ist, mit körperlichem Kontakt und mit Streicheln einfach da zu sein. Es geht nicht darum, die Verhaltensweisen eines Kindes unablässig zu erklären, sondern vielmehr darum, ihm zu helfen, etwas in Worte zu fassen, wenn es nötig ist – das heißt, ihm zu helfen, aus einer schwierigen Situation herauszufinden oder es durch ein schmerzliches Ereignis zu begleiten.

Die Phasen des emotionalen Begleitens

1. Nehmen Sie die ganze Situation nicht mit Worten, sondern mit dem Blick in sich auf. Seien Sie mit Ihrer Atmung, mit Ihrer inneren Einstellung gegenwärtig.
   Nehmen Sie das Kind in die Arme.
2. Fassen Sie sein Empfinden in Worte:
   »Ich sehe, daß du wütend bist! Ach, du bist traurig! Du hast Angst gehabt!«
3. Ermöglichen Sie der Emotion, sich bis zu ihrer Auflösung zu entwickeln.
4. Sobald die Atmung des Kindes wieder ruhig ist, ist es Zeit zu reden.

Natürlich kann es sein, daß dieses empathische Zuhören Sie mit Ihren eigenen Emotionen in Berührung bringt, die Defizite und die Nöte Ihrer eigenen Vergangenheit wachruft.

Es ist schwierig, den Zorn eines Kindes zu respektieren, wenn man nicht selbst auf gesunde Weise in Zorn geraten kann. Es ist praktisch unmöglich, ein Kind in die Arme zu nehmen, um es im Erleben eines traurigen Ereignisses zu begleiten, wenn uns das zu stark an unsere eigene Verzweiflung erinnert, die nie von unseren Eltern wahrgenommen wurde.

Können Ihnen die Kinder ihre echten Empfindungen jedoch nicht anvertrauen, so werden sie sich am Ende von Ihnen abwenden, ja sogar den Kontakt zu Ihnen abbrechen, es sei denn, ihre Flügel sind so sehr gestutzt worden, daß sie ihr ganzes Leben von Ihnen abhängig sind!

Sehr viele Eltern verstehen nicht, warum ihre Kinder sie später, als Erwachsene, nicht mehr besuchen, wo sie doch »alles für sie getan haben«. Sie haben »nur« vergessen, sie in ihren Affekten zu respektieren.

»Das Kind geht mir auf die Nerven mit seinem Gejammer«

Es kommt vor, daß die Emotionen Ihrer Lieblinge Sie zur Verzweiflung bringen. Das kann mehrere Gründe haben:
1. Sie sind einfach erschöpft, und eine Emotion ist immer geräuschvoll.
2. Sie haben Ihre eigenen Emotionen und Bedürfnisse, die Sie sich nicht eingestehen, und befinden sich deshalb im Wettstreit mit Ihrem Kind.
3. Die Emotion, die das Kind zum Ausdruck bringt, ist unecht – es ist eine Äußerung, die das wahrhafte Gefühl verbirgt.
4. Es ist eine Emotion, die Sie sich selbst nicht erlauben.
5. Sie erinnert Sie an Ihre eigene Kindheit.

Was zuviel ist, ist zuviel

Weint ein kleines Kind »wegen einer Lappalie«, so ist es vermutlich müde. Erwachsene reagieren ähnlich: Wenn Eltern »wegen einer Lappalie« in Zorn geraten (sie wählen lieber diesen Gefühlsausdruck als das Weinen), sind sie ebenfalls vielleicht ganz einfach müde!

Allzu viele Eltern wollen sich nicht eingestehen, daß sie erschöpft sind. Sie wollen unablässig aktiv sein: das Geschirr spülen und die Wäsche waschen, den Kindern eine Geschichte vorlesen und mit ihnen spielen – eben »gute Eltern« sein. Früher oder später platzt ihnen dann der Kragen, und ein umgestürzter Teller oder eine Unterhose, die am Boden liegt, löst ihren Zorn aus.

Geben Sie als Erwachsener gegenüber Ihren Kindern Ihre Müdigkeit zu und fassen Sie sie in Worte, so kann dies helfen, den wahren Grund für Ihren Unmut zu erkennen. *Nicht die Kinder sind »unerträglich«, sondern Ihre eigenen Grenzen sind erreicht.* Ihre Toleranz für Lärm oder Chaos ist momentan erschöpft; Sie brauchen Ruhe und Erholung.

Wenn eine Emotion eine andere verbirgt

Es geht Ihnen auf die Nerven, wenn Marthe in Tränen ausbricht, nur weil ihr der Rock zu eng geworden ist, wenn Oliver wegen des harmlosen Hundes seiner Großmutter in Panik gerät, wenn Pierre wegen einer Bagatelle wütend auf seinen Bruder wird?

Hören Sie auf Ihre Intuition. Sie reagieren auf eine »Verzerrung«. Marthes tatsächliche Emotion war Wut. Und Olivers Angst verbirgt eine andere Angst: Er fürchtet sich davor, daß seine Mama einige Tage lang wegfährt. Die Vorstellung, sie könnte nicht wiederkommen, beunruhigt ihn – er traut sich nicht zu sagen, daß es ihm nicht recht ist, daß sie wegfahren wird. Pierre hat Angst vor seiner Mathematikprüfung. Ihre eigene Gereiztheit deutet darauf hin, daß sich hinter der geäußerten Emotion eine andere verbirgt. Da gibt es noch eine andere Verletzung, ein anderes Problem, ein anderes, bedeutsameres Defizit, dem Beachtung geschenkt werden sollte.

Wenn Emotionen nicht so ausgedrückt werden können, wie sie empfunden werden, werden sie auf Ersatzobjekte verlagert (einen Hund, Schnecken, Mathematikprüfungen usw). Sie verbergen die Wahrheit und kaschieren das tatsächliche Bedürfnis, das nicht ausgesprochen werden darf.

Mach's wie ich

Wie sollen Sie ertragen, daß Ihre Tochter ihre Wut herausschreit, wo Sie selbst sich in Ihrer Kindheit niemals das Recht herausnahmen, Ihrer Mutter auch nur zu widersprechen? Wie akzeptieren, daß Ihr Sohn weint, wo Sie selbst nie in Ihrem Leben Tränen vergossen haben?

Ein Vater, der seine Emotionen nicht zeigt, wird von seinen Söhnen erwarten, daß sie so »stark« sind wie er. Einer Mutter, die nicht zum Ausdruck bringt, was sie fühlt, wird es schwerfallen, mit dem Schreien ihrer Töchter zurechtzukommen.

Sie verbieten Ihren Kindern eine Emotion? Dann wurde sie Ihnen von Ihren Eltern verboten, oder Sie haben sie verdrängt, weil sie Ihnen zu gefährlich erschien. Wären Sie bereit, Ihren Sohn oder Ihre Tochter zu verstehen, widerspräche das den unbewußten Entscheidungen, die Sie in ihrer frühen Kindheit gefällt haben. Es würde Sie zwingen, die Erziehung, die Sie von Ihren Eltern erhielten, in Frage zu stellen. Sie wollen Ihr Kind nicht verstehen, um das Bild Ihrer eigenen Eltern zu schützen.

Das Kind hat nicht das Recht, wütend zu sein, weil Sie wütend sind

Ihr Kind wollte seine Nudeln mit Tomatensauce, Sie haben sie mit Butter serviert. Es brüllt. Ihr heranwachsender Sohn regt sich über seinen Geschichtslehrer auf, Ihre Tochter schreit ihren Bruder an, weil er seine Stereoanlage auf volle Lautstärke gedreht hat. Normalerweise sind Sie geduldig, aber heute – nein. Sie toben, Sie sind außer sich.

Aus irgendeinem Grund sind Sie wütend. Sie wettern innerlich gegen Ihren Ehemann, der ruhig seine Zeitung liest und Ihnen die ganze Arbeit überläßt – gegen Ihre Frau, die nur tut, was ihr gefällt –, gegen Ihren Chef, gegen den Klempner, gegen Ihre Mutter … und Ihr Kind bekommt einen Wutanfall? Das ist nun der Tropfen, der das Faß zum Überlaufen bringt. Sie projizieren Ihre Wut auf diesen Schuldigen!

Es will seine Nudeln nicht so? Die Beweggründe sind viel signifikanter als die Tomatensauce, die Geographiehausaufgabe oder die Stereoanlage!

Es ist merkwürdig, in welchem Maße unsere eigenen Emotionen uns unbekannt, fremd sein können. Dennoch äußern sie sich, und zwar in dieser unangebrachten Gereiztheit gegen unsere Kinder. Allerdings ist nicht zu leugnen, daß sie uns oft auf die Palme bringen. Ist es ein Zufall, daß sie uns gerade an dem Tag, wo wir besonders gereizt sind, auf die Nerven gehen? Man könnte fast meinen, sie forderten unseren Ausbruch heraus. Ja – das ist tatsächlich der Fall. Kinder sind äußerst sensibel für das, was ihre Eltern erleben. Durch eine Art Telepathie bekommen sie die unausgesprochenen Emotionen und Spannungen mit. Verunsichert, wie sie dann sind, reagieren sie mit Verhaltensweisen, die die Spannungen von Papa oder Mama so lange verstärken, bis diese sich lösen. »Man könnte fast sagen, sie treiben mich mit Absicht dazu, sie anzuschreien!« meint Valérie erstaunt.

Je weniger sich eine Mutter oder ein Vater der eigenen Emotionen bewußt ist, desto mehr übernehmen die Kinder die Verantwortung für sie, versuchen, sie anstelle der Eltern auszudrücken, und treiben sie damit bis zum Äußersten.

Sie sind sehr irritiert von einem Wunsch oder einem Verhalten Ihres Kindes? Sie sind unfähig, das Weinen Ihres Kindes, die Wutausbrüche Ihres großen Sohnes oder die Verzweiflung Ihrer älteren Tochter mitanzuhören? Sie beschimpfen sie, ohne sich beherrschen zu können?

Stellen Sie sich folgende Fragen: Welchen wahren Grund könnte ich im Augenblick dafür haben, daß ich so wütend bin? Gibt es ein Defizit, eine Enttäuschung, ein Ohnmachtsgefühl in meinem Leben? Bin ich verletzt worden? Habe ich ein Problem, das ich nicht lösen kann?

»Wenn mein Kind das tut, raste ich aus«

Immer wenn Paul oder Arielle Sie an Ihre eigene Kindheit erinnern, fällt es Ihnen schwer, die Kontrolle über sich zu behalten.

»Du ißt jetzt deine Suppe!« Martine tobt. Rémy schiebt den Suppenteller von sich weg, der fällt herunter, die Suppe ergießt sich auf den Boden und spritzt auch die Mutter voll, der der Kragen platzt. Sie nimmt ihn brutal beim Arm, verabreicht ihm eine Tracht Prügel und nennt ihn einen »bösen« und »ungezogenen Jungen«. »Dabei habe ich genau gemerkt, wie mich die Gewalttätigkeit meiner eigener Mutter überkam«, wird mir Martine später mitteilen.

Was ist geschehen? Gewöhnlich ißt ihr Sohn ohne Schwierigkeiten. An jenem Tag war Martine gestreßt. Rémy hat ihren Streß gespürt und hat sich – wie alle Kinder – in den Dienst ihrer emotionalen Bedürfnisse gestellt. Er hat ihr die Gelegenheit gegeben, ihre Wut zu äußern, sich abzureagieren.

Martine hat wohl gespürt, daß sie von einer Wut überwältigt wurde, die ihr unverständlich war. Sie erlebte die Gewalt ihrer Mutter wieder, aber diesmal von der anderen Seite. Als Kind befand sie sich in der Rolle des Opfers. Als Erwachsene übernahm sie nun die der Strafenden, und ihrem kleinen Rémy fiel die Rolle des Opfers zu. Martines Mutter hatte niemals geduldet, daß ihre Tochter sich ihren Anweisungen widersetzte. Sie wurde dann gewalttätig und schlug zu.

Paula hat einen zweieinhalbjährigen Sohn. Immer wenn sie einige Minuten lang mit ihm auf dem Spielplatz gewesen ist, hat sie schon genug; dennoch verbringt sie alle Donnerstagnachmittage mit ihm dort und leidet unter Schuldgefühlen, weil es ihr keinen Spaß macht. Sie nimmt sich einen Tag in der Woche frei, um mit ihrem Sohn zusammenzusein, und widmet ihm zudem alle Abende und Wochenenden. Sie versucht, besonders viel Zeit mit ihm zu verbringen, und ist doch wütend auf sich selbst darüber, daß sie sich so mit ihm langweilt.

Warum langweilt sie sich mit ihrem Sohn? Die Langeweile bedeutet, daß Paula Emotionen unterdrückt; sie »deckt« sie mit Langeweile »zu«, um sie nicht spüren zu müssen (siehe mein Buch *Die Intelligenz der Gefühle entdecken*). Was für verdrängte Affekte mögen das sein – woher kommen sie?

Paulas Eltern haben nie mit ihrer Tochter gespielt. Sie hat keine Erinnerung an eine heitere Vertrautheit mit Vater oder Mutter. Dennoch weigert sie sich einzugestehen, wie sehr sie gelitten hat. Sie sagt sich, daß das eben so war. Da sie die Emotionen, die sie als kleines Mädchen hatte, leugnet, ist sie nicht imstande, mit ihrem kleinen Jungen zu spielen und zu lachen.

Um das zu kompensieren, tut sie alles, um ihm Vergnügen zu bereiten und ihm etwas zu bieten. Sie schleppt ihn auf den Spielplatz, zum Karussell, zu den Ponys. Sie unterdrückt ihre Emotionen, weigert sich, ihre eigene Frustration wahrzunehmen. Wenn sie nach Hause kommt, führt ihre unbewußte Wut sie zu destruktiven Handlungen. Gedankenlos steckt sie ihren teuren Kaschmirpullover in die Waschmaschine. Als er ganz eingelaufen und verfilzt herauskommt, fühlt sie sich schuldig. Es ist ihre Art, ihre Aggressivität gegen sich selbst zu kehren und sich zu erlauben, Schuldgefühle zu empfinden.

Eltern erleben durch die Kinder die eigene Kindheit wieder. Daraus ergeben sich alle möglichen Probleme: Projektionen eigener Erfahrungen, das Sich-ins-Bewußtsein-Rufen schmerzlicher, vergrabener Gefühle, das Wiederaufleben haßerfüllter Szenen aus der Kindheit, Eifersüchteleien, Nichtausgesprochenes, Familiengeheimnisse, Erinnerungen an Demütigungen oder Frustrationen, Gefühle der Scham und der Schuld – die ganze Vergangenheit ist, zumeist unbewußt, wieder da und hindert uns daran, angemessen auf unsere Kinder zu reagieren.

Wenn diese Vergangenheit nicht überwunden worden ist, reproduzieren die Eltern automatisch, ja zwanghaft das Verhalten, das die eigenen Eltern ihnen gegenüber an den Tag legten.

Die Wiederholung von mißbräuchlichen und gewalttätigen Verhaltensweisen der Eltern gegenüber ihren Kindern hat das Ziel, den Schmerz noch tiefer in sich zu vergraben, ihn zu leugnen. Nach dem Motto: Ich mache es wie meine Mutter, weil mir das gut getan hat, weil es mir nicht geschadet hat. Dieser Mechanismus ist komplex. Sich mit dem gewalttätigen Elternteil zu identifizieren ist sowohl ein unbewußter Versuch, zu verstehen, was sich in ihm damals abspielte, als auch ein Mittel, sich an jemand anderem für das erlittene Leiden zu rächen und der eigenen heftigen, unterdrückten Wut zu ermöglichen, endlich Ausdruck zu finden. Die Rache richtet sich gegen eine Ersatzperson – das eigene Kind oder einen anderen Menschen –, der verletzbar und von einem abhängig ist. Da er aber nicht der wahre Schuldige ist, kann dieser Rachedurst niemals gestillt werden.

Wenn die Eltern, im Bewußtsein, traumatisiert worden zu sein, nun das genaue Gegenteil tun, so stellen sie oft verzweifelt und ohnmächtig fest, daß – gegen ihren Willen – ähnliche Wirkungen wie ehedem bei ihnen einzutreten scheinen. Das Gegenteil ist immer nur die andere Seite derselben Karte. Das Gegenteil von dem tun, was die eigenen Eltern taten, heißt, weiterhin in Abhängigkeit von ihnen zu handeln, und damit auch, immer noch nicht sein eigenes Kind zu sehen.

Seine eigenen Kindheitsverletzungen überwinden

Der einzige Weg, um seinem Kind wirklich zuzuhören, besteht darin, seine eigene Kindheit zu überwinden. Um uns von der Vergangenheit lösen zu können, müssen auch wir unsere Emotionen äußern. Unsere Eltern haben es nicht verstanden, unseren emotionalen Bedürfnissen Beachtung zu schenken, unsere Ängste und unsere Wut wahrzunehmen. Die zugefügten Verletzungen haben Spuren in uns hinterlassen, weil wir sie nicht herausweinen durften. Wir haben vielleicht nicht einmal erkennen können, welche Verletzungen oder Ungerechtigkeiten sie uns zufügten – so sehr versicherten sie uns, es sei »zu unserem Besten«. Kein Zeuge war zur Stelle, um der Wahrheit zu unserem Recht zu verhelfen. Also haben wir unsere Spannungen in uns vergraben. Sie kommen im Umgang mit unseren Kinder wieder zum Vorschein.

Um dies zu überwinden, müssen wir der Wirklichkeit unserer eigenen Kindheit ins Gesicht sehen. Wir müssen aufhören, unsere Eltern zu idealisieren, und uns getrauen, zu sehen, daß sie imstande waren, uns wehzutun oder ungerecht zu behandeln. Wir müssen uns das Recht zugestehen, die Emotionen zu spüren, zu denen wir als Kind vielleicht nicht einmal Zugang hatten.

Erst wenn Sie die Wut über die erlittenen Ungerechtigkeiten zum Ausdruck gebracht haben, wenn Sie voll Mitgefühl über das Kind in Ihnen geweint haben, können Sie Ihr eigenes Kind in seiner Wirklichkeit wahrnehmen.

Das löst in Ihnen ein unerträgliches Gefühl aus? Dann besteht da eine Fessel. Sie können sie lösen. Beobachten Sie einfach, welche Erinnerungen in Ihnen hochsteigen. Hören Sie dem Kind in Ihnen zu, geben Sie ihm, was es nie bekommen hat: die Beachtung seiner Gefühle. Finden Sie die Bilder von dem Kind wieder, das Sie einmal waren, und schaffen Sie ihm einen Platz in Ihrem Herzen.

Malen Sie sich eine Begegnung zwischen Ihnen – so wie Sie früher waren und wie Sie jetzt sind – vor. Der Erwachsene setzt sich neben das Kind, hört ihm zu und streichelt es. Er versteht es und liebt es.

Um Ihnen bei dieser Arbeit zu helfen, können Sie sich von einem Psychotherapeuten begleiten lassen oder eine Kassette mit Entspannungsübungen anhören, die Ihnen hilft, Ihre Erinnerungen emporsteigen zu lassen und sie zu verarbeiten. [1]

4. Die Angst

Am Eingang des Riesenrads steht ein achtjähriges Mädchen und weint. »Ich will nicht einsteigen, ich hab' Angst.« »Das ist überhaupt nicht gefährlich. Los, sei kein Angsthase, du wirst uns doch nicht den Tag verderben!«

Die Kleine weint noch heftiger. Ein Mann in der Schlange mischt sich ein: »Sie hat das Recht, Angst zu haben. Sie brauchen deshalb nicht selbst auf den Spaß zu verzichten. Fahren Sie doch mit, und lassen Sie sie hier unten warten.«

Ein Lächeln huscht über das Gesicht der Kleinen. Sie ist verstanden worden. Die übrigen Familienmitglieder steigen in die Gondel. Sie bleibt unten stehen und schaut ihnen zu – und findet bald ein anderes kleines Mädchen, mit dem sie sich unterhalten kann. Sie strahlt.

Jemanden zu etwas Angsterregendem zu zwingen ist unsinnig und verstärkt im allgemeinen die Angst. Einem Kind oder einem Erwachsenen zu helfen, eine Angst zu überwinden, braucht Zeit. Wenn der Entschluß zur Überwindung von Ihnen kommt, dann folgt das Kind ihm, weil es von Ihnen abhängig ist – und nicht aus eigenem Antrieb; es mobilisiert dann nicht seine eigenen Fähigkeiten und fühlt sich nicht für sich verantwortlich.

Soll man seinen Ängsten Beachtung schenken?

Thomas, zwei Jahre alt, steht am Strand und ist wie gelähmt. Er weigert sich, ins Wasser zu gehen, selbst mit seinem hübschen, aufblasbaren Schwimmreifen in Form einer Ente. Sein Vater hat ihm außerdem ein tolles Schlauchboot gekauft, aber Thomas fängt an zu schreien, sobald der Vater versucht, ihn hineinzusetzen.

Die Eltern sind begeistert von der Vorstellung, mit ihrem Liebling herumzuplanschen, aber Thomas ist halbtot vor Angst, wenn er auch nur einen Zeh ins Wasser stecken oder sich in dieses schwankende Ding setzen soll. Kleine Kinder verstehen oft nicht, warum ihre Eltern sie um jeden Preis in eine so unbequeme Lage versetzen wollen.

Was für eine Enttäuschung für die Eltern! Für manche geradezu eine Beleidigung. Sie ertragen nicht, daß ihre Sprößlinge ihren Erwartungen nicht entsprechen, und werden deshalb aggressiv. »Letztes Jahr ist er so gern in Wasser gegangen!« versichern sie und werfen neidische Blicke auf die Nachbarn, deren Kinder hineinspringen, untertauchen und sich mit Wonne gegenseitig vollspritzen.

Manche Eltern, die die Bedeutung der Ängste ihres Kindes nicht ermessen können und sie für unangebracht halten, werfen es – trotz seines Gebrülls – ins Wasser.

Warum sich nicht Zeit nehmen? Warum es nicht dem Kind überlassen, wann es sich mit diesem sonderbaren Element anfreunden will? Warum den anderen Eltern zeigen, daß ihr Kind schon schwimmen kann? Warum nicht der Vater eines »Angsthasen« sein wollen?

Ein Kind zu drängen oder es sogar anzuschreien ist keine wirksame Methode, um ihm zu helfen, seine Ängste zu überwinden, und kann langfristig schwerwiegende Folgen haben.

»Mein Sohn? Der hat vor nichts Angst.« Ein Kind, das jede Angst leugnet, hat in Wirklichkeit ungeheure Angst – vor der eigenen Angst, die es nicht spüren möchte. Es verdrängt sie in den Tiefen seines Unbewußten. Früher oder später wird sie in seinem Leben wieder zutage treten, in mehr oder weniger verhüllter oder unangebrachter Form. Es ist ganz normal, daß ein Kind Angst hat, und es ist wichtig, daß wir Erwachsenen es nicht ermuntern, übermäßig »mutig« zu sein.

Alain kaut an den Fingernägeln. Nachts zuckt er in seinem

Bett zusammen, auch schnarcht er. Aber das sind für ihn keine Symptome der Angst. Er denkt, er sei eben so. Angst ist ihm fremd. In seinem Leben geht er viele Risiken ein. Er liebt gefährliche Sportarten, Abenteuerreisen in Länder, wo Krieg herrscht, spannende Filme. Kurz, er flirtet mit der Angst – aber er spürt sie nicht. In den meisten Situationen, die anderen Leuten Furcht einflößen, fühlt er sich wohl. Aber er kaut an seinen Nägeln! Als er mit vierzig Jahren in einer Therapie herauszufinden sucht, was der Grund für dieses Verhalten sein könnte, entdeckt er schließlich die Angst. Eine Angst, die ihn überrascht, denn sie stimmt nicht mit dem Bild überein, das er von sich selbst hat. Als er bereit ist, sich diese neue Wahrheit einzugestehen, steigen Erinnerungen in ihm hoch: an die mangelnde Aufmerksamkeit seiner Eltern, an seine Verzweiflung angesichts der fehlenden Kommunikation in seiner Familie und an die ungeheure Einsamkeit, unter der er als kleiner Junge litt. Verblüfft von der Intensität des Entsetzens, das ihn überkommt, begreift er: Er hatte so viel Angst in sich, daß er es instinktiv vorgezogen hatte, sie nicht zu spüren. Nachdem er jede Angst ausgeschaltet hatte, mußte er sich, um überhaupt zu spüren, daß er lebte, einerseits Nervenkitzel suchen und andererseits unablässig seine Fähigkeiten zur Kontrolle testen, indem er sich mit der Angst konfrontierte. Es war die tief in seinem Unbewußten vergrabene Angst, die sich mittels dieser Gefahren bemerkbar machte.

Nachdem er sich erlaubt hatte, diese kindliche Angst, die so lange in ihm vergraben war, zu spüren und vor allem auszudrücken, ist er offenkundig befreit. Zur großen Erleichterung seiner Frau ist seine nächtliche Atmung ruhiger geworden, er fährt im Schlaf nicht mehr zusammen, und sein Schnarchen – ein Symptom der Anstrengung, die Emotionen zu unterdrücken – hat sich beträchtlich verringert.

Kinder, deren Angst systematisch mißachtet wird, entwickeln sich nicht zu offenen und mutigen Erwachsenen. Sie können zwar jegliche Angst leugnen und waghalsig werden. Sie werden später vielleicht einmal die Neigung haben, immer größere Risiken einzugehen, um endlich irgend etwas zu spüren, und ihre Fähigkeiten der Kontrolle und Selbstbeherrschung testen. Sie können aber auch ihr ganzes Leben lang wie »erloschen« sein und von Alkohol und Drogen abhängig sein, um eine Angst zu unterdrücken, die zu äußern sie kein Recht hatten, und die daher auch nur sehr schwer überwunden werden kann.

Sie können schließlich auch Probleme haben, in einer Beziehung aufzugehen, Intimität zu erleben. Wie sollen sie Vertrauen haben? Ihre eigenen Eltern haben sich ihnen gegenüber unsensibel gezeigt. Jede Abhängigkeit von einem anderen Menschen wird somit als gefährlich empfunden. Wie sollen sie es noch wagen zu lieben?

Andere wiederum – vor allem Menschen, denen es verboten worden war, Wut zu zeigen – schützen sich, indem sie eine phobische Reaktion aufbauen. Sie halten ihre Angst in Schranken, indem sie sie auf einen Gegenstand konzentrieren. Das kann der ursprüngliche Auslöser sein: das Wasser, in das sie geworfen wurden, der dunkle Schrank oder der Keller, von dem sie sich bedroht fühlten und in den sie vielleicht sogar eingeschlossen worden sind. Die Angst kann auch auf etwas anderes verlagert werden: auf einen Aufzug, ein Transportmittel, Katzen, Spinnen, Schlangen.

Alle Kinder, deren Gefühlsregungen man geleugnet hat, werden später ein gestörtes Verhältnis zu Gefühlen der Angst haben.

Eine Angst hat immer einen Grund, auch wenn dieser für den Erwachsenen undurchsichtig ist. Eine Angst muß respektiert, wahrgenommen und akzeptiert werden. Mutig ist nicht der, der keine Angst fühlt, sondern wer sie in sich spürt und eingesteht, sie akzeptiert und daraus die Lehre zieht, die sie ihm vermittelt. Keine Angst zu spüren ist gefährlich. Angst ist grundsätzlich eine äußerst gesunde Emotion. Sie warnt uns vor einer Gefahr, sie bringt unseren Körper dazu, sich ihr zu widersetzen, sie lehrt uns, uns auf das Unbekannte vorzubereiten. Sie ist etwas Natürliches, das durchlebt und genutzt werden muß.

Es gibt allerdings auch unangemessene, verlagerte, hemmende, lähmende Ängste, die als Botschaften verstanden werden müssen. Sie teilen Ihnen etwas über Ihr Kind mit, oder Ihr Kind versucht, Ihnen durch sie etwas zu sagen.

Es gibt gesunde Ängste, und es gibt maßlose, unangebrachte Ängste. Es gibt Ängste, die durchlebt, andere, die überwunden werden müssen; alle Ängste bedürfen jedoch des Respekts und der Begleitung.

Die häufigsten Ängste

Angst, hinzufallen, Angst vor lauten Geräuschen, Angst vor unbekannten Gesichtern, Angst vor Trennungen, Angst vor dem Baden, Angst vor Wasser in den Augen, Angst vor der Dunkelheit, Angst vor Tieren (allgemein), Angst vor Wölfen, Angst vor Gespenstern, Angst vor Hexen und anderen Fabelwesen … Ängste treten in Erscheinung und verschwinden wieder. Sie spiegeln Phasen der psychischen Entwicklung des Kindes wider. In manchen Altersstufen sind sie normal und werden erst problematisch, wenn sie allzuviel Bedeutung gewinnen und das Kind in seinem Leben behindern.

Wir wollen auf einige der gewöhnlichsten Ängste näher eingehen.

Laute Geräusche

Ein lautes Geräusch läßt uns zusammenzucken. Bei einem kleinen Kind kann es dagegen eine wahre Panik auslösen. Ich nehme an, daß dies mit den Schutzreflexen unserer Gattung zusammenhängt. Das Geräusch ist Ausdruck einer potentiellen Gefahr, Flucht ist angezeigt – aber der Säugling kann nicht fliehen, er brüllt.

Lucie ist zwanzig Monate alt. Im Nebenhaus werden Bauarbeiten durchgeführt. Plötzlich setzt ein ohrenbetäubender Lärm ein! Vielleicht wird ein Schlagbohrhammer benutzt, jedenfalls zittert die Wand. Der Lärm löst bei dem kleinen Mädchen eine wahrhafte Panik aus; es brüllt, schlägt um sich, weint.

Die Mutter nimmt ihre Tochter in die Arme und zieht sie schnell von der Quelle des Lärms weg. Hier, an einem ruhigeren Ort, nimmt sie die heftige Emotion von Lucie auf und drückt sie an sich. Liebevoll gibt sie ihr die Möglichkeit, sich richtig auszuweinen. Sie paßt ihre Atmung der ihres Kindes an und sagt ihr sanft ins Ohr:

»Du hast Angst gehabt. Das war wirklich ein fürchterlicher Lärm. Auch ich habe Angst bekommen (was stimmte!). So etwas macht einem angst, wenn man nicht darauf gefaßt ist – plötzlich so ein lautes ›brrrrrrr‹. Man fragt sich, was das wohl ist. Hast du eine Ahnung, wer diesen Lärm macht?«

»Nein«, antwortete die Kleine zwischen zwei Schluchzern.

»Willst du sehen, was es ist?«

»Nein.«

Die Mama war ein wenig schnell. Lucie hat noch zuviel Angst, um sich mit der Quelle dieses Lärms konfrontieren zu können. Deshalb erzählt ihr die Mutter von den Bauarbeiten, erklärt ihr, was die Arbeiter da tun, warum die Wand bebt, auch wenn sie gar nicht in Lucies Haus arbeiten.

Da die Bauarbeiten etwa vierzehn Tage dauern sollen und es unmöglich ist, tagsüber ständig hinaus in die Grünanlage oder sonst irgendwohin auszuweichen, ist es wichtig, Lucie die psychischen Hilfsmittel zu geben, die ihr helfen, mit der Belastung fertigzuwerden. Sie und ihre Mama gehen nun daran, die Wand anzubrüllen, hinter der die Arbeiter am Werke sind: »Hör auf mit dem Lärm, das stört mich!« Natürlich ändert das nichts am Lärm, aber es verändert Lucies Erleben. *Es verringert die Furcht, wenn man seine Wut ausdrücken, seine eigene Macht zeigen darf.*

Nach Ende der Arbeiten reagierte Lucie noch etwa einen Monat lang sehr sensibel auf alle Arten von Lärm. Bellte in der Ferne ein Hund, sagte sie: »Ein Hund, ich hab' Angst.« Auf diesen Satz erwartete sie keine Antwort, nur die Bestätigung: »Du hast Angst vor dem Lärm.« *Das Wachrufen der Erinnerung an den Lärm und die Angst, das wiederholte Sprechen darüber – solange es nötig ist – hilft dem Kind, sich innerlich wieder aufzubauen, sich zu beruhigen.* Lucie lernte dadurch, mit ihrer Emotion umzugehen.

Angst vor dem Einschlafen

Durch die Fensterläden fallen Lichtstreifen ins Zimmer und werfen Flecken auf die Tapete. Die Straßenlaterne erhellt die Bäume. Der Wind schüttelt ihre Äste. Die unruhigen Schatten, die dadurch entstehen, können einem Kind Angst einjagen. Der Vater nimmt seinen kleinen Sohn auf den Arm, öffnet die Fensterläden und betrachtet mit ihm die Äste, die im Wind vor der Laterne hin und herschwanken. Dann schließen die beiden die Läden wieder und sehen sich die Schatten an. Der Vater legt sich einige Minuten lang neben sein Kind ins Bett, das wieder einschläft.

Um schlafen zu können, muß man sich in Sicherheit fühlen. Geht man zu seinem Kind, wenn es ruft, so vermittelt ihm das die Sicherheit, die es braucht. Das Kind weiß dann, daß es auf seine Eltern zählen kann. Man kann eine kleine Nachtlampe anlassen, damit es sich leichter im Raum zurechtfindet und die wirklichen Umrisse der Gegenstände besser wahrnimmt, falls es einmal nachts aufwachen sollte – aber die Lampe ersetzt nicht die Gegenwart der Eltern.

Schlafen, das bedeutet auch, die Kontrolle aufgeben, sich gehen lassen, in eine andere Welt eintreten, träumen oder vielleicht das Risiko eingehen, einen Alptraum zu haben. Da hat man es gerne, wenn man begleitet wird.

Nach der abendlichen Gutenachtgeschichte fördert eine kleine Massage das Gefühl der Sicherheit und garantiert eine gute Nacht. Berührt, gestreichelt zu werden vermittelt den Eindruck, »gehalten« zu sein. Es ist für das Kind beruhigend, die Konturen seines Körpers zu spüren.

Das Zubettgehen ist ein günstiger Augenblick, um über das zu reden, was tagsüber geschehen ist, es ist ein Augenblick, um unfertige Geschichten abzuschließen, offengebliebene Fragen zu erledigen und seine Sorgen mitzuteilen.

Hat das Kind Alpträume? Gibt es in seinem Zimmer einen Gegenstand, der nachts bedrohlich aussieht? Wirft seine Nachtlampe einen verdächtigen Schatten?

Achten Sie auf solche Dinge. Vielleicht sagt es Ihnen auf diese Weise lediglich, daß es Sie an seiner Seite braucht. Das ist keine »Laune«, das ist der Ausdruck eines Bedürfnisses! Indem Sie sich ein paar Minuten neben das Kind legen, geben Sie ihm ein Gefühl der Sicherheit, das ihn sein Leben lang begleiten wird. Wenn Sie sich weigern, seiner Bitte nachzukommen, zwingen Sie es, die Dunkelheit und den Übergang in den Schlaf allein zu bewältigen. Es wird dann zwar sicherlich lernen, allein einzuschlafen, aber nur, indem es eine ungeheure psychische Energie aufwendet, die ihm dann nicht mehr zur Erlangung anderer Fertigkeiten zur Verfügung stehen wird. Die verdrängten Verlassenheitsängste können insbesondere Verzögerungen beim Erlernen des Sprechens, Schwierigkeiten beim Artikulieren oder beim Aussprechen mancher Silben zur Folge haben.

Die Schrecken, die das Kind mitten in der Nacht verstört aufwachen lassen, sind ein Zeichen dafür, daß die Emotionen des vergangenen Tages nicht gut verarbeitet wurden.

Muß man Angst vor Märchen haben?

Margot, zweieinhalb Jahre, wacht mitten in der Nacht auf. Sie schreit, sie hat Angst vor dem bösen Wolf. Ich entdecke, daß ihre Großmutter ihr am Tag zuvor ein Buch geschenkt hat, in dem die Geschichte eines Wolfs erzählt wird, der kleine Zicklein fressen wollte. Wir haben darüber gesprochen. Ich erzählte ihr die Geschichte sehr langsam, indem ich ihr alle Einzelheiten erklärte. Dann sagte ich ihr, daß mir diese furchteinflößende Geschichte nicht gefiele. Was also sollten wir mit diesem Buch anstellen? Ich machte vier Vorschläge: Wir behalten es, wir verbrennen es, wir zerreißen es, oder wir werfen es in den Mülleimer. Sie überlegte einen Augenblick, dann verkündete sie mit entschiedener Stimme: »Wir zerreißen es« – was sie dann ganz sorgfältig tat:

»Da – ich zerreiße den Wolf in kleine Stücke, dann kann er die Zicklein nicht fressen«, war ihr Kommentar.

Märchen werden von einigen Psychoanalytikern verteidigt, die ihren symbolischen Gehalt analysieren und ihnen Allgemeingültigkeit attestieren. Es ist wahr, daß sie Symbolträger sind. Aber Symbole, die nicht erklärt wurden, helfen nicht, Dinge zu überwinden; es besteht sogar die Gefahr, daß sie die emotionale Unterdrückung eher fördern. Die Emotionen werden auf die Symbole projiziert und damit auf Distanz gehalten und vermieden. Ich bin wie Alice Miller der Meinung, daß die Symbole dazu beitragen, den Zustand des Sich-seiner-nicht-bewußt-Seins zu zementieren. Es gibt keine Katharsis (Reinigung von seelischen Konflikten und Spannungen durch eine emotionale Abreaktion) durch reine Symbolisierung.

Das Lesen eines Märchens trägt nur selten zur Steigerung des Bewußtseins bei. Die althergebrachten Märchen spiegeln das psychische Leben wider. Aber haben sie einen Nutzen für unsere Kinder? Ich glaube nicht. Meine Krankenhaus-Praxis hat mir gezeigt, daß sie sich sogar als schädlich erweisen können. Ein Kind, das genau die Schwierigkeiten erfährt, die in einem bestimmten Märchen behandelt werden, kann darin die Bestätigung für seine negativen Überzeugungen finden und für eine lange Zeit Ängste zurückbehalten. Ein Märchen setzt die Phantasmen des Unbewußten in Bilder um, die imstande sind, bestimmte Ängste zu verstärken.

Juliane hatte jahrelang Angst vor der bösen Schwiegermutter

von Schneewittchen. Sie fürchtete sich so sehr vor ihr, daß sie versuchte, das Buch zu verstecken. Ihr Bruder, der von ihrer Angst wußte, öffnete das Buch vor ihrer Nase, und zwar genau an der Seite, wo die Hexe abgebildet war, um sich an ihrem Entsetzen zu weiden. In Wirklichkeit hatte Juliane Angst vor ihrer eigenen Mutter. Sie hatte eine große – damals unbewußte – Wut auf diese Frau, die sich oft wie eine Hexe benahm. Das Lesen von »Schneewittchen« hat Juliane nicht geholfen. Im Gegenteil, es verstärkte ihre Angst. Für eine lange Zeit idealisierte sie ihre Mutter und weigerte sich, ihre wahren Emotionen zu empfinden, bis sie eine Psychotherapie machte, ihre Gefühle wiederfand, sie auszudrücken wagte und neues Selbstvertrauen gewann.

Wie kommt es, daß in den Märchen so viele Mütter sterben oder ihre Kinder aussetzen? Man muß bedenken, daß diese Geschichten von Männern geschrieben wurden. Teilen sie uns auf diese Weise mit, wie schwer es für sie war, ihre eigene Mutter zu verlassen? Es gibt noch eine andere Interpretation: Sie litten unter zu harten, zu autoritären Müttern. Wie jedes Kind träumten sie von einer guten und sanften Mutter. Da es ihnen verboten war, Wut auf ihre richtige Mutter zu haben, verharrten sie in der Idealisierung einer engelsgleichen Mutter, von der sie sich niemals »verabschieden« konnten. Im Märchen stirbt sie, damit ihr Bild intakt bleiben kann. Die Wut wird auf die Hexe, die Schwiegermutter, die »böse Frau« projiziert, die sie quält und ihnen Angst einjagt. Eine Hexe kann man töten, ohne allzu große Schuldgefühle zu bekommen.

Die Botschaft dieser Märchen ist eindeutig: Das Kind hat nicht das Recht, Wut auf die eigene Mutter zu empfinden. Diese Geschichten vergraben den ohnmächtigen Zorn noch ein wenig tiefer. Viele Märchen leisten einer harten und autoritären Erziehung Vorschub, schützen das idealisierte Bild der Eltern und verzerren die Realität.

Wie kann eine solche Literaturgattung Kindern beim Aufbau ihres Inneren helfen? Warum sollte man ihnen Bilder geben, die furchteinflößend wirken können? Warum überläßt man es ihnen nicht, ihre eigenen Symbole zu wählen? Natürlich erleben nur diejenigen Kinder die Märchen auf dramatische Weise, bei denen die betreffende Problematik bereits existiert. Aber wozu dient das?

Haben Kinder gerne Angst?

Manche behaupten das. Angst übt eine Art Faszination aus. Doch das bedeutet nicht, daß Kinder gerne Angst haben.

Im Flugzeug, das uns zu unserem Ferienziel bringt, wird ein Science-fiction-Film gezeigt. Mein Sohn Adrien, zwei Jahre, stellt sich auf seinen Sitz, um alles gut sehen zu können. Dabei murmelt er: »Das Monster gefällt mir nicht, das will ich nicht sehen.« Ich versuche, ihn dazu zu bewegen, sich hinzusetzen, denn dann würde das Bild aus seinem Blickfeld verschwinden – aber vergebens. Er ist fasziniert davon. Ich drehe mich um. Auch Margot, vier Jahre alt, ist auf ihren Sitz geklettert, buchstäblich hypnotisiert von der furcherregenden Hydra, die sich da auf der Leinwand bewegt. Sie hatten keine Kopfhörer, die ihnen ermöglicht hätten, den Ton zu vernehmen. Sie waren einfach von der Absonderlichkeit der Bilder gebannt.

Wenn man Angst hat, will man die Emotion bändigen, sie verstehen. Zur eigenen Beruhigung will man das Betreffende besser anschauen, ihm ins Auge sehen, wissen, was sich abspielt, es einordnen. Adrien hat später noch eine geraume Weile von dem Ungeheuer gesprochen: »Ich hab' das Monster nicht gemocht, es war böse.« Und dennoch konnte er sich zum gegebenen Augenblick nicht davon losreißen.

Unglücklicher Zufall: Am nächsten Tag bekam Adrien ein Walt-Disney-Buch über Herkules geschenkt. Eine Geschichte, in der es von Monstern nur so wimmelte und von denen eines dem auf der Leinwand ähnelte! Adrien verlangte, man soll ihm das Buch vorlesen – immer und immer wieder. Insbesondere »liebte« er die Seiten, auf denen die Monster abgebildet waren.

In Wahrheit hatte er das Bedürfnis, sie zu sehen, um sich zu beruhigen und Macht über sie zu erlangen. Er begann, nächtelang Alpträume zu haben. Ich forderte Adrien auf, seinen Alptraum zu zeichnen, und habe das Buch verschwinden lassen. Er soll es erst wiederbekommen, wenn er groß genug ist, um das Monster anschauen zu können, ohne Angst davor zu haben.

Damit hörten die Alpträume sofort auf.

Der Drache in den Tunneln

Im darauffolgenden Sommer besichtigten wir Grotten.

»Nein, ich will da nicht hingehen, ich will nicht zum Drachen.« Adrien hielt sich verzweifelt an mir fest.

Obwohl er einige Minuten zuvor noch ganz begeistert von dem Gedanken an die Besichtigung war, weigerte er sich nun, als das Tor vor einer dunklen Höhle geöffnet wurde, hineinzugehen. Für ihn war ganz klar, daß es in einer Grotte einen Drachen gab. Er hatte furchtbare Angst davor und klammerte sich an mich. Ich hob ihn auf, ging mit ihm hinein und sprach dabei unablässig auf ihn ein. Ein Strom von sanften und einlullenden Worten hilft einem Kind, sich geborgen zu fühlen. Als er wenig später entdeckt hatte, daß es in dieser Grotte absolut keinen Drachen gab, wurde er wütend:

»Ich will den Drachen! Ich will nicht in dieser Grotte herumlaufen, sie gefällt mir nicht!«

Diese Begebenheit erlaubte mir, ganz beiläufig den Ursprung seiner Ängste vor Tunneln zu erkennen. Ein Monat zuvor waren wir ins »Disneyland« gefahren. Dort gab es eine Grotte mit einem Drachen, der den Kopf bewegte und Rauch ausspie. Er wirkte so echt, daß er in Adriens Augen lebendig war. Trotz meiner Bemühungen, ihm die Mechanismen zu erklären, blieb er überzeugt davon, daß dieses Ungeheuer wirklich existiere. Ich gestehe, daß ich im ersten Augenblick die Bedeutung dieser Geschichte unterschätzte. Adrien wollte noch einmal dorthin, um den Drachen wiederzusehen. Aber damit er sich nicht wieder ängstigte, hatte ich es vorgezogen, nicht noch einmal mit ihm hineinzugehen. Es gab ja noch so viele andere Dinge zu sehen!

Von diesem Tag an fürchtete er sich vor allen Tunnels. Sobald wir in ein Gewölbe hineinfuhren, weinte und jammerte er: »Ich will raus, ich will nicht eingeschlossen sein, ich will keinen Tunnel!«

»Was gefällt dir nicht an dem Tunnel?«

»Dort sind Drachen. Ich mag keine Drachen.«

Angesichts der Unmöglichkeit, ihm begreiflich zu machen, daß es keine Drachen gäbe, versuchte ich es mit einer anderen Möglichkeit – der Erforschung seiner Stärke:

»Was würdest du tun, wenn du einen Drachen sehen würdest?«

»Ich würd' ihn umbringen, ich würd' ihm den Bauch aufschneiden, ich würd' ihm ein Geschenk machen, ich würd' ihm zähmen.«

Nach und nach gelang es Adrien, seine Angst zu beherrschen, indem er über all das sprach, was er mit dem Drachen anstellen würde. Er war nicht mehr machtlos, hatte aber dennoch keine allzugroße Lust, dem Drachen zu begegnen – und er war noch immer nicht sicher, daß diese Ungeheuer in den Bereich der Phantasie gehörten.

Nach der Grottenbesichtigung – und vor allem, nachdem er noch einmal über den Drachen in Disneyland gesprochen hatte – konnte Adrien ohne Furcht einen Tunnel betreten. Seither fallen ihm zwar Tunnel besonders auf, er spricht auch darüber, aber er hat keine Angst mehr davor.

Angst vor Spinnen, Insekten, Hunden, Katzen –
und andere Phobien

Die harmlosesten Bilder können Phobien auslösen. Ein kleines Kind ist nicht immer in der Lage, die Bilder einzugrenzen; es erkennt die Umrisse nicht gut, und sobald die Erscheinung ein wenig zu schnell auf den Plan tritt oder die Töne, die sie erzeugt, ein wenig zu laut sind, bekommt es Angst. Ich habe in meinem vorigen Buch *Die Intelligenz der Gefühle entdecken* erzählt, wie eine Frau als vierjähriges Kind eine Phobie vor Spinnen entwickelte, als sie sich einmal ganz allein einen Dokumentarfilm im Fernsehen ansah.

In unseren Breiten sind die Spinnen, auf die wir in der Natur stoßen, nicht gefährlich. Im Gegenteil – sie schützen uns vor Fliegen und Mücken. Dennoch haben sie einen schlechten Ruf. Die Spinne spinnt ihr Netz, sie lähmt ihre Opfer. Sie kann eine beherrschende Mutter symbolisieren, vor der man nur schwer fliehen kann.

Kinder haben von Natur aus keine Angst vor Insekten. Sie können sie in die Hand nehmen und spüren, wie das kitzelt. Ihre eigene Haltung hängt von der Einstellung ihrer Umgebung gegenüber diesen Insekten ab, denn Angst ist äußerst ansteckend. Wenn der andere Angst davor hat, dann muß das Tier gefährlich sein – da ist es wohl besser, wenn ich auch Angst habe.

Ungerechtfertigte oder unangemessene Ängste sind oft Projektionen anderer Ängste auf Objekte, die vom wirklichen Objekt der Angst weit entfernt sind.

Keller und dunkle Abstellkammern

Wie die Angst vor Spinnen wird auch diese Angst normalerweise von den Eltern oder von anderen Kindern übertragen. Natürlich ist nicht zu leugnen, daß der Keller ein ungewohnter Ort ist. Im Gegensatz zu den meisten Zimmern der Wohnung betritt man ihn nur selten. Man geht dorthin, um etwas zu holen. Es ist kein Ort, an dem man sich länger aufhält; es ist also ein Ort, den man meidet. Zudem ist es dort oft kalt und feucht. Und die Atmosphäre darin ist eher düster.

Die beste Art und Weise, Ängste zu vermeiden, ist, sich ihnen aus eigenem Antrieb zu stellen.

Viele Menschen, die heute Eltern sind, haben angstvolle

Stunden im Keller zugebracht, als sie Kinder waren. Das war früher eine ganz gewöhnliche Art der Bestrafung.

Géraldine wurde regelmäßig in den Keller gesperrt, obwohl ihre Eltern im vierten Stock eines Hauses wohnten. Stellen Sie sich ihr Grauen, ihr namenloses Entsetzen vor, das sie empfand, während sie stundenlang in diesem Keller ausharren mußte! Sie wußte, daß es zwecklos war zu schreien, denn sie hörte nicht einmal die Geräusche aus ihrer Wohnung – es gab nichts als Feuchtigkeit und ein paar Mäuse und Spinnen, die sich in ihren Haaren verfingen.

Wie kann man, wenn man solche Dinge erlebt hat, seinen Kindern vermitteln, wieviel Spaß es machen kann, den Keller zu erkunden?

Wenn das Kind schüchtern ist

Die Erwachsenen bezeichnen die wenigen Minuten, die die meisten kleinen Kinder benötigen, um mit jemandem in Kontakt zu treten, als Schüchternheit. Sie verbergen damit ihr eigenes Unbehagen. Kommt das »Guten Tag« nicht automatisch, so fühlen sie sich verunsichert – das Kind wird als schüchtern abgestempelt! Lassen Sie nicht zu, daß man Ihrem Kind dieses Etikett anhängt, denn es könnte daraufhin tatsächlich schüchtern werden. Meint ein anderer, ihr Kind sei schüchtern, sollten Sie widersprechen und sagen: »Nein, es braucht nur ein bißchen Zeit, um Bekanntschaft zu schließen.«

Jedes Kind benötigt eine gewisse Zeit, um das zu begreifen, was gerade geschieht, und um sich sicher zu fühlen.

Diese notwendige Beobachtungszeit ist je nach Kind, je nach der Haltung der Erwachsenen und dem Anlaß unterschiedlich lang. Sie kann bis zu zwanzig Minuten dauern. Das Kind muß von selbst auf den anderen zugehen – und zwar in dem Augenblick, der ihm opportun erscheint.

Was tun bei Ängsten vor der Schule, vor dem Lehrer, schlechten Noten?

Hören Sie sich seine Realität an. Wovor hat das Kind wirklich Angst? Vor Ihrer Reaktion? Oder der Ihres Lebensgefährten? Vor dem Lehrer? Oder anderen Kindern?

Den Benotungen wird heutzutage allgemein zu große Bedeutung beigemessen. Viele Eltern reagieren übertrieben auf schlechte Noten. In dem Augenblick, wo das Kind in seinen Schwierigkeiten am meisten verstanden werden will, sich unterstützt und ermutigt fühlen sollte, drohen sie ihm damit, daß es mit diesen Leistungen niemals eine Arbeit finden wird. Eine 5 oder 6 wird zum Anlaß, von einer verbauten Zukunft zu sprechen. All das hilft den Kindern nicht, sich bei einer Klassenarbeit sicher zu fühlen.

Hinter der Angst vor schlechten Noten kann aber auch die Furcht des Kindes vor seinem Lehrer stehen, vor seinem – möglicherweise geringschätzigen – Blick, seinen Bemerkungen, seiner Beurteilung. Für viele Lehrer gehört die Herabsetzung ihrer Schüler zum Alltag. Für manche ist die Demütigung sogar eine pädagogische Methode!

Hat es Angst vor seinem Lehrer? Will es nicht mehr in die Schule gehen? *Hören Sie sich an, was Ihr Kind sagt.* Ergreifen Sie nicht automatisch Partei für den Lehrer. Wenn das Kind Angst hat, dann hat es irgend etwas Unangenehmes erlebt, und es ist wichtig, zu wissen, worum es sich handelt, um ihm zu helfen, damit fertigzuwerden, oder um es zu schützen.

Fürchten Sie nicht, Sie könnten Ihr Kind verunsichern, wenn Sie ihm sagen, daß Sie mit dem Lehrer nicht einer Meinung sind. Selbst wenn das Kind das ganze Jahr über einen Lehrer ertragen muß, der sich ihm gegenüber gemein verhält, dann wird ihm das Wissen, daß Sie das nicht richtig finden, helfen, sich nicht selbst herabzusetzen, sondern sein Selbstvertrauen zu behalten. Spürt es Ihre Unterstützung, so wird ihm das helfen, Abstand davon zu gewinnen und sich nicht kaputtmachen zu lassen.

Schläge sind in der Schule verboten; doch leider geben viele Lehrer (besonders in der Grundschule) zu, ihre Schüler noch immer an den Ohren zu ziehen, angeblich »wohlverdiente« Ohrfeigen auszuteilen oder auf die Finger zu hauen.

Wie kann man von einem Kind verlangen, daß es Gesetze einhält, wenn selbst seine Lehrer sie nicht einhalten?

Wenn ein Lehrer übertreibt, dann sollten Sie einschreiten. Verlangen Sie, daß das Gesetz respektiert wird. Lassen Sie nicht zu, daß Ihr Kind das Gefühl, ungerecht behandelt zu werden, sowie Gefühle der Ohnmacht in sich aufstaut. Eine solche Gefühlslage ist weder gut für sein schulisches Fortkommen noch für seine emotionale Entfaltung.

Bezeichnungen wie »kleiner Dummkopf«, »große Null«, »Idiot« sind immer noch viel zu oft zu hören. Solche Beleidigungen dürfen nicht hingenommen werden. Oft trauen sich die Kinder nicht, es ihren Eltern zu sagen. Es ist nicht leicht zu erzählen, daß man gedemütigt wurde.

Nehmen Sie autoritäres Gehabe, Ungerechtigkeiten, ironische Bemerkungen oder Drohungen eines Lehrers nicht auf die leichte Schulter. Ergreifen Sie klar Partei für Ihr Kind. Kein Erwachsener – auch kein Lehrer – hat das Recht, ihm wehzutun, es zu verletzen, es lächerlich zu machen – und natürlich schon gar nicht, es zu schlagen. Je nach Umständen und Schwere der Situation sollten Sie Ihrem Kind helfen, Antworten auf spitze Bemerkungen zu finden. Suchen Sie den Lehrer auf, und verlangen Sie von ihm, seine Haltung zu ändern, erstatten Sie Strafanzeige, nehmen Sie Ihr Kind aus dieser Klasse, ja gegebenenfalls sogar aus der Schule.

Zu viele Eltern schreiten nicht ein. Sie sagen sich: Das wird nicht lange andauern, es sind ja nur noch wenige Monate bis zum nächsten Schuljahr. Nur – wenn nichts geschieht, wird Ihr Kind die Demütigung verinnerlichen. Selbst wenn es nicht mehr mit diesem einen Lehrer in Kontakt ist, wird es sie weiterhin in seinem Hinterkopf mit sich herumtragen und davon beeinflußt sein.

Christoph hatte sehr schlechte Noten in Mathematik. Drei Jahre zuvor hatte ihn sein Lehrer immer wieder vor der ganzen Klasse angebrüllt und herabgesetzt. Daraufhin hatten sich seine Noten drastisch verschlechtert. Er war dadurch zu der Überzeugung gelangt, er sei eben ein schlechter Schüler. Seine Mutter solidarisierte sich mit dem Lehrer und erklärte ihrem Sohn, der Lehrer brülle ihn an, um ihm wegen seiner schlechten Ergebnisse zum Lernen zu motivieren. Sie sah nicht, daß genau das Gegenteil der Fall war.

Drei Jahre später wechselte der Lehrer, der Junge bekam aber weiterhin miserable Noten; die verletzenden Sätze des ersten Lehrers spukten noch in seinem Kopf herum.

Ich habe Christoph geholfen, über seinen Lehrer nachzudenken und ihn in seiner Wirklichkeit zu sehen. Was trieb ihn dazu, einen kleinen Jungen auf diese Weise anzuschreien und herabzusetzen? Um Christophs Gleichgewicht wiederherzustellen, haben wir uns gemeinsam eine Visualisierung ausgedacht, in der sich Christoph – auf meine Aufforderung hin – Herrn X mit einer roten Nase und in einer buntbekleckksten Hose vorstellte. Innerhalb von zwei Sitzungen gewann der Junge seine mathematischen Fähigkeiten zurück. Es genügte ihm, die Wahrheit wiederherzustellen. Nicht er war es, der schlecht oder unfähig war, sondern Herr X. Befreit von der Last seiner negativen Überzeugungen und den Nachwirkungen der erlittenen Demütigungen, fand er seine intellektuellen Fähigkeiten wieder.

Helfen Sie Ihrem Kind, sich zu entspannen und sich einen kleinen Film vorzustellen, um seine angestauten negativen Gefühle loszuwerden und seine Integrität wiederherzustellen. Im Geist, in der Phantasie kann man den anderen in Stücke schneiden, ihm einen Eimer Wasser auf den Kopf schütten, seine Nase rot und seine Haare blau anmalen, ihn ganz nackt oder in einem rosagepunkteten Anzug sehen – alles ist erlaubt und wirkt befreiend.

Auch Schulkameraden können der Grund für Ängste sein.

Frédéric quält der Gedanke, er könne zu gute Noten haben. Für ihn war es wichtig, einen bestimmten Schüler nicht zu übertrumpfen, der seine Mitschüler streng in eine gewisse Rangordnung einstufte!

Ein Kind kann im Pausenhof oder im Klassenzimmer eingeschüchtert werden, sich vor jemandem – einem Erwachsenen oder einem Mitschüler – fürchten. Es kann Angst davor haben, zu versagen, auf eine schmutzige Toilette gehen zu müssen, beim Hausmeister um Klopapier bitten zu müssen. Jede Angst erfordert eine spezifische Behandlung. Hier sind einige Beispiele:

Durch die Angst hindurchbegleiten

Margot ist viereinhalb. Wir sind im Schwimmbad, in der Sonne. Sie trägt einen Badeanzug mit Schwimmflügeln. Sechs Monate zuvor, am Meer, hatte es ihr großen Spaß gemacht, da herumzuplanschen, wo sie nicht mehr stehen konnte. Aber hier klammert sie sich noch am dritten Tag an mich:

»Ich habe Angst, laß mich nicht los!«

Da heißt es für mich: Zuerst die Emotion aufnehmen.

»Ich verstehe, daß du Angst hast. Du hast lange keine Gelegenheit zum Schwimmen gehabt.«

Dann dem Kind helfen, Kontakt zu seinen inneren Ressourcen aufzunehmen. »Erinnerst du dich noch, wie wir auf der Insel Martinique waren und es dir so großes Vergnügen bereitete, mit deinen Schwimmflügeln zu schwimmen? Wir sind ziemlich weit hinausgeschwommen, bis dahin, wo du mit deinen Füßen nicht mehr auf den Boden hinunterreichtest – und du hast mich losgelassen!«

Achten Sie dabei auf den Tonfall Ihrer Stimme! Meiner ist jetzt bewundernd. Die Absicht ist hier, vor allem keine Schuldgefühle in dem Kind zu wecken, indem man ihm einredet, es sei dumm, weil es damals so gerne hineinging, sondern ihm – ganz im Gegenteil – zu helfen, in Kontakt mit den eigenen Ressourcen und mit dem derzeit empfundenen Vergnügen zu treten, damit die Lust am Schwimmen geweckt wird. »Hmm – ja.« Sie schwankt zwischen Lust und Angst hin und her. Das erweist sich als unzureichend. Ich suche nach etwas anderem aus ihrer Vergangenheit. »Erinnerst du dich daran, wie du einmal Angst hattest und deine Angst überwunden hast?« »O ja ...« »Wie ist es dir damals gelungen, deine Angst zu überwinden? Erinnerst du dich daran, wie stolz du daraufhin warst? Fühlst du diesen Stolz in dir?« »Ja.« Seine eigenen Ängste mitteilen, um dem Kind Mut zu machen.

»Weißt du, auch ich habe zuweilen Angst. Ich habe große Angst, auf der Riesenrutschbahn herunterzurutschen. Du hast ja gesehen, dein Papa hat's gemacht, aber ich nicht. Ich hatte einfach zu viel Angst, obwohl ich weiß, daß es überhaupt nicht gefährlich ist – wie für dich jetzt mit deinen Schwimmflügeln.«

Anspornen, motivieren, die Angst zu überwinden.

»Manchmal hat man zwar vor etwas Angst, aber man macht es dann trotzdem. Man kann trotz der Angst ins Wasser gehen, kann seine Angst überwinden. Wir beide werden uns gegenseitig Mut machen. Du überwindest deine Angst und schwimmst im Großen Bad mit deinen Schwimmflügeln, und ich überwinde meine Angst und gehe auf die Riesenrutschbahn!« »Ich will raus!« O.k. Niemals drängen!

Das Kind braucht Zeit, um wirklich für sich selbst zu entscheiden und nicht mir, dem Erwachsenen, einen Gefallen zu tun. Hier ist es um so leichter, als ich tatsächlich Angst vor der Rutschbahn habe und das genau weiß. Sie weiß, daß sie, wenn sie im Großen Bad schwimmen geht, mich vor eine Aufgabe stellt, die schwierig für mich ist. Die Angst ist eine negative Antizipation, es ist unsere Aufgabe, sie in ein Begehren, eine positive Antizipation zu verwandeln. Dieser Übergang von der einen zur anderen Antizipation ist nur möglich, wenn sich das Kind in seiner Wahl frei fühlt.

Margot zieht ihren Badeanzug aus, wir reiben uns trocken.

Einige Minuten später: »Zieh mir meinen Badeanzug mit den Schwimmflügeln an, Mama!«

Es ist ganz wichtig, daß Margot selbst entschieden hat hinzugehen. Der Entschluß »Ich gehe hinein« zeigt das auslösende Moment an, in dem sich die hemmende Angst in eine antreibende Angst verwandelt.

Ich helfe ihr, den Badeanzug überzustreifen, und sie geht sehr entschlossen auf das Wasser zu. Beherzt und offenbar ohne große Schwierigkeit überwindet sie ihre Furcht, läuft die kleine Treppe im Großen Bad hinunter und wagt sich ins Offene! Sie tritt seitwärts mit den Beinen und stößt die Arme vor. Sie schwimmt! Und es macht ihr offenkundig Spaß! Nach einer Weile sagt sie streng zu mir: »Jetzt gehst du aber auf die Rutschbahn, Mama!« »O.k. Jetzt bin ich an der Reihe.« Nachdem ich laut schreiend auf der Riesenrutschbahn ins Wasser gerutscht bin, bin ich richtig stolz auf mich. Ich sage es ihr, und sie antwortet: »Ich auch, ich bin froh, daß ich im Großen Bad geschwommen bin. Ich mag das Große Bad jetzt. Gehen wir noch einmal rein?«

Der Stolz bewirkt, daß der Erfolg und das Vertrauen in sich selbst im Inneren des Kindes Fuß fassen können; es ist wichtig, daß es stolz auf sein Gelingen ist.

Es ist nicht ermutigend für ein Kind, wenn seine Umgebung nie Angst zeigt. Ganz im Gegenteil, das Kind sollte wissen, daß absolut jeder Mensch – auch die Erwachsenen und sogar seine Eltern – manchmal Angst hat.

Ein Kind, das glaubt, nur es allein habe Angst, das sich vorstellt, sein Vater und seine Mutter seien frei von dieser Emotion, fühlt sich leicht »anomal« – was seine Unsicherheit natürlich verstärkt.

Gehen wir die verschiedenen Phasen der Begleitung einer Emotion noch einmal durch:

1. Die Emotion respektieren

Das ist die Bedingung, damit Ihr Kind Vertrauen zu Ihnen haben kann. Respektieren Sie immer seine Emotion, auch wenn sie Ihnen irrational erscheint. Das Kind hat Angst – damit hat es weder recht noch unrecht, es hat einen Grund (oder mehrere Gründe) für seine Angst, auch wenn weder es selbst noch Sie diesen Grund kennen.

2. Zuhören

»Was macht dir angst?«

»Was machst dir am meisten angst?«

Denken Sie daran, daß die Aussage: »Ich habe Angst vor dem Hund« sehr vage ist. Ist es das Bellen des Hundes? Seine heftigen Bewegungen? Seine Zunge? Sein Maul? Sein Blick? Hat das Kind Angst, daß der Hund es beißen oder um es herumspringen könnte, um es zu begrüßen, oder davor, daß er es mit seiner großen feuchten Zunge ableckt?

Zuhören bedeutet nicht nur, jemandem ein aufmerksames Ohr zu leihen; es heißt auch, dem Kind zu helfen, seiner Wahrheit Ausdruck zu verleihen. Achten Sie darauf, seinen Intellekt nicht zu mobilisieren, indem Sie eine Formulierung verwenden, die ein »warum?« impliziert, weil Sie das Kind dann dazu verleiten, eine zunächst plausible Erklärung zu liefern, die jedoch nicht unbedingt etwas mit seiner Realität zu tun haben muß. Gehen Sie von dem Grundsatz aus, daß das Kind die wirklichen Beweggründe seiner Angst nicht kennt. Durch Ihr Zuhören werden Sie ihm helfen, sie zu entdecken. Begleiten Sie das Kind in seiner Suche durch Neuformulierungen und Fragen, die mit »was, wie, wovor« beginnen. (Diese Art des Fragenstellens wird im zehnten Kapitel »Einige Vorschläge, wie Sie mit Ihren Kindern glücklicher leben können« auf S. 229 noch eingehender erläutert.)

3. Akzeptieren und verstehen

»Ich verstehe, daß du Angst hast. Dieser Hund macht wirklich einen ungeheuren Lärm.«

Erkennen Sie die Emotion des Kindes an. Zeigen Sie ihm Ihre Billigung – es hat das Recht zu fühlen, was es fühlt. Versuchen Sie nicht, es von seiner Angst zu »heilen«, noch das Problem an seiner Stelle zu lösen. Zeigen Sie Ihr Mitgefühl, Ihre Empathie – mehr braucht es nicht.

Sie sollten es in dem Versuch, diese Angst zu besiegen, begleiten, aber der Wunsch muß von ihm kommen. Jede Erwartung von Ihrer Seite würde den Prozeß blockieren.

4. Bringen Sie sich ein – entdramatisieren Sie!

Sobald das Kind mitteilen konnte, was es innerlich erlebt, können Sie ihm von Ihren eigenen Emotionen erzählen, die Sie heute empfinden oder die Sie früher hatten, als Sie selbst ein kleiner Junge oder ein kleines Mädchen waren. Litten Sie unter derselben Furcht? Oder einer anderen? Sprechen Sie darüber. Machen Sie Ihrem Kind nichts vor, sagen Sie ihm die Wahrheit. Wählen Sie am besten eine Angst, die Ihr Kind nicht hat, damit es sich in diesem Punkt stärker als Sie fühlt. Das wird ihm helfen, sich mit seinen Ängsten zu konfrontieren!

5. Suchen Sie seine inneren und äußeren Ressourcen

Wir alle haben schon einmal Angst durchlebt und sie überwunden.

»Erinnerst du dich, wie du einmal Angst hattest und sie eine Weile später nicht mehr verspürtest?«

Wenn das Kind sich nicht spontan erinnert, können Sie ihm helfen:

»Zum Beispiel, als Stéphanie dich das erste Mal einlud, bei ihr zu übernachten.«

Lassen Sie ihm die Zeit, sich zu erinnern und die damals gefühlten Empfindungen wachzurufen.

»Und dann hast du dich entschieden hinzugehen. Erinnerst du dich, wie du dich entschieden hast? Und erinnerst du dich, wie gut dann alles gegangen ist? Du bist ganz begeistert nach Hause zurückgekommen. Weißt du das noch?«

»Du siehst, du hast Angst gehabt und hast sie überwunden. Kannst du dir vorstellen, wie du diese Erfahrung bei deiner jetzigen Angst, die du vor dem Hund hast, nutzen könntest?«

Lassen Sie ihm einige Minuten Zeit, um darüber nachzudenken.

6. Helfen Sie ihm, seine Energie zu befreien

Wenn man Angst gehabt hat, hat man ein verkrampftes Zwerchfell. Alles, was einem ermöglicht, es zu entspannen, trägt dazu bei, die Furcht loszuwerden: tief atmen, singen, schreien, lachen. Fordern Sie Ihr Kind auf, tief zu atmen, bis es das Gefühl der Beklemmung nicht mehr hat. Singen Sie, schreien Sie mit Ihrem Kind, helfen Sie ihm, mittels seiner Stimme aus sich herauszugehen. Es wird sich dann stark fühlen und bereit sein, sich der Widrigkeit zu stellen.

Wenn ihm das nicht gelingt, wenn es zu sehr gehemmt ist, um losbrüllen zu können, dann schlagen Sie ihm vor, an jemanden zu denken, der in derselben Situation keine Angst hätte: ein Freund, der Vater eines Freundes, der Fleischer, der Automechaniker – oder auch Tarzan, James Bond, Robert Redford ... Fordern Sie es auf, sich auszudenken, wie diese Leute agieren würden, und dann, sich auszumalen, wie es wäre, wenn es selbst in einer dieser Personen stecken würde. Helfen Sie ihm, sich stark, machtvoll, wohl in seiner Haut zu fühlen.

»Spürst du das Selbstvertrauen und die Kraft? Ich glaube, du kannst dir gut vorstellen, daß das die Kraft ist, die in dir steckt!«

7. Erfüllen Sie sein Bedürfnis nach Information

Ihr Kind hat Kontakt mit seinen Ressourcen aufgenommen. Im vorliegenden Beispiel muß es zudem auch noch bestimmte Informationen erhalten, wissen, ob der Hund gefährlich ist oder nicht.

Jemand, der Angst hat, braucht Rückversicherung und Information. Aber wenn Sie ihm die Information zu früh geben, wird sie ganz einfach überhört. Deshalb bleiben Erklärungen so oft nutzlos. Sie müssen zuallererst die Emotion wahrnehmen und das Kind in der Kontaktaufnahme mit seinen eigenen Ressourcen begleiten. Nur dann wird das Kind Ihren Erklärungen Aufmerksamkeit schenken. Und auch dann noch ist es besser, wenn es sie selbst findet.

»Was kannst du tun, um zu wissen, ob der Hund gefährlich ist?«

Helfen Sie ihm beim Nachdenken. Gehen Sie zum Beispiel gemeinsam in eine Bücherei, um ein Buch über Hunde auszuleihen, und geben Sie ihm die Informationen, die es benötigt und die es allein nicht so leicht finden kann. Er wird dann eher imstande sein, diese Dynamik auf andere Umstände zu übertragen. Je autonomer es in seiner Suche sein wird, desto stärker wird es sich angesichts seiner Ängste fühlen.

8. Lassen Sie das Kind verschiedene mögliche Lösungen für die Angst erarbeiten

Je nach Kontext und Umständen können Sie bei einer befriedigenden Lösung innehalten oder das Kind bitten, mehrere Optionen zu äußern. Achten Sie darauf, daß Sie seine Ideen nicht als »gut« oder »schlecht« bezeichnen; es ist Sache des Kindes, die Bedeutsamkeit dieser Ideen zu beurteilen.

»Ja, du kannst einen Hundebesitzer fragen, ob du seinen Hund einmal streicheln darfst. Das ist eine Möglichkeit. Was kannst du sonst noch tun?«

Gehen Sie nacheinander die verschiedenen, von dem Kind vorgeschlagenen Lösungen durch und wägen Sie sie ab:

»Und wenn du das machst, was wird dann passieren? Hättest du dann weniger Angst?«

»Was könnte dir Lust machen, den Hund zu streicheln und deine Angst zu überwinden?«

Wenn Sie »Angst« denken, dann sollten Sie Lust denken. Was kann dem Kind genug Lust machen, daß es sich zum Hund, ins Wasser oder auf die Rutschbahn wagt und nicht mehr von seiner Angst beherrscht wird? Es ist ganz wichtig, daß Sie keinerlei Druck auf das Kind ausüben wollen; daß Sie nicht den Wunsch haben, das Kind solle seine Angst vor Ihren Augen überwinden. Ansonsten fühlt es sich durch Ihren Wunsch gezwungen – *und der Zwang löst Angst aus!* Nur die freie Wahl verleiht das Gefühl, Macht über seine Umgebung zu haben, und versetzt einen Menschen in die Lage, seine Ängste zu überwinden.

Sich Lampenfieber zunutze machen

Es sind nur noch wenige Tage bis zu der Darbietung, die alljährlich am Ende des Schuljahres stattfindet und im Rathaus veranstaltet wird. Dreihundert Personen werden erwartet. Margot hat mir gegenüber nichts verlauten lassen, aber ich weiß, daß es für jeden Menschen eine Mutprobe darstellt, in der Öffentlichkeit aufzutreten, um so mehr für ein kleines, vierjähriges Mädchen, das zum ersten Mal auf der Bühne stehen wird. Wie soll ich sie am besten auf diese Erfahrung vorbereiten?

»Hast du Angst, vor all diesen Leuten zu tanzen, oder fühlst du dich gut?«

»Ich habe ein bißchen Angst.«

»Ja, es ist normal, ein bißchen Angst zu haben. Ich will mit dir darüber reden, weil auch ich immer ein wenig Angst habe, wenn ich vor vielen Leuten einen Vortrag halten muß. Dann klopft mir das Herz, mein Bauch verkrampft sich, die Zunge klebt mir am Gaumen, und ich habe feuchte Hände. So bereitet sich der Körper auf das Sprechen vor. Es geschehen eine Menge Dinge im Körper, damit man die Energie zum Tanzen, zum Singen oder zum Sprechen hat. Hast du schon einmal so etwas in deinem Körper gespürt?«

»Mir klopft auch das Herz, wenn ein Hund bellt.«

»Das sind Anzeichen der Angst. Die Angst ermöglicht einem, innerlich Energie zu sammeln, um einer Gefahr zu trotzen oder um sich auf eine Sache vorzubereiten. Die Angst, die man hat, wenn man sich auf etwas vorbereitet, nennt man Lampenfieber. Das ist etwas ganz Normales. Jeder Mensch hat das in solchen Augenblicken. Kurz bevor du auf die Bühne gehst, wirst du Lampenfieber haben, weil dein Körper sich darauf vorbereitet, sein Bestes zu geben. Wenn ich das fühle, bin ich froh. Ich weiß, daß mein Körper in Vorbereitung ist. Ich atme tief ein und aus. Ich fühle, wie meine Füße fest auf dem Boden stehen, und schaue die Leute an. Ich sage zu mir, daß ich sie mag, daß ich glücklich bin, zu ihnen sprechen zu dürfen, und im Geist schicke ich ihnen Lichtstrahlen, um mich in Kontakt mit ihnen zu fühlen. Das ist meine Lösung, meine Methode, die mir hilft, das Schlagen meines Herzens zu verlangsamen, wenn es zu heftig klopft. Du kannst natürlich auf eine ganz andere Methode kommen – probier' einfach verschiedene Dinge aus. Ich mache es jedenfalls so, daß ich, sobald ich anfange zu sprechen, die Energie nutze, die in meinem Körper ist – dann verschwindet das ganze Lampenfieber. Hast du eine Idee, was du tun könntest, damit du dich besser fühlst?«

»Ja, ich habe eine Idee«, sagt sie nach einigen Minuten des Nachdenkens strahlend.

Sie hat mir nicht mehr dazu gesagt, aber einige Tage später stand sie mit offenkundiger Begeisterung auf der Bühne. Es machte ihr Spaß zu tanzen, und sie schaute die Leute dabei wirklich an. Ihre Lehrerin mußte sie daran erinnern, daß es Zeit war, wieder von der Bühne abzugehen, damit die Vorstellung weitergehen konnte.

Manche Ängste sind nützlich (sie bereiten den Körper auf eine Aktion vor, sie künden eine Gefahr an). Andere sind unangemessen (Spinnen sind in unseren Breiten grundsätzlich harmlos; Preßluftbohrer machen zwar viel Lärm, aber sie stellen keine Bedrohung dar; Hunde, die hinter Gitter gesperrt sind, können nicht darüberspringen; wenn man einen Schwimmreifen trägt, kann man nicht ertrinken).

Ängste müssen respektiert und wahrgenommen werden; es ist unsinnig, Risiken einzugehen. Unangemessene Ängste kann man überwinden – wenn man selbst den Entschluß dazu gefaßt hat – und hinterher sehr stolz auf sich sein.

Ist es ängstlich?

Steckt das Kind voller Ängste? Ist es in vielen Situationen besorgt, ja gehemmt? Gerät es wegen einer Bagatelle in Panik? Ist es dabei, einen »ängstlichen« Charakter zu entwickeln? Dann man muß ihm unbedingt helfen.

Die Ursachen dieser Angst, die alle anderen Emotionen in den Hintergrund drängt, können vielfältig sein.

Eine Reaktion auf eine elterliche »Überbehütung«

»Paß auf, du wirst gleich hinfallen.«

»Lauf da nicht drüber.«

Wenn Eltern ständig vermeiden wollen, daß sich ihr Kind Gefahren aussetzt, vermitteln sie ihrem Kind (paradoxerweise) die Information: »Die Welt ist gefährlich« und: »Du bist unfähig«.

Auch sollten ihre Aussagen logisch und stimmig sein; oft erhalten die Kinder widersprüchliche Botschaften. Ihre Eltern überschütten sie mit Aufforderungen, wie: »Geh schon hin, hab' keine Angst«, aber sobald die Kinder ein wenig Autonomie an den Tag legen, hagelt es ängstliche Ausrufe, wie: »Vorsicht, paß auf!« Wie sollen sich die Kleinen da zurechtfinden? Einerseits heißt es: »Na geh schon, gib der Dame einen Kuß«, andererseits: »Sprich vor allem nicht mit fremden Leuten«.

Versuchen wir uns einen Augenblick lang auszumalen, was ein Kind angesichts dieser doppelzüngigen Einengungen empfinden mag! Es kann von einem Spielkameraden gebissen oder verprügelt werden, es kann sich einen blauen Fleck holen, für einige Tage einen Striemen haben, es kann von der Schaukel fallen, über das kleine Mäuerchen stolpern, sich möglicherweise ein bißchen weh tun – ja und? Es besteht kaum die Gefahr, daß das sehr schlimm ist! Manchmal lernt man durch ein paar blaue Flecken mehr als durch noch so viele wohlgemeinte Ermahnungen zur Vorsicht.

Will man dem Kind jede Verletzung ersparen, kann man eine wesentlich größere heraufbeschwören, die seinen gesunden Narzißmus untergräbt, sein Selbstbild beschädigt und das Gefühl, kompetent zu sein, beeinträchtigt.

Heutzutage werden Spielplätze kindersicher gebaut, auch wenn man nie jedes Risiko ausschließen kann. Es ist besser, dem Kind beizubringen, sich gerade zu halten, richtig zu springen und zu fallen, sein Gleichgewicht zu halten und seine Fähigkeiten zu erkunden, als es zu zwingen, auf einer Bank sitzenzubleiben. Sonst besteht die Gefahr, daß es sein ganzes Leben lang dort bleibt.

Die blauen Flecken auf der Seele können schlimmer sein als die Wehwehchen des Körpers.

Überbehütung seitens der Eltern führt zu Gehemmtheit – oder dazu, allzu viele Risiken einzugehen. Ein Unmaß an Verboten kann das Kind paradoxerweise dazu veranlassen, ein übersteigertes Bedürfnis nach der Erforschung seiner Grenzen zu entwickeln. Wenn die Freiheit ihm dann endlich gegeben ist oder wenn es sie sich einfach nimmt, verhält es sich viel waghalsiger als andere, die Gelegenheiten hatten, nach und nach ihre Grenzen auszuloten, und ein Gefühl für Eigenverantwortung herausbilden konnten.

Vertrauen Sie ihm, es wird sich dieses Vertrauens würdig erweisen.

Doch denken Sie daran: Ein Kind weniger zu behüten heißt nicht, es mit seinen Schwierigkeiten allein zu lassen; es bedeutet, zwischen den eigenen elterlichen Ängsten und dem tatsächlichen Bestehen der Gefahr zu unterscheiden.

Vertrauen Sie Ihrem Kind.

Die Verdrängung der Wut

Seine Wut ist riesig, aber das Kind verbietet sich – oder seine Eltern verbieten ihm –, sie zu zeigen, ja sie zu empfinden. In diesem Fall hat das Kind das Gefühl, es sei böse, weil es die Wut empfindet; es kehrt sie gegen sich selbst, verurteilt sich, kommt sich lächerlich, klein, unzulänglich vor.

Viele ältere Kinder sind schüchterner als ihre jüngeren Geschwister, gestehen sich aber nicht das Recht zu, ihre Eifersucht zu zeigen. Sie verdrängen ihre Wut gegen den kleinen Bruder oder die kleine Schwester, die ihnen die ganze Aufmerksamkeit ihrer Mama weggenommen hat.

Das Kind, das Wut empfindet, sie aber nicht zum Ausdruck bringen kann, hat Angst vor seiner eigenen Aggressivität und der Rache der anderen.

Der Ausdruck von geleugneten oder verdrängten Ängsten der Eltern

Kinder nehmen sehr genau wahr, was ihren Eltern angst macht. Wenn Sie beim Anblick eines bestimmten Menschen, den Ihr Kind nicht kennt, auf der Straße zusammenzucken, wenn Sie der Gedanke, Sie könnten mit diesem Menschen zusammentreffen, angst macht, wird Ihr Kind das sofort merken. Wenn es sich dessen, was geschieht, bewußt ist, wird es Sie fragen: »Was hast du, Mama?« Andernfalls wird es furchtsam um sich schauen, sich ängstlich fühlen, ohne den wirklichen Grund erkennen zu können.

Guillaume ist drei Jahre alt. Er hat Angst vor allem Neuen, traut sich nicht, auf andere zuzugehen. Es erwies sich schnell, daß Guillaumes Eltern nur wenige Freunde hatten. Sie gingen kaum aus, vermieden es, Guillaume in Geschäfte, in die U-Bahn oder in Kaufhäuser mitzunehmen. Sie bewahrten ihn davor, überzeugt, daß diese Orte ihm nicht guttäten. Es stimmt, daß sich Kinder an solchen Orten nicht besonders gut entfalten können, aber sie gehören nun einmal zum Alltag der heutigen Gesellschaft dazu; und wenn es auch nicht nötig ist, die Kleinen täglich dorthin zu schleppen, so bringt es doch Probleme mit sich, wenn man sie ihnen systematisch vorenthält.

Um einem ängstlichen Kind seine Furcht zu nehmen, die nicht wirklich Bestandteil seiner selbst ist, sondern das Spiegelbild unserer eigenen Angst zu sein scheint, ist es notwendig, ihm von uns zu erzählen und ihm verstehen zu geben, daß es unsere Emotionen nicht übernehmen muß. Natürlich ist es noch effizienter (und hernach sehr viel angenehmer!), sich selbst von den eigenen negativen Emotionen zu befreien!

Yolaine suchte mich wegen ihrer Tochter auf, die im Pausenhof ihrer Schule terrorisiert wurde. In Wirklichkeit hatte Yolaine selbst Angst. Sie fürchtete, ihre Tochter würde das erleben, was sie selbst als Schülerin in ihrer eigenen Schule erlebt hatte. Nachdem sie das erkannt hatte, sprach sie von sich aus mit Daphné über ihre eigenen früheren Schreckenserfahrungen und sagte ihr ganz deutlich, sie müsse diese Ängste nicht übernehmen. Als Daphné am darauffolgenden Tag sehr fröhlich aus der Schule kam, sagte sie zu ihrer Mutter:

»Ich gebe dir deine Ängste zurück, Mama.«

Von diesem Tag an vollzog sich eine geradezu spektakuläre Wandlung mit der Tochter. Sie wurde wieder vergnügt. Alle Besorgnis verschwand. War das Zauberei? Nein, aber die richtige Reaktion setzt bei Kindern sehr schnell Energie frei.

Wie helfen Sie einem ängstlichen Kind?

1. Hören Sie auf, es für ängstlich zu halten. Es ist nur ein Kind, das viele Ängste hat oder sich nicht traut, wütend zu werden. Sind nicht zufällig Sie es, die ihm das Äußern seiner Wut verbieten?

2. Vertrauen schenken:
   - Schlagen Sie ihm Aktivitäten vor, die seinen Fähigkeiten entsprechen.
   - Geben Sie ihm Möglichkeiten, seiner Wut Ausdruck zu verleihen.
   - Fördern Sie seine Kreativität.
   - Finden Sie Beschäftigungen, Orte, Spiele, bei denen jede Beurteilung, jede Bewertung ausgeschlossen ist. Heutzutage gibt es immer mehr Werkstätten, in denen Kinder sich erproben, sich ausdrücken, Dinge produzieren können, ohne daß sie für ihre Ergebnisse – positiv oder negativ – bewertet werden. Man kann dort malen, ohne beurteilt zu werden. Hier steht die Achtung vor dem Kind, seinem Rhythmus, seiner Entwicklung und seinen Bedürfnissen im Vordergrund; und es wird ihm viel Aufmerksamkeit geschenkt.

3. Häufig ist der Kontakt mit großen Tieren hilfreich. Ponys und Hunde urteilen nicht und fordern nichts; sie ermöglichen dem Kind, sich ihnen seinem eigenen Rhythmus gemäß zu nähern; sie vertrauen ihm, darum fühlt sich das Kind sicher.

4. Auch Computer geben keine Wertungen ab und sind von unendlicher Geduld. Das Kind kann ewig lange damit spielen, ohne daß der Computer jemals mit Gereiztheit reagieren würde. Nur wenn kein Erwachsener das »Ergebnis« überwacht, kann das Kind Spaß am Experimentieren bekommen; es kann mit seiner Maus ganz allein alles mög-

liche ausprobieren und allmählich Vertrauen in seine Fähigkeiten gewinnen.

5. Machen Sie sich Ihre eigenen Ängste bewußt und überwinden Sie sie.
*Zwingen Sie das Kind nicht, sich seinen Ängsten direkt zu
stellen. Geben Sie ihm die Möglichkeit, sie seinem eigenen
Rhythmus gemäß zu erleben und sie erst dann zu überwinden,
wenn es selbst sich dazu entschließt.*

5. Die Wut hilft bei der Entwicklung der Identität

Wie viele Eltern haben schon einmal auf dem Spielplatz oder im Supermarkt gelitten, wenn ihr kleiner Liebling sich vor den vorwurfsvollen Blicken anderer anwesender Erwachsener brüllend auf dem Boden wälzte!

Und doch ist die Wut eine ganz natürliche und gesunde Reaktion auf eine Enttäuschung.

Wut ist eine gesunde Reaktion

»Bitte, Mama. Ich habe mein Eis schon aufgegessen. Ich will noch eines.« »Nein, ein Eis genügt.«

Stellen Sie sich einmal ein dreijähriges Kind vor, das sagen würde:

»Gut, Mama. Du hast recht, ein Eis genügt.« Was würden Sie dann empfinden? Sie würden sich merkwürdig unwohl fühlen. Nicht nur, daß das Kind seinen Wunsch nicht bekräftigt, sondern es nimmt ihn auch noch zurück!

Ein solches Kind wird später vermutlich Mühe haben zu wissen, was es will. Es wird sich oft fragen, was es tun soll und ob etwas gut oder schlecht ist, aber es wird nicht die leiseste Ahnung haben, wozu es wirklich Lust hat. Es wird häufig den anderen überlassen, seinem Leben eine Orientierung zu geben; für seine Entscheidungen wird es die Meinung von Peter, Paul oder Sabine brauchen.

Wenn das Kind auf seinem Wunsch beharrt, schreit und eine Szene macht, um sein Eis zu bekommen, bekräftigt es sein Verlangen – und das ist sehr wichtig.

Natürlich macht ein solches Verhalten Lärm; es ist anstrengend für die Erwachsenen, die müde von ihrem Tag sind oder ihre eigenen Wutanfälle vergessen haben. Es besteht das Risiko, daß sie auf die Verzweiflung ihres Kindes mit Gewalt reagieren und ihm damit zu verstehen geben, daß das Äußern seiner Wut unerwünscht und gefährlich ist.

Zu sagen: »Ich will das!« bedeutet zudem zu bekräftigen: Ich bin da und habe Rechte. Wenn der andere den Wunsch ablehnt, so ist das sein Problem; aber ich weiß, daß ich das Recht zu wünschen habe. Das Kind braucht nicht immer die Befriedigung seiner Wünsche; es will nur einfach, daß sie anerkannt, daß seine Emotionen wahrgenommen werden.

Der Fötus wird durch die Nabelschnur ernährt, seine Nahrungsbedürfnisse werden automatisch befriedigt. Es befindet sich in der Symbiose mit seiner Mutter, es spürt das Aufreten seines Bedürfnisses nicht einmal (zumindest nimmt man das nach dem heutigen Wissensstand an).

Nach der Geburt kommt die Nahrung nicht mehr so prompt. Das Kind schreit, wenn es ein Mißbehagen spürt. Es kann es noch nicht identifizieren, aber seine Mutter wird es »Hunger« nennen. Sie gibt ihm Nahrung. Danach ist es gesättigt und fühlt sich wohl.

Wenn seine Mutter nicht herbeieilt, schreit es noch lauter. Es protestiert, denn es will unbedingt, daß sie kommt. Seine Wut ist ein Rufen, es beharrt auf seinem Bedürfnis und versucht, seine Mutter zum Kommen zu bewegen, versucht, die Bindung zu ihr wiederherzustellen.

Allzuoft wird die Wut als ein Abstandnehmen vom anderen interpretiert. Das ist tatsächlich so, wenn es um Gewalt geht, aber bei der Wut ist das Gegenteil der Fall. Sie ist der Ausdruck eines Bedürfnisses, einer Forderung an den anderen, zum Zwecke der Wiederherstellung des Gleichgewichts.

Wenn ein Kind in Wut gerät, weil es irgend etwas nicht bekommen kann, dann ermöglicht ihm seine Emotion, sich innerlich wieder aufzubauen und seine Frustration zu akzeptieren. Manche Eltern geraten ganz außer Fassung, wenn sie ihrem Kind ausführlich erklärt haben, daß irgend etwas absolut unmöglich ist – und das Kind daraufhin wütend wird. Sie wissen nicht, daß dies eine notwendige, natürliche und normale Phase der Trauerarbeit ist, die das Kind leisten muß, um das Geschehene zu akzeptieren. Die Phasen, die bis zur Akzeptanz durchlaufen werden müssen:

1. das Leugnen
2. die Wut
3. das Verhandeln
4. die Trauer
5. das Akzeptieren

Um zur Akzeptanz zu kommen, ist das Durchleben der Wut unerläßlich.

Wird ein Kind schon zufriedengestellt, noch ehe es überhaupt eine Bitte geäußert hat, so besteht die Gefahr, daß das Kind einerseits daran gehindert wird, seine Bedürfnisse überhaupt zu fühlen, und andererseits nicht lernen kann, auf eine gesunde Weise mit der Frustration umzugehen. Eine Mutter, die darauf bedacht ist, schon den geringsten Wünschen ihres Kindes zuvorzukommen (es sind eher die Mütter als die Väter, die diesen Fehler machen), kann die Herausbildung seines Identitätsgefühls erschweren. Eine mäßige Frustration ist ihm förderlich. Glücklicherweise ist es unmöglich, ein Kind immer zufriedenzustellen. Es kommt vor, daß alle Läden geschlossen sind, es kommt vor, daß nur ein Fahrrad für zwei Kinder vorhanden ist, daß der Lieblingsteller zerbrochen ist, daß die Mutter aus dem Haus muß, um arbeiten zu gehen, daß der Freund Julien sich gerade bei seinen Großeltern aufhält.

Ein gewisses Quantum an Frustration ist also unvermeidbar;

es ist sogar nützlich, unter der Bedingung, daß die Emotionen – und insbesondere die Wut – des Kindes zur Kenntnis genommen werden.

Eine ungerechte, willkürliche oder zu große Frustration kann zerstörerisch wirken.

Der Säugling hängt von seiner Mutter ab, er kann ohne sie nicht überleben. Wenn sie nicht schnell genug kommt (das heißt, innerhalb von wenigen Minuten), tritt an die Stelle der Wut eine Art Schrecken darüber, verlassen worden zu sein, ein Schrecken darüber, daß die Bindung zerbrochen ist. Ein Kleinkind hat kein Zeitgefühl. Es lebt nur im Augenblick. Fünf Minuten kommen ihm wie eine Ewigkeit vor. Es vermag sich nicht vorzustellen, was seine Mutter zurückhalten könnte. Wenn niemand kommt, resigniert es nach einer gewissen Zeit, die entsprechend seinen früheren Erfahrungen unterschiedlich lang ist. Es verstummt, igelt sich ein. Sein Körper drückt dann so etwas wie »Ich habe kein Recht«, »Ich bin nicht wichtig«, ja sogar »Ich bin schlecht« aus, denn es muß ja eine Erklärung für die Tatsache finden, daß seine Mutter sich nicht um es kümmert. Das Kleinkind ist noch nicht in der Lage, eine bewußte Schlußfolgerung herzuleiten. Dieser ganze Prozeß bleibt unbewußt; aber wenn er sich zu oft wiederholt, kann diese Überzeugung sein ganzes Leben prägen.

Ein kleines Kind allein weinen zu lassen bedeutet, es erschreckenden Gefühlen auszusetzen.

Bedürfnis – Forderung – Befriedigung: Das ist die Folge, die am häufigsten ablaufen muß, damit Ihr Kind das Gefühl verinnerlicht, daß Sie es lieben, daß es wichtig für Sie ist, daß seine Forderungen berechtigt sind, daß es somit also jemand Wertvolles und in Sicherheit ist.

Es kommt vor, daß seine Forderungen nicht befriedigt werden können; es ist jedoch unerläßlich, daß seine Wut wahrgenommen wird.

Die Wut spielt auch eine wesentliche Rolle bei der Konfrontation mit einer Ungerechtigkeit; sie ist die angemessene Reaktion, wenn etwas »überhandnimmt«, sie ist ein Protest gegen etwas, was wir nicht ertragen wollen. Die Wut dient der Identitätsbildung, sie ermöglicht es einem, sein »Terrain«, seinen Körper, seine Ideen, seine Wertvorstellungen und seine Integrität zu verteidigen. Sie gibt einem die Kraft, sich zu behaupten, Nein zu sagen, sich selbst zu spüren. Ein Mensch, der seine Wut nicht spürt und sie nicht zum Ausdruck bringen kann, fühlt sich häufig als Opfer und gegenüber dem Leben ohnmächtig. Es ist notwendig, seine Wut auszudrücken, um seine Stärke zu spüren, um respektiert und mit Frustrationen fertig zu werden, ohne durch den Kummer über die Enttäuschung zugrunde zu gehen und um die Harmonie in seinen Beziehungen wiederherstellen zu können.

Harmonia ist eine griechische Göttin, sie ist die Tochter von Ares und Aphrodite. Ares (lateinisch: Mars) ist der Gott des Krieges, des Konflikts. Aphrodite (Venus) ist die Göttin der Schönheit und Kommunikation. Harmonie erreicht man durch Konfrontation und Dialog – nicht durch Schweigen und Selbstverleugnung.

Die meisten Menschen verwechseln Wut mit Gewalt. Gewalt ist destruktiv, Wut dagegen konstruktiv. Wir haben kein Vokabular, um diese Unterscheidung klarzustellen. Wenn das Wort Aggressivität auch ursprünglich eine positive Bedeutung hatte (hingehen zu), so ist seine Konnotation heute eindeutig negativ. Ich verwende hier das Wort Wut, um die sogenannte biophile Aggressivität zu bezeichnen, die dem Schutz des Lebens dient. Mit der Wut wird die eigene Person gegenüber den anderen behauptet, sie bedeutet die Festsetzung der Grenzen, die nicht überschritten werden dürfen, sie ist die Ablehnung dessen, was einen leiden läßt.

Sind wir nicht imstande, mit der Wut umzugehen, greifen

wir zur Gewalt. Die Gewalt unterscheidet sich sehr von der Wut, ja sie ist im Grunde ihr Gegenteil. Meine Wut spricht nur von mir, von meinen Bedürfnissen.

Die Gewalt hingegen spricht vom anderen, sie klagt ihn an, versucht zu verletzen, zu zerstören. Ich habe ein Bedürfnis, bringe es zum Ausdruck, und es wird mir nicht erfüllt. Ich fühle mich dabei innerlich leer, mir fehlt etwas. Es geht mir schlecht. Die Gewalt ist das Ergebnis eines Versuchs, sich gegen die Heftigkeit der Affekte zu schützen, durch die Projektion auf den anderen, durch die Übertragung des Unbehagens auf den anderen, indem man ihn anklagt.

Wenn das Unbehagen zu stark ist, überkommt mich die Angst, es könne mich zerstören. Daher versuche ich, meine Empfindung auf den anderen zu projizieren. Ich klage ihn an. »Du bist böse!« *Gewalt ist in Wirklichkeit das Ergebnis einer Verdrängung der Wut, der Unfähigkeit, in sich eine große affektive Last zu tragen.* Sie ist das Ergebnis einer Anhäufung von Gefühlen der Ohnmacht, aber auch der Angst. Selbst wenn sie letztendlich immer der Ausdruck eines Bedürfnisses ist, so kaschiert sie es mehr, als sie es offenbart.

Die Gewalt ist ein letzter Versuch, um eine Botschaft begreiflich zu machen, aber die Botschaft ist in diesem Fall so verschleiert, daß nur wenige sie verstehen. Wer nimmt die Not eines Schülers wahr, der seinen Lehrer tätlich angreift? Wer versteht die Verzweiflung eines Jugendlichen aus der Vorstadt, der die Wände vollsprüht und reiche Leute überfällt? Und doch versuchen beide, die Aufmerksamkeit auf das zu lenken, was sie erleben. Sie tun kund, daß ihr Alltag unerträglich ist. Wer schenkt ihnen Gehör?

Die Reaktion der Projektion ist ein primitiver Verteidigungsmechanismus. »Du bist böse« – dieser Ausdruck zeigt, wie schwer es dem Kind fällt, das Unbehagen der Frustration zu ertragen. Nach und nach wird es ein Kind, das in angemessener Weise Aufmerksamkeit und die Achtung seiner Wünsche und seiner Bedürfnisse erfährt, nicht mehr nötig haben, seine Wut

auf den anderen zu projizieren. Es wird anhand seiner Erlebnisse wissen, daß es wütend sein darf und aus diesem Zustand
auch wieder herausfindet, daß es nicht von seiner Wut zerstört
wird und daß es damit nicht die Bindung zu seinen Eltern zerbricht.

Wenn die Eltern seinen Wutausbrüchen oft keine Beachtung
schenken, dann darum, weil sie diese mit der Dynamik eines
Machtspiels in Verbindung bringen. Sie sehen sich im Wettstreit mit ihrem Kind, und da sie vergessen, daß ihr Gehirn ent-
wickelter ist als das ihres Kindes, sagen sie: »Du hast hier nicht
zu kommandieren« oder »Ich werde mir doch von einem Kind
nicht auf dem Kopf herumtanzen lassen«.

Da sie selbst in ihrer Kindheit nicht das Recht hatten, ihrer Wut
Ausdruck zu verleihen, ist diese noch immer in ihnen, bereit,
zutage zu treten – das erschreckt sie, zumal hinter der Wut das
Leiden des Kindes steht, das sie einmal gewesen sind, das Leiden
darüber, nicht verstanden, gehört, geliebt worden zu sein.

Das Unterdrücken der Wut ihres Kindes hilft ihnen, den
»Deckel« auf ihre eigenen Kindheitsemotionen, auf ihr »inneres« Kind zu halten.

*Die Wut, ein Mittel, mit der Frustration umzugehen, darf nicht
ausgelöscht, sondern muß geäußert werden; man muß sie in sich
spüren, sie durchleben.*

Es gibt also gesunde, nicht gewalttätige, konstruktive Wut
und unangemessene, übertriebene, gewalttätige, zerstörerische
Wut. Der erstgenannten Art der Wut muß Gehör geschenkt, die
zweite Art muß entschlüsselt werden. *Jede Wut muß respektiert
werden, denn immer wird damit ein Bedürfnis aufgezeigt.*

Ein Bedürfnis entschlüsseln

Mein Sohn Adrien hatte im Alter von etwa achtzehn Monaten
seinen heftigsten Wutanfall in einem Zeitungsladen im Bahnhof Montparnasse. Wir waren eben im Begriff, für einige Tage

in die Ferien zu fahren. Es war vierzehn Uhr, Adrien war im Taxi eingeschlafen. Da ich ihn bei unserer Ankunft am Bahnhof geweckt hatte, wurde sein Mittagsschlaf schon nach einer knappen halben Stunde unterbrochen. Weil er sofort von seiner Umgebung in Bann gezogen war, schaute er sich aufmerksam um, ohne in diesem Augenblick Mißbilligung zu äußern. Da wir ein wenig zu früh da waren, gingen wir noch Zeitschriften kaufen.

In dem Laden fiel sein Blick sofort auf eine Tüte Bonbons, die für mein Empfinden zuviel chemische Stoffe enthielten. Da ich sie ihm nicht kaufen wollte, versuchte ich, mit ihm zu verhandeln. Ich schlug ihm alle möglichen anderen Dinge vor: Spielzeugautos und Motorräder, doch vergeblich. Er brüllte, wälzte sich auf dem Boden herum, schlug um sich, wenn ich ihn anfassen wollte, er war »außer sich«. Ich hatte ihn noch nie so erlebt. Was sollte ich tun?

Ihm die Bonbons zu kaufen wäre ein Möglichkeit gewesen; doch sie erschien mir schlechter als alles andere. Erstens war das Zuckerzeug wirklich nicht gesund, aber vor allem war seine Wut so heftig, so unangemessen, daß sie nichts mit den Bonbons zu tun haben konnte. Hätte ich sie ihm geschenkt, so hätte ich seine emotionale Entladung gestoppt. Er brüllte zwar, daß er die Bonbons haben wolle, aber in Wirklichkeit war er äußerst gereizt, weil er nicht genug geschlafen hatte und daher keine Frustration ertragen konnte.

Alle Eltern wissen das: Große Wutanfälle treten auf, wenn das Kind sehr müde ist. Es ist dann nicht mehr in der Lage, auch nur die geringste Frustration hinzunehmen. Es spürt ein unbestimmtes Mißbehagen (seine Müdigkeit) und sucht dafür Gründe. Und es wird den erstbesten ergreifen: Nein, es will kein grünes Auto, es will ein Bonbon, es will mit dem Bär spielen, den seine Schwester im Arm hält, die Suppe schmeckt nicht. Es muß einen Grund finden, auf den es seine Energie konzentrieren und sie damit ableiten kann.

Seine neuronalen Fähigkeiten sind überfordert. Eine kräftigende Entladung ist unausweichlich. Sie ist zweckmäßig, denn das Kind kann seine Erregtheit nicht mehr zügeln.

Es wäre nicht angebracht, das Kind auszuschimpfen – denn es hat gar nicht die Möglichkeit, sich anders zu verhalten. Ein Interpretieren der Krise, indem man zu ihm sagt: »Du bist müde«, würde es als Demütigung erfahren, was nur zur Folge hätte, daß seine Wut noch größer würde. Entdecken Sie sein wahres Bedürfnis, und helfen Sie ihm einfach, es zu befriedigen.

Also habe ich Adrien durch seine Wut hindurchbegleitet, blieb neben ihm, schaute ihn an. Sobald ich konnte, hob ich ihn – seinen Schlägen ausweichend – auf, um ihm zu helfen, wieder Kontrolle über seinen Körper zu gewinnen. Ich sprach mit ihm. Ich entschuldigte mich bei ihm dafür, daß ich eine für ihn so unpassende Stunde gewählt und seine Schlafenszeit nicht respektiert hatte; ich sagte ihm, er sei völlig zu Recht wütend.

Da seine Schwester sich bereits ein Spielzeug ausgesucht hatte, kauften wir für ihn ein kleines Motorrad. Es war in seinem derzeitigen Zustand nicht imstande, eines auszuwählen, aber als wir dann im Zug saßen, fand er es, nachdem er seinen unterbrochenen Mittagsschlaf nachgeholt hatte, großartig. Auf keinen Fall hätte ich gewollt, daß es in dem Moment, wo seine Schwester ihr Geschenk auswickeln würde, heißen würde: »Geschieht dir ganz recht, warum hast du so herumgetobt« – wo er doch zum gegebenen Zeitpunkt gar nicht die physiologischen Fähigkeiten, sich zu beruhigen, besaß!

Lesen Sie aus diesem Beispiel bitte nicht heraus, daß es schädlich ist, der geäußerten Forderung eines Kindes nachzukommen, wenn es wütend ist!

Es kommt vor, daß die Wut des Kindes uns ermöglicht, zu ermessen, wie groß seine Lust oder sein Bedürfnis nach dem ist, was es verlangt. Wir können einen gefaßten Entschluß ändern und ihm geben, was wir zunächst vielleicht verweigert haben. Haben Sie keine Angst, deswegen inkonsequent zu erscheinen.

Sofern das nicht systematisch geschieht, sieht das Kind darin nur, daß seinen Bedürfnissen Aufmerksamkeit geschenkt wird. »Launen« gibt es nur in den Augen der Erwachsenen.

Das Kind initiiert nur selten ein Machtspiel mit seinen Eltern. Wenn wir diese Art Machtspiel in der Therapie entschlüsseln, dann entdeckt der betreffende Elternteil meistens, daß er selbst begonnen hat, sich in dem »Spiel« zu positionieren, indem er ein Begehren des Kindes als ungerechtfertigten Anspruch deutete oder indem er seine Macht gebrauchte, um etwas durchzusetzen. Es ist ganz natürlich, daß das Kind sich dem zu widersetzen versucht, und viele Erwachsene ziehen daraus den Schluß: »Es ›testet‹ mich, es treibt mich bis zum Äußersten.«

Ich glaube, daß ein Kind alles tut, was es kann, um unsere Aufmerksamkeit auf seine Bedürfnisse zu lenken. Es kann diese Dinge nicht immer gut in Worte fassen, es kann nicht immer wirklich begreifen, was in ihm vorgeht. Aber wenn es wütend ist, dann geht etwas in ihm vor.

Unsere Rolle als Erwachsene besteht nicht darin, in autoritärer Manier Grenzen zu setzen – wie allzuoft behauptet wird –, sondern die Grenzen zu garantieren. Unsere Rolle ist es, unser viel weiter entwickeltes Gehirn und unsere Intelligenz zu nutzen, um das Bedürfnis des Kindes zu erkennen und ihm zu helfen, seine Energie zu kanalisieren, ihm zu helfen, sein Gefühl für Integrität wiederherzustellen, sich trotz des empfundenen Mangels zu regenerieren oder sich angesichts einer Ungerechtigkeit zu behaupten.

Eine physiologische Reaktion, die begleitet werden muß

Die Wut ist eine physiologische Reaktion des Organismus. Sie äußert sich in einem Adrenalinausstoß, einer Erweiterung der Blutgefäße, einem Zuckerzustrom in den Gliedmaßen. Das kleine Kind, das wütend ist, wird von einer ungeheuren Energiewelle überschwemmt, es stampft mit den Füßen, schlägt die

Hände zusammen und wälzt sich auf dem Boden. Wenn es noch sehr klein ist, sind seine Gesten unkontrolliert; damit es keinen Schaden nimmt, muß es gehalten werden. Um nicht Angst vor seinen eigenen Schreien, seinem Schmerz, seinen Trieben zu bekommen, muß es sich der Liebe eines anwesenden Elternteils sicher fühlen, der seine aggressiven Äußerungen aufnimmt und ihm dafür Zärtlichkeit gibt, womit es ihm die Botschaft vermittelt: »Deine Wut ist nicht gefährlich. Du siehst, sie tut mir nicht weh, ich bin da und liebe dich auch weiterhin.«

Später – und entsprechend der Reifung des Gehirns – durchströmt die Wut noch immer seine Muskeln, aber das Kind kann die wahrhaften Gründe erkennen und sie auch mit Worten benennen. Es vermag seine Impulse in den Rahmen seines Denkens einzuordnen; es steht seiner inneren Erfahrung nicht mehr ohnmächtig gegenüber, denn es hat die Fähigkeit, mit seinem Erlebnis umzugehen, es kann dem, was es empfindet, einen Sinn geben, es geistig verarbeiten. Es ist imstande, in Worten auszudrücken, was es erlebt.

Ich stelle die Hypothese auf, daß ein Kind, das auf die richtige Weise geführt und durch seine Wutausbrüche begleitet wird, später, wenn es selbst Kinder hat, keine unkontrollierbaren Impulse ihnen gegenüber haben wird.

Wir können diese Hypothese anhand von zwei Generationen verifizieren oder widerlegen. Den weitverbreiteten Schwierigkeiten nach zu urteilen, die die Erwachsenen heute haben, auf effiziente, nicht gewaltsame Weise mit ihrer eigenen Wut umzugehen, sollte man entnehmen, daß es Zeit wäre, mit der Wut der Kinder anders zu verfahren!

Das Kleinkind hat also noch nicht die Mittel, seine Affekte zu strukturieren. Diese Fähigkeiten bilden sich erst nach und nach heraus. Und sie werden rasch von Müdigkeit oder einer Anhäufung von Spannnungen außer Kraft gesetzt.

Annas Eltern verstehen ihre Tochter nicht. In der Vorschule scheint alles bestens zu laufen – das Mädchen ist fröhlich, konzentriert, interessiert. Doch abends ist sie »unausstehlich«. Sie weint wegen Kleinigkeiten, gerät wegen einer Lappalie in Zorn. Den ganzen Tag über mußte sie sich beherrschen, sich anpassen, auf einem Stuhl sitzen, sich wie eine brave kleine Vorschülerin aufführen. Sie hat Spannungen angesammelt, traut sich aber nicht zu sagen, was sie erlebt hat. Wenn sie dann abends wieder mit ihren Eltern zusammen ist, tobt sie sich aus. Sie »zeigt« ihnen all das, was sie tagsüber nicht zum Ausdruck bringen durfte. Sie gibt alle Anstrengungen, sich zu kontrollieren, auf und läßt sich gehen. Sie kann die Gründe ihrer Unruhe noch nicht erkennen – und sie erst recht nicht in Worte fassen. Sie vertraut ihren Eltern, sie kann das Risiko eingehen, ihnen gegenüber ihre Wut zu zeigen – was sie bei ihrer Lehrerin nicht darf.

Konkreter Ablauf:
– Die Emotion aufnehmen.
Das ist manchmal schwierig, vor allem wenn man in der Öffentlichkeit ist, aber denken Sie daran, daß Sie es für die Zukunft Ihres Kindes tun. Die »Begleitung« eines Wutanfalls dauert höchstens ein paar Minuten.
– Die Emotion akzeptieren, sie eventuell in Worte fassen. Das Herauslassen der Wut unterstützen, indem man sie durch kleine, auf die Umstände abgestimmte Sätze erklärt: »Es stimmt, das ist ungerecht«, »Ich verstehe, daß du wütend bist«, »Es ist schwer, sich damit abzufinden«, »Du bist wütend, weil du wolltest, daß ich dich mitnehme«.
– Für ein kleines Kind: es in die Arme nehmen, den Kontakt aufrechthalten.
Die Wutanfälle eines zweijährigen Kindes können heftig sein und viel Lärm verursachen. Es stößt Sie energisch weg, wenn Sie versuchen, es anzurühren. Doch machen Sie Anstalten, sich zu entfernen, brüllt es noch viel lauter! Es sucht also ganz offensichtlich den Kontakt. Begnügen Sie sich damit, das Kind daran zu hindern, Ihnen wehzutun, und bleiben Sie in aufmerk-

samer Haltung bei ihm. Sobald Sie merken, daß der Höhepunkt der Krise überschritten ist, strecken Sie ihm die Arme entgegen. Es wird Ihnen seine entgegenstrecken. Wenn es noch nicht gewohnt ist, einen Wutanfall auf diese Weise zu beenden, dann nehmen Sie es zärtlich in die Arme, indem sie seinen Schlägen Einhalt gebieten. Nach und nach wird es bereit sein, sich von Ihnen streicheln zu lassen. Auf diese Weise wird es ein Gefühl für Sicherheit verinnerlichen, das ihm ermöglichen wird, die Heftigkeit seiner Wutanfälle zu verringern.

Wut verleiht einem Menschen das Gefühl persönlicher Macht.

Indem das Kind sich auf dem Boden wälzt, zeigt es seine Ohnmacht. Wenn ihm erlaubt wird, seinen Gefühlen Ausdruck zu geben, zu schreien, Lärm zu machen, wird es nach und nach wieder Kontakt zu seiner Macht bekommen.

Wenn das Kind losbrüllt, spürt es, wie es vor Wut zittert. Dies ist für das Kind ein sehr wichtiger Augenblick. Es ist ganz wesentlich, es ohne jedes Werturteil – auch kein bewunderndes! – gewähren zu lassen. Sagt man zu einem Kind: »Na, du hast aber einen ordentlichen Wutanfall«, so wird es dies nicht besser aufnehmen, als wenn man sagte: »Du bist aber böse, wenn du zornig bist« oder: »Hör sofort auf damit«.

Lassen Sie es gut sein, wenn der Wutanfall zu Ende ist. Ein Wutanfall, der verstanden und respektiert worden ist, dauert nicht lange. Es ist nicht zweckmäßig, ihn bei dem Kind wieder neu zu entfachen, falls Sie sehen, daß es sich irgendeiner Beschäftigung zugewendet hat.

Wenn das Kind von Müdigkeit übermannt wird, wird eine sanfte Massage ihm besser helfen, einzuschlafen.

– Wenn das Kind größer ist:
Wenn der Zorn das Kind überwältigt und es sich davon mitreißen läßt, so fordern Sie es auf, in ein anderes Zimmer zu gehen und dort zu schreien; das kann sein eigenes Zimmer oder auch das Wohnzimmer oder Badezimmer sein. In diesem

Zimmer, abgeschieden von den anderen Familienmitgliedern, hört es auf seine Wut, spürt sie in sich, bringt sie durch sein Schreien zum Ausdruck oder auch dadurch, daß es auf Kissen einschlägt, bis wieder Ruhe in ihm eingekehrt ist.

Das hat nichts mit der in autoritärem oder aufgebrachtem Tonfall gemachten Äußerung »Geh in dein Zimmer« zu tun. Das ist kein Abschieben, sondern zeigt, ganz im Gegenteil, daß Sie diese Emotion respektieren, die sich ausdrücken muß. Hierbei handelt es sich durchaus nicht um eine Bestrafung, sondern um eine Technik, die für alle in einer Familie gelten sollte. Sie selbst können dem Kind dabei als Beispiel dienen: Gehen Sie in Ihr Zimmer (oder ins Badezimmer), wenn Sie schreien wollen. In manchen Familien gibt es ein eigens für diesen Zweck vorbehaltenes Zimmer, das mit einem Punchingball oder einem Haufen Kissen ausgestattet ist. Im günstigsten Fall ist es ein schallisolierter Raum, in dem man seinen Emotionen freien Lauf lassen, sich Zeit für sich selbst nehmen, nachdenken, meditieren und sich zentrieren kann.

Sobald das Kind dieses Zimmer verläßt, nimmt es seinen Platz im Ablauf des Familienlebens wieder ein. Wenn seine Wut sich auf ein Mitglied der Familie bezog, so ist es jetzt wieder imstande, eine deutliche Bitte zu äußern. Wenn seine Wut einen anderen Grund hatte, wenn sie übertrieben oder unangebracht war, dann wird es sie nun wieder zurechtrücken.

Wann ist ein Kind groß genug für diese Technik? Manche Kinder sind bereits mit drei Jahren reif dafür; in jedem Fall muß das Kind fähig sein, von sich selbst Abstand zu nehmen, richtig zu sprechen und seine Gedanken gut zu strukturieren. Es kann nur dazu bereit sein, wenn es dafür vorbereitet – das heißt, lange und intensiv in liebevollen Armen gehalten wurde, wodurch es lernen konnte, sich zu beherrschen.

Wenn Sie nicht genug Raum in Ihrer Wohnung haben, können Sie auch mit einem »Wutkissen« arbeiten. Das sollte ein Kissen sein, das einzig dem Ausdruck der Wut vorbehalten ist. Es ist nicht zum Draufsitzen da. Es ist das Kissen, auf das man einschlägt, das man beschimpft, das man energisch gegen die Wand wirft.

Wenn Spannungen in der Familie oder zu viele Konflikte zwischen den Kindern herrschen, kann man auch einmal eine Kissenschlacht veranstalten. Nachdem alles Zerbrechliche zuvor weggeräumt wurde, stellen sich Eltern und Kinder in zwei Mannschaften voreinander auf – und bewerfen sich mit kleinen Kissen! Das setzt Energie frei, und an die Stelle der Wut wird bald Lachen und ein neues Einverständnis treten.

Wenn die Eltern wütend sind

Als ich eines Tages ungeheuer aufgebracht war, platzte mir der Kragen. Ich schüttelte Margot und brüllte sie an. Sie weinte, dann wurde sie wütend: »Dazu hast du kein Recht, Mama.«

Ich hielt sofort inne. Es stimmte, ich hatte kein Recht, sie so zu schütteln und ihr Angst zu machen. Ich war zwar genervt, aber das war kein Grund, um sie zu verletzen.

Ich hörte meiner Tochter zu. Meine Wut verrauchte, ich entschuldigte mich und nahm Margot in die Arme, um sie zu beruhigen.

Bei einer anderen Gelegenheit sagte ich – ich weiß nicht mehr, aus welchem Grund – grob zu ihr: »Was bist du nervtötend!«

Sie schaute mich an und konterte: »Du hast kein Recht, mir das zu sagen.« »Stimmt, mein Schatz.« Ich setzte mich neben sie und fuhr fort: »Ich habe nicht das Recht, verletzende Worte zu dir zu sagen. Ich habe es getan, weil ich überfordert, weil ich außer Fassung war. Ich hätte sagen müssen: ›Ich bin stocksauer‹. Wenn ich zu dir sage, daß du nervtötend bist, dann verletze ich dich. Verzeih mir.«

Niemand ist vollkommen, und wir haben es uns so sehr zur Gewohnheit gemacht, unsere persönlichen Schwierigkeiten auf andere zu projizieren, daß es illusorisch ist, sich vorzustellen, wir würden es künftig nie mehr tun. Aber es ist sehr wichtig, daß ein Kind die Erlaubnis erhält, zu fühlen und zu sagen, daß etwas ungerecht ist. Sein gerechter Zorn bringt uns wieder in die Realität zurück; wir machen uns bewußt, was sich in uns abgespielt hat, und können uns entschuldigen. Damit hat das Ganze keine schädlichen Nachwirkungen.

Wenn das Kind nicht widersprechen kann, oder das nicht wagt, wenn es heruntergesetzt, verletzt, gedemütigt und lächerlich gemacht wird, bleibt es in diesem heruntergesetzten, gedemütigten oder lächerlich gemachten Zustand und kann diese Verletzung noch sehr lange in sich tragen.

Wenn man dem Kind Achtung entgegenbringt, so werden es die Beleidigungen, die ihm in dem Augenblick der Erbitterung an den Kopf geworfen werden, nicht automatisch traumatisieren; aber ein einziges ungeschicktes Wort, das zu einer Zeit besonderer Empfindlichkeit geäußert wurde, kann auf Jahre hinaus Spuren hinterlassen.

Ein gerechter Zorn, der von sich spricht

Manche Eltern geraten niemals in Zorn, aus Angst, sie könnten ihre Kinder dadurch traumatisieren. Sie leugnen ihre eigenen Bedürfnisse, verdrängen ihre Emotionen. Die größte nachteilige Folge dieser Haltung besteht darin, daß das Kind unbewußt die nicht ausgesprochene Wut seiner Eltern übernimmt und sie an ihrer Stelle äußert, ohne zu wissen, woher sie kommt, da sie nicht »zu ihm gehört«. Diese Kinder können richtige Tyrannen werden, die bei der geringsten Frustration in Wut geraten.

Wir können, ja wir müssen sogar lernen, *ich* zu sagen. Probieren Sie es ein- oder zweimal aus, und Sie werden sehen, was sich in Ihnen abspielt und was sich für das Kind vollzieht.
Sie sind wütend:
1. Fühlen Sie die »Wutenergie« in sich und schweifen Sie nicht ab, indem Sie innerlich Gedanken formulieren. Bleiben Sie ganz bei der körperlichen Empfindung, und lassen Sie keine Gedanken aufkommen.

2. Machen Sie den wahren Grund für Ihre Wut ausfindig. Das Verhalten Ihres Kindes ist ein Auslöser, aber was ist die Ursache dafür? Fühlen Sie sich hilflos? Haben Sie Angst vor dem Blick der Lehrerin Ihres Sohnes oder vor Ihrem Chef, wenn Sie zu spät in die Schule und dann zu Ihrer Arbeit kommen? Sie haben es satt, die ganze Hausarbeit allein zu machen, wohingegen Ihr Mann es nicht eilig hat, aus dem Büro nach Hause zu kommen? Ihre Mutter hat sie schon wieder angerufen und über ihre Einsamkeit oder ihre Krampfadern gejammert? Sind Sie erschöpft und würden sich gerne das Tennisspiel im Fernsehen anschauen?

Entweder bringt das Sichbewußtmachen der Ursache Ihren Zorn augenblicklich zum Erlöschen (erklären Sie dem Kind in diesem Fall, was sich in Ihnen abgespielt hat, es wird dadurch lernen, ebenso zu verfahren), oder die Wut arbeitet weiterhin in Ihnen, und

a) sie bezieht sich gar nicht auf Ihr Kind, dann gehen Sie zu Punkt 3 über,

b) sie richtet sich direkt gegen Ihr Kind, dann nehmen Sie sich Punkt 4 vor.

3. Teilen Sie Ihrem Kind mit, worüber Sie wütend sind. Sagen Sie ihm den wahren Grund, haben Sie keine Angst, das Ansehen Ihres Lebensgefährten, Ihrer Mutter, Ihres Vater oder Ihrer Schwiegermutter zu beschädigen. Schützen Sie lieber das Bild, das das Kind von sich selbst hat, indem Sie vermeiden, ihm etwas zuzuschreiben, was gar nichts mit ihm zu tun hat. Sagen Sie Ihrem Kind, daß Sie ein paar Minuten allein sein müssen, um sich von Ihrem Zorn zu befreien; gehen Sie in ein anderes Zimmer, notfalls auf die Toilette, und schreien Sie! Auch das Kind sollte bei »Bedarf« in diesen Raum gehen. Setzen Sie sich vor Ihr »Wutkissen«. Stellen Sie sich die Person vor, deren Verhalten Sie quält. Schreien Sie, weinen Sie, sprechen Sie zu ihr, als wäre sie da, schlagen Sie, wenn Sie wollen, auf das Kissen ein, um Ihre Spannung loszuwerden.

Es ist sehr angenehm und vor allem befreiend zu schreien, seinen Empfindungen lauthals Ausdruck zu verleihen – vorausgesetzt, man tut es bewußt und wird nicht von einem unkontrollierten Impuls überwältigt.

Sobald Sie sich leichter fühlen, sollten Sie sich die Zeit nehmen, darüber zu sprechen:

»Was hast du empfunden, als ich geschrien habe? Hast du Angst gehabt? Ja, das macht Angst, wenn jemand schreit. Aber du wußtest, daß es nichts mit dir zu tun hatte, nicht wahr? Was, glaubst du, hat mich dazu veranlaßt zu schreien?«

Das Äußern der Wut ist eine wichtige Lehre für das Kind. Berichtigen Sie es, wenn es sich in seiner Interpretation irrt. Falls es sagt: »Du hast geschrien, weil ich das Glas umgestoßen habe«, dann antworten Sie wahrheitsgemäß: »Nein. Ich bin zwar in diesem Augenblick in Wut geraten, aber dieses umgestoßene Glas war nur ein kleines zusätzliches Ärgernis mehr. Ich war schon genervt, weil der Bankbeamte uns keinen Kredit geben wollte. Jeder stößt einmal ein Glas um, das ist nicht schlimm. Und du kannst nichts dafür, wenn der Bankbeamte uns kein Geld leihen will.«

4. Sie sind wirklich wütend auf Ihr Kind. Sie wollen, daß es ein bestimmtes Verhalten, das Ihren Bedürfnissen zuwiderläuft, ändert. Vergessen Sie nicht, daß auch hier Ihre eigene Haltung für das Kind ein bewußtes und unbewußtes Vorbild ist. Achten Sie besonders darauf, daß Sie Ihre Bedürfnisse formulieren, ohne sich in Anschuldigungen zu ergehen. Im folgenden die Struktur eines Mustersatzes:

Wenn du … *(genaue Verhaltensweise des anderen)*
so fühle ich … *(meine Emotion, meine Empfindung)*
weil ich … *(mein Bedürfnis),*
und ich verlange von dir, daß du … *(genauer Wunsch nach einer sofortigen Verhaltensänderung, die mir ermöglicht, die Beziehung zum andern wiederherzustellen)*
damit ich … *(Motivation für den andern)*

Das hört sich zum Beispiel so an:
Wenn du mich bittest, Spaghetti zu kochen, ich sie dir daraufhin zubereite und du sie dann nicht ißt,
so empfinde ich Wut,
weil ich für dich koche und das Gefühl haben muß, daß ich
damit etwas Sinnvolles tue;
und ich bitte dich zu verstehen, was in mir vorgeht, wenn ich
etwas für dich tue und du es dann gar nicht willst,
damit ich auch weiterhin Lust habe, das zu tun, um was du
mich bittest.

Wenn du deine schmutzige Unterhose auf dem Boden herum-
liegen läßt,
bin ich wütend,
weil ich es leid bin, deine Sachen aufzuheben; ich möchte lieber andere, schönere Dinge mit dir tun, als mich um deine
Schmutzwäsche zu kümmern;
und ich bitte dich, meine Gefühle zu respektieren und deine
Unterhose in den Korb für die schmutzige Wäsche zu legen,
damit ich mich gut mit dir fühle und wir lustvoll zusammen
spielen können.

Trotz seiner scheinbaren Einfachheit ist dieser Satz kompliziert
und verlangt das Bewußtsein seiner selbst, aber auch vom
anderen. Zuallererst ist es nicht leicht, das Verhalten des anderen wirklich zu erkennen, ohne sich in Verallgemeinerungen
oder abwertenden Urteilen zu ergehen. Schnell kommen Vorwürfe, wie »Du hörst mir nie zu«, »Du hast ein schlechtes
Benehmen« und »Du bist unerträglich«.
Zudem sind wir so wenig gewohnt, unsere Emotionen in
Worte zu fassen, daß uns oft die Worte fehlen, um ein Empfinden ganz präzise zu beschreiben. Wir können versucht sein,
eine Emotion an die Stelle einer anderen zu setzen. Beispielsweise sagen wir: »Wenn du erst um zwei Uhr morgens nach
Hause kommst, bin ich wütend« anstatt: »Wenn du erst um

zwei Uhr morgens nach Hause kommst, habe ich Angst, daß dir etwas passiert sein könnte.« Wut ist hier nur gerechtfertigt, wenn eine bestimmte Vereinbarung zwischen dem Heranwachsenden und seinen Eltern bestand. Aber wahrscheinlich ist eher die Besorgnis vorherrschend.

Schlimmer noch, es ist äußerst schwierig, sein wahres Bedürfnis zu entdecken und zum Ausdruck zu bringen. Eine annehmbare Bitte zu äußern, die sich nur auf das Jetzt bezieht, ohne die Zukunft und irgendwelche Versprechen ins Spiel zu bringen, ist gar nicht so einfach.

Schließlich ist es eine Kunst, bei sich selbst die Folgen des frustrierenden oder verletzenden Verhaltens für die Beziehung wahrzunehmen und sich genügend auf den anderen einzulassen, um ihn motivieren zu können, unsere Bitte zu erfüllen. Dieses »damit ich« kann wie eine Erpressung wirken, doch ist es in Wirklichkeit nur die Antwort auf die Frage: »Was wird sich dadurch für mich und für unsere Beziehung ändern, wenn der andere meiner Bitte nachkommt?« Es ist wichtig, daß auch der andere einen Nutzen davon hat, denn warum sollte er sonst bereit sein, eine seiner Verhaltensweisen zu ändern?

Das heißt, die ersten drei Redewendungen sind häufig ausreichend: Wenn du …, so fühle ich …, weil ich …

»Wenn du deinen Bruder schlägst, bin ich wütend, weil ich nicht mag, daß jemandem ein Leid zugefügt wird!«

»Wenn du mit schmutzigen Schuhen in Haus kommst, bin ich wütend, weil ich eben geputzt habe!«

Die Forderung, die mit diesem Satz einhergeht, hindert uns daran, unsere Macht zu überschreiten. Sie konfrontiert uns mit unseren Grenzen. Denn wie sollten wir Feststellungen begründen, die beispielsweise so lauten:

»Wenn du dich weigerst, mir zu gehorchen, bin ich wütend, weil ich – nun, weil ich das Bedürfnis habe, mich stärker als du zu fühlen« oder »Mein Sohn, wenn du Ohrringe trägst, bin ich wütend, weil ich – Angst vor dem habe, was die Leute denken könnten«?

Ich kann meine Wut nur zu etwas äußern, das mich angeht. Ansonsten handelt es sich um den Wunsch, andere zu kontrollieren.

All das verlangt Übung. Daher sollten wir es unseren Kindern nicht allzu sehr übelnehmen, wenn sie zu uns sagen: »Du bist gemein«. Denn wenn man ihre Aussage entschlüsselt, so lautet sie:

»Wenn du von mir verlangst, ich soll den Fernseher ausschalten, dann bin ich wütend, weil ich Lust hatte, diesen Film anzuschauen.«

Bringen wir ihnen also bei, ihre Wut in Worte zu fassen.

Ein paar Tricks, wie man in dem Augenblick, wo man losschlagen möchte, Gewalt vermeiden kann

- Atmen Sie tief ein, um wieder zu sich zu kommen und nicht »außer sich« zu geraten.
- Wie Sie wissen, haben Sie das Recht, den *Drang* zu verspüren, Ihr Kind zu schlagen, aber Sie haben kein Recht, dies auch wirklich zu tun. Ihr innerer Drang sagt Ihnen: »Ich habe Lust, ihm mit einem Hammer den Schädel einzuschlagen«. (Stellen Sie sich das eventuell sogar bildlich vor.)
Sie können es Ihrem Kind gegenüber in Worte fassen: »Ich habe Lust, dich zu schlagen. Ich werde es nicht tun, weil ich dir nicht wehtun will. Ich habe nicht das Recht, dich zu schlagen, aber ich habe das Recht, den Drang dazu zu verspüren.«
- Finden Sie Ihr Bedürfnis heraus. Geben Sie sich selbst die Möglichkeit, es zu befriedigen, jetzt oder später.
- Lassen Sie sich auf das Kind ein, und machen Sie sich klar, was sich in ihm abspielt, welche Bedürfnisse es hat, und eventuell auch, was sein Verhalten verursacht hat.
- Vergegenwärtigen Sie sich, wie sie selbst im gleichen Alter waren, und machen Sie sich bewußt, was für Empfindungen Sie damals hatten.

- Denken Sie daran, wieviel Liebe Sie für Ihr Kind empfinden. Stellen Sie sich Glücksmomente vor, die Sie mit ihm erlebt haben: beispielsweise seine Geburt, Ihr Entzücken, als es seine ersten Schritte machte, die Freude, als es Ihnen ein Geschenk machte.
- Sprechen Sie sich bei Ihrem Lebensgefährten aus! Wenn Sie Ihr Kind allein erziehen, dann rufen Sie einen Freund oder eine Freundin an, um den Druck, den Sie in sich haben, ein wenig zu lindern.

Ist das Kind jähzornig?

Eine Mutter bringt ihren Sohn zu mir. Stephan ist in der dritten Grundschulklasse. In der Schule verhält er sich aggressiv, gibt den Lehrern freche Antworten; Eltern beschweren sich über ihn, weil er ihre Kinder verprügelt.

Meine Analyse? Eines seiner Bedürfnisse wird nicht befriedigt. Hinter jeder Verhaltensweise steht eine positive Absicht. Stephan versucht, etwas mitzuteilen – wahrscheinlich irgendein Defizit, eine Enttäuschung, eine ungerechte Behandlung.

Nach einem kurzen Gespräch kommt zuallererst einmal heraus, daß Stephan sich im Unterricht furchtbar langweilt. Er hat überall nur Einser!

Warum sollte er, ohne aufzumucken, bereit sein, stundenlang dazusitzen und einem Unterricht zuzuhören, der seinem geistigen Niveau nicht entspricht? Ihm hört niemand zu, und niemand achtet auf seine Bedürfnissse! Daher kommt es zu einer Anhäufung von Spannungen, für die er einen Ausweg finden muß. Er hätte auch in eine Depression verfallen oder eine Lernblockade entwickeln – das heißt, sich für die Selbstzerstörung entscheiden – können; doch er hat sich (unbewußt) entschlossen, seine destruktiven Impulse nach außen zu lenken.

Stephan hat einen um drei Jahre älteren Bruder, der ihn in

seine Spiele einbezieht. Der jüngere Bruder wird von den Freunden des älteren akzeptiert; sie holen ihn zum Spielen ab, auch wenn der große Bruder einmal nicht da ist. Mit ihnen prügelt er sich niemals.

Stephan verhält sich mit den Freunden seines Bruders wie ein »Großer«. Unter seinen Klassenkameraden hingegen fühlt er sich »klein«. Natürlich fühlt sich niemand gerne klein. Stephan langweilt sich nicht nur, sondern ist auch noch gezwungen, mit einer Gruppe von Kindern zusammenzusein, die ihn zur Regression nötigen. Dafür haßt er sie.

Warum ist Stephan so schnell reif geworden? Was hat ihn dazu gebracht, seine Intelligenz so stark zu entfalten, der Klassenbeste zu werden und sich damit seinem großen Bruder anzunähern?

Stephan hat seinen Vater schon seit mehreren Jahren nicht mehr gesehen. Da ihm dieser fehlt, fungiert sein Bruder als Ersatz. An ihm orientiert er sich. Den Kindern seines Alters wirft er vor, daß sie keine Väter sind – und vermutlich auch, daß sie selbst Väter haben! Hinter Aggressivität verbirgt sich immer ein Manko.

Endlich hat der Vater ihn dann doch einmal angerufen. Er wohnt sehr weit entfernt. Aber Stephan weiß nun, daß er ihn in den Ferien wiedersehen wird. Dieser Telefonanruf hatte eine sofortige Wirkung: Der Junge verhält sich nun viel weniger aggressiv, denn er fühlt sich innerlich sicherer; er weiß, daß sein Vater ihn liebt.

Leider rufen viele getrennt lebende Väter ihre Kinder nach ihrem Auszug oft kaum mehr an, ja zuweilen verschwinden sie vollkommen aus ihrem Leben. Die Kinder leiden oft sehr darunter. Um sich nicht selbst zu zerstören – indem sie sich abwerten oder in Depressionen verfallen – und ihre aggressiven Triebe auch nicht auf andere projizieren zu müssen, ist es ihnen ein Bedürfnis, ihren Mangel, ihre Gefühle der Angst, der Wut, der Trauer, ja vielleicht auch der Schuld in Worte zu fassen. Es ist nötig, daß sie in den Armen eines Menschen ihrer Verzweiflung

Ausdruck verleihen können, damit sie imstande sind, sich nach und nach mit diesem Verlust abzufinden.

Wenn Aggressivität unmotiviert und grundlos zu sein scheint, muß man die Ursache in weiter zurückliegenden Begebenheiten suchen.

Der »Erdschein« auf dem Mond[2]

Philipp und Katharina bringen ihren Sohn zu mir. Fulbert ist zwei Jahre alt, also im »Trotzalter«, aber auch darüber hinaus muß man sagen, daß er außergewöhnlich jähzornig ist. Er hat mehrmals am Tag Wutanfälle, die manchmal länger als eine Stunde dauern; seine Eltern sind nervlich am Ende und haben beschlossen, mich zu Rate zu ziehen.

Als ich einige Fragen über Fulberts Geschichte und die seiner Eltern – insbesondere über die Bedingungen seiner Geburt – stelle, erfahre ich, daß die Mutter von Katharina starb, während ihre Tochter schwanger war. Als ich noch weiterforsche, wird offensichtlich, daß sie die Trauer darüber noch nicht abgeschlossen hat. Der Tod ihrer Mutter stürzte sie in eine schreckliche Verzweiflung. Ihre Mutter war gestorben, ohne jemals eine richtige Mutter gewesen zu sein. Katharina konnte sich nie im Zorn gegen sie auflehnen und daher auch nie in die Phase der Revolte eintreten, die die Trauerarbeit darstellt. Sie hat ihre Wut und ihre Verzweiflung unterdrückt und verdrängt.

Wie alle kleinen Kinder, die ihre Mutter lieben und nicht ertragen können, daß sie leidet, hat Fulbert ihre unausgesprochenen Emotionen übernommen. Kinder sind nämlich wie Schwämme: Sie saugen Wut, Angst, Trauer und die nichtausgedrückten Spannungen ihrer Eltern geradezu auf. Wenn sie nicht über die Ursache ihrer Empfindungen in Kenntnis gesetzt werden, machen sie irgend etwas in ihrer Umgebung dafür verantwortlich und geraten wegen »Nichtigkeiten« in Wut. Wegen Nichtigkeiten? Nein, um die Spannung von etwas Nichtausgesprochenem, einer von seinen Eltern nicht anerkannten, nicht akzeptierten Emotion loszuwerden.

Katharina hat mit ihrem Sohn gesprochen. Sie hat ihm klar und deutlich erklärt, was sie damals beim Tod ihrer Mutter empfunden hatte, und daß er sich möglicherweise verantwortlich für ihre verdrängten Emotionen fühle. Vor allem sagte sie zu ihm: »Du mußt meine Wut und meine Emotionen nicht übernehmen. Das werde ich selbst tun.« Fulbert hat ihr zugehört. Seine unkontrollierbaren und nicht endenwollenden Wutanfälle haben zur Verblüffung, aber auch zur Erleichterung aller aufgehört.

Katharina hat beschlossen, sich in einer Therapie von ihrer Mutter zu lösen. Ihre Wut, ihre Enttäuschungen und ihr Leiden hat sie auf Kissen abreagiert. Sie hat sich die Wirklichkeit ihrer Eltern vor Augen gehalten, sich selbst anders sehen gelernt und innerlich wieder regeneriert. Fulbert, befreit von der Bürde des Unbewußten seiner Mutter, konnte von da an seine eigenen Wutgefühle äußern.

Die Wutanfälle sind zahlreich, scheinen übertrieben und grundlos?
Dann handelt es sich um:
– eine Anhäufung von Spannungen
– verlagerte Wut
– den Ausdruck von unbewußter Wut oder eines unausgesprochenen Problems von Mutter oder Vater
– um eine andere Emotion (Angst oder Traurigkeit), die sich hinter dem Anschein von Wut versteckt, weil der Ausdruck der wahren Emotion unmöglich oder verboten ist: »Du bist doch ein großer Junge«, »Nur Mädchen weinen«, »Du wirst doch keine Angst haben!« usw.

Die geeignete Reaktion auf Wut besteht im aufmerksamen Zuhören, in Achtung und Sympathie.

6. Die Freude

Sonntag, der 11. Juli 1998, 20.37 Uhr: Ganz Frankreich bricht in einen Freudentaumel aus. »Wir haben gewonnen!« Die französische Mannschaft ist Weltmeister. Auf dem Fußballplatz küssen sich die Spieler überschwenglich, liegen sich in den Armen, gratulieren einander und umringen begeistert den Spieler, der das letzte Tor geschossen hat. Im ganzen Land gehen die Leute auf die Straße. Die Champs-Élysées sind schwarz vor Menschen. Alle singen, brüllen, springen in die Höhe, tanzen, umarmen sich, schwenken Fahnen, feiern das Ereignis mit Champagner oder Bier. Freude erlebt man gemeinsam, man teilt sie mit anderen.

Freude ist die Emotion, die mit Erfolg und Liebe einhergeht. Sie ist mitteilsam, sie will umarmen. Vielleicht ist sie deshalb so verdächtig?

Die Fähigkeit zur Freude ist ein wichtiger Aspekt der emotionalen Intelligenz – und des Glücks.

Kann man lernen, sich seines Lebens zu freuen?

Roland, vierzig Jahre alt, kommt mit seinem Leben nicht zurecht. Er ist deprimiert, hat alles satt. Es fällt ihm schwer, Entscheidungen zu treffen, ja, auch nur das Haus zu verlassen. Er lacht selten, kann sich nicht mehr freuen. Er erzählt mir von sich, davon, daß sein Vater ihn unaufhörlich kritisierte und seine Mutter ihn überbehütete – und vom Tod seines Bruders Patrick. Patrick war ein Jahr älter als er. Er starb im Alter von neunzehn Jahren. Damals konnte er diesen Tod gar nicht verarbeiten. Wie kann man mit neunzehn Jahren sterben? Das ist doch unfaßbar. Sein Leben ging weiter, ohne daß Roland bewußt geworden wäre, daß ein Teil seiner selbst zurückblieb. Er hat noch immer keine Trauerarbeit geleistet – ein fast unmögliches Unterfangen, weil damit zu viele Dinge, die ihn selbst betreffen, in Frage gestellt werden müßten. Seine Eltern behandelten die beiden Jungen wie Zwillinge. Seit dem Tag, an dem Patrick starb, wurde in der Familie nie mehr gelacht. »Wie kannst du lachen, wo dein Bruder tot ist?« hieß es dann sofort. Roland begriff bald, daß ihm von nun an jede Freude, jede Form von Lebendigkeit untersagt war.

Wie Roland machen viele Menschen eine Psychotherapie, um wieder Lust am Leben zu bekommen. In ihrem Alltag gibt es keine Freude.

Was kann man tun, damit ein Kind seine natürliche Fähigkeit zur Freude behält? Zuallererst einmal darauf achten, daß sie nicht unterdrückt wird – so wie die Eltern von Roland es taten. Außerdem sollte man sein eigenes Leben so einrichten, daß man so glücklich wie möglich ist, Liebe gibt und sich selbst verwirklicht.

Wenn Kinder die Trauer, die Frustrationen und die Gefühle der Unzufriedenheit von ihren Eltern übernehmen müssen, steht es ihnen nicht frei, glücklich zu sein.

Ich begegne allzu vielen Kindern, die nicht älter als zwölf Jahre sind und sich nicht mehr recht am Leben erfreuen. Ihre Eltern sind oft nicht zu Hause, erschöpft von ihrer Arbeit, im Alltag gestreßt. Wozu leben, wenn es keine Liebe und keine Freude um einen herum gibt?

Durch die Fußballweltmeisterschaft des Jahres 1998 haben die Franzosen die Freude wiederentdeckt. Umfragen ergaben, daß sich die seelische Verfassung vieler Franzosen in den Wochen nach dem siegreichen Finale deutlich gebessert hatte, und das, obwohl im Alltag der meisten Menschen keine großen Veränderungen stattgefunden hatten, außer eben in ihrer Art und Weise, ihr Leben anzugehen.

Eltern haben die Pflicht, glücklich zu sein und auf ihr Kind die Lust am Leben zu übertragen oder sie zumindest nicht zu beeinträchtigen. Man kann beschließen, glücklich zu sein. Es geht nicht darum, etwas vorzuspielen, den ganzen Tag zu lächeln und alle Probleme zu verschweigen, sondern darum, sich mit Mut und Lust der Wirklichkeit zu stellen.

Wie kann man alle Chancen auf seine Seite bringen, um im Leben zu »gewinnen«? Indem man sich eine Beschäftigung sucht, die sinnvoll erscheint, indem man auf die Stimme seines Herzens achtet und nicht auf die angebliche Vernunft, die oft recht unvernünftig ist.

Ist es vernünftig, mit einem Mann verheiratet zu bleiben, den man nicht mehr liebt, und eine Krebskrankheit zu entwickeln, um einer Lage zu entgehen, die unerträglich geworden ist?

Ist es vernünftig, den Betrieb des eigenen Vaters zu übernehmen, obwohl man lieber etwas ganz anderes getan hätte, und dann mit fünfundvierzig Jahren an einem Herzinfarkt zu sterben? Oder auch jahrelang unter furchtbaren Rückenschmerzen zu leiden, weil man eine Bürde trägt, die man nicht ablegen will – und das nur, um die eigenen Eltern nicht in Frage stellen zu müssen?

Alle verdrängten Affekte, emotionalen Verwicklungen und nicht ausgeheilten Verletzungen verhindern den Zugang zur Freude. Setzen Sie die Emotionen frei, sprechen Sie über Ihre Nöte, weinen Sie, schreien Sie Ihre Wut heraus – und es wird wieder Freude in Ihnen entstehen, denn sie gehört zum tiefsten Wesen des Menschen.

Das Leben ist kein langer, ruhiger Fluß, und die Freude entspringt auch nicht der Ruhe. Auch wenn sie uns oft überkommt, wenn wir in Ruhe einen Sonnenuntergang betrachten, so erwächst sie doch aus Anstrengungen, die von Erfolg gekrönt waren, oder stellt sich ein, wenn man einem geliebten Menschen begegnet.

Wie können wir unseren Kindern helfen, ihre Fähigkeit zur Freude zu bewahren? Indem wir sie loben und ermutigen. Anstatt sich darauf zu konzentrieren, was sie schlecht machen, sollten Sie sie beobachten – und dabei überraschen, wenn sie dabei sind, etwas besonders gut zu machen!

Ihr Kind hat es geschafft, ganz allein oben auf den Schrank zu steigen? Bravo!

Das war verboten? Natürlich! Aber nur weil es gefährlich war und Sie nicht wußten, daß Ihr Kind dazu imstande war, ohne sich zu verletzen. Wenn es Ihnen zeigt, daß es das fertiggebracht hat, ohne sich weh zu tun, dann loben Sie Ihr Kind!

Ganz gleich, welche Disziplin es wählt, um sich einmal aus-zuzeichnen – sei es Sport, Musik, Mathematik, Literatur oder eine Wissenschaft –, Sie werden glücklich sein, wenn Sie sehen, daß es etwas wagt und darin Erfolg hat. Ebnen Sie ihm schon heute den Weg für seine Erfolge!

Haben Sie keine Angst, daß es sich auf seinen Lorbeeren auf-ruhen könnte. Das halte ich für unwahrscheinlich! Erfolg macht im allgemeinen Lust weiterzugehen. Lorbeeren sind Ermutigungen zum Weitermachen. Mißerfolg bremst uns, und die Angst vor dem Mißerfolg dämpft unsere Leistungen.

Helfen Sie Ihrem Kind, stolz auf sich selbst zu sein – auch in kleinen Dingen. Worin besteht der Unterschied zwischen dem Menschen, der olympisches Gold gewinnt, und einem anderen? Er besteht in dem Stolz, der Freude, die über den Erfolg emp-funden wird. Der zukünftige Gewinner ist der, der sich auch noch über seine kleinsten Erfolge freut. Wenn unsere Sportstars über ihre Anfänge befragt werden, sprechen sie über ihre Erin-nerungen:

»Als ich ganz klein war, sprang ich zwei Treppenstufen auf einmal hinunter. Ich sagte mir: ›Toll! Und jetzt drei Stufen. Ja – hervorragend. Und nun vier!‹«

Und so weiter. Mit dem Erfolg geht die Motivation für eine

neue Herausforderung einher. Menschen, die dieses Gefühl des Stolzes nicht haben, die ihre Leistungen herunterspielen (»das ist doch einfach …«), besitzen nicht den Antrieb, beharrlich weiterzumachen.

Den Leidenskult überwinden

Lernen und über sich hinauswachsen – sei es auf körperlichem oder intellektuellem Gebiet – ist immer ein Anlaß zu Freude. Der Mensch ist von Natur aus neugierig. Der Hunger zu lernen ist echt; es handelt sich hierbei um ein tatsächliches Bedürfnis nach Wissen, Verständnis und Sinn.

Aber wir haben auch gelernt, daß Neugier ein schlimmer Fehler ist! Wir haben gelernt, daß Lernen grundsätzlich langweilig und mit mühsamer Arbeit und Leiden verbunden ist.

Und doch zeigen alle Untersuchungen, daß man unter Zwang viel schlechter lernt, als wenn man es lustvoll tut; man arbeitet auch weniger gut, wenn man dabei unbeweglich dasitzt, als wenn man entspannt ist und den Kopf nicht nach unten beugt.

Das Kind ist sehr glücklich in der Schule? Gleich befürchten seine Eltern, es würde nicht ernsthaft arbeiten. Und doch werden die wirksamsten Lernmethoden mit Hilfe von Spielen oder Rollenspielen vermittelt. Der einzige Fehler dieser Methoden? Sie erscheinen Eltern und sogar manchen Lehrern zu spielerisch und damit ineffizient!

Natürlich wird das Kind in Lauf seines Lebens Härten und schwierige Zeiten erleben. Doch was es für eine schwierige Phase wirklich rüstet, ist nicht die Fähigkeit, sich zu unterwerfen und sich Zwang anzutun – wie es uns manche Leute glauben machen wollen –, sondern die Fähigkeit, die Dinge positiv zu sehen, zu lachen, in Kontakt mit seinen inneren Ressourcen zu bleiben und Lösungen zu finden. Wenn heutzutage Clowns in Kinderkrankenhäusern eingesetzt werden, dann ist das kein Zufall. Sie erleichtern das Ertragen des Leidens, entspannen die Atmosphäre durch Lachen und unterstützen den Heilungsprozeß, indem sie die Kinder dazu bringen, zu träumen und Phantasien zu entwickeln.

Die Liebe

Die Freude ist die Emotion, die mit dem Erfolg einhergeht; sie ist auch die Emotion der Liebe, der Begegnung, des Wiedersehens und der menschlichen Beziehungen.

Trauen Sie sich, öfter liebevolle Worte zu sagen:

»Wie schön haben wir es zusammen!«

»Ich bin sehr glücklich, mit euch zu leben.«

»Ich liebe es, mit euch dreien zu frühstücken.«

Wenn ich auf diese Weise meine Freude und mein Glück zum Ausdruck bringe, fühle ich mich noch glücklicher, und ich sehe, daß dies auch der ganzen Familie guttut. Ich spreche einfach laut aus, was ich innerlich zu mir sage. »Es ist schön, glücklich zu sein«, und wir genießen gemeinsam dieses Glück, das uns in diesem Moment beschieden ist.

Wenn man zu sehr vom Wäschewaschen, Geschirrspülen, Staubsaugen, Flicken – eben seinen täglichen Haushaltspflichten – in Anspruch genommen ist, dann vergißt man diese tägliche Notwendigkeit, dieses Minimum an »Beziehungshygiene« – wie Jacques Salomé es ausdrückt. *Aber emotionale »Staubkörner« können sich anhäufen; sie bilden große Staubflocken in den Herzen und lösen, ebenso wie die echten Milben, Allergien aus.*

Wie schön ist es, sich ohne irgendein »Programm« mit seinen Kindern hinzusetzen (oder auch mit ihnen zu laufen) – und einfach nur zu spüren, wie das Leben in einem pulsiert.

Manchmal bringt mich das Verhalten meiner Kinder zur Verzweiflung; ich habe zu arbeiten und möchte deshalb, daß sie schnell einschlafen; ich bin versucht, bei der kleinsten Bitte von ihnen aus der Haut zu fahren. Dann atme ich tief durch, schaue sie an und sage mir: »Sie sind jetzt vier und zwei Jahre alt. Sie werden größer werden; sie werden nie mehr vier und zwei Jahre alt sein. Genieße diese Zeit!«

Und das Herz geht mir über. Ich schaue sie an – und ich liebe sie. Meine Gereiztheit ist verschwunden, weil sie in diesem Augenblick wichtiger für mich sind als die Manuskripte, die auf dem Schreibtisch auf mich warten. Wenn ich einmal sehr alt bin, werde ich auf meine Vergangenheit zurückblicken, und ich will nicht zu spät begreifen müssen, daß ich mir nicht die Zeit genommen habe, sie aufwachsen zu sehen. Also sehe ich zu, wie sie wachsen, und mein Herz erfüllt sich mit Freude darüber, daß wir zusammen leben.

Spielen, schreien und lachen

»Hört auf zu schreien! Seid still! Macht nicht so viel Lärm! Was soll das Theater?«

Allzuoft bremsen die Erwachsenen die Fröhlichkeit ihrer ausgelassenen Sprößlinge. Warum eigentlich? Wenn die Kinder dann groß sind, wenn sie das Haus verlassen haben, trauern die Eltern nicht selten der Zeit nach, wo fröhliches Lachen, wildes Herumgerenne auf den Treppen und Freudenschreie durch die Wohnung schallten.

Ein Kind muß sich unbeschwert fühlen, damit es sich frei genug fühlen kann, ein eigenes Leben zu führen und sich zu entfalten. Wie sollte es auch Lust haben, in einer traurigen Welt aufzuwachsen? Warum sollte es Lust haben, ein ewig ernster Erwachsener zu werden, der nicht einmal mehr spielen und lachen kann?

Freunde haben mich zu sich eingeladen, und ich bringe Adrien und Margot ins Kinderzimmer; einen Augenblick später sitze ich auf dem Teppichboden und mache »brumm, brumm« mit dem kleinen Flugzeug. Es gibt hier phantastische Spielsachen. Ich entdecke eine Menge Neues, äußere lautstark meine Bewunderung, probiere jedes Spielzeug aus und lasse es rollen oder fliegen. Ich habe richtigen Spaß dabei. Ein kleiner sechsjähriger Junge schaut mir ganz erstaunt zu. Es fällt ihm sehr schwer, nicht »Sie« zu mir zu sagen und mich bei meinem Vornamen zu nennen. Nach einer Weile bricht es aus ihm heraus: »Du spielst? Aber Sie sind doch erwachsen! Erwachsene spielen doch nicht!« »Doch, wie du siehst. Es gibt Erwachsene, die spielen. Ich selbst spiele gern.« »Mein Vater und meine Mutter spielen nie.«

Wie schade! Spielen heißt, zur Welt der Kinder Zugang zu finden, heißt, mit ihnen ins Land der Phantasie zu reisen, ihnen auf ihrem eigenen Terrain zu begegnen.

Manche Menschen behaupten, das entspräche nicht mehr ihrem Alter. In Wirklichkeit fühlen sie sich lächerlich und verletzbar, wenn sie spielen. Sie widerstehen der Versuchung zur Regression, denn die würde sie mit der Phantasie ihrer Kinder, mit ihrer eigenen Vergangenheit, mit ihren Emotionen konfrontieren, die sie als kleiner Junge oder kleines Mädchen hatten. Wenn sie spielen würden, wenn sie es wagen würden, sich auf die Welt der Kinder einzulassen, sich auf den Boden zu setzen und mit ihnen herumzulärmen – liefen sie Gefahr, mit dem ungeheuren Leiden in Berührung zu kommen, das in ihnen ist. Denn damit würde die Verzweiflung über all das, was sie so schmerzlich vermißten, wieder in ihnen erwachen. Ihre eigenen Eltern haben nie mit ihnen gespielt, ja vielleicht hatten sie nicht einmal selbst das Recht zu spielen, zu lachen, schreiend herumzurennen und Krach zu machen. Vielleicht hat es ihnen so sehr an Zärtlichkeit gefehlt, daß sie noch heute nicht imstande sind, eine Puppe oder einen Teddybären in den Arm zu nehmen und ihn zu streicheln.

Wir müssen die Verletzungen aus unserer Kindheit überwinden, um wieder zu lernen, mit den Kindern zu spielen, müssen uns erlauben, die Kontrolle aufzugeben, uns die Freiheit wieder nehmen zu lachen, uns im Phantasievollen zu bewegen und auf dem Boden herumzurollen.

Lachen ist nicht nur ein Vergnügen, es ist auch ein Reflex kör-

perlicher und physischer Gesundheit. Lachen löst die Spannungen des Zwerchfells. Es ist eine hervorragende Entspannungsübung. Eine gute Dosis Lachen kann viele Tränen vermeiden. Machen Sie Versteckspiele und Kissenschlachten – die werden Heiterkeit ins Familienleben bringen.

Das Kind lebt in erster Linie in seiner Beziehung zum anderen, und seine Freude entspringt der Gemeinsamkeit; es ist die Freude, mit jemandem zusammen zu sein. Das Kind lacht über die Gemeinsamkeit, über die Begegnung mit dem anderen. Daraus resultiert der große Erfolg von Spielen, in denen einer verschwindet und dann wieder auftaucht.

Ein Kleinkind kann *mit* dem anderen lachen, es kennt noch nicht das Lachen *über* jemanden. Letzteres schafft Distanz. Es entspringt nicht mehr der Freude, sondern einem Machtgefühl, weil die Freude über die Vertrautheit nicht mehr darin ist. Wenn man *über* jemanden lacht, schließt man sich zusammen, indem man eine dritte Person abwertet. Spott kommt aus einem Gefühl der Minderwertigkeit, also aus einem Leiden, einer erlittenen Demütigung, die mit Hilfe eines Überlegenheitsgefühls Rache und Wiedergutmachung sucht. Dieser Machtrausch ist nur scheinbar Freude.

Spott ist ebenso schädlich für das Kind, das ihn äußert, wie für dasjenige, das ihn ertragen muß. Höhnische Worte sind hart und tun ebenso dem weh, an den sie gerichtet sind, wie dem, der sie ausspricht. Die Erwachsenen sollten sich über diese Form der Gewalt mehr Gedanken machen.

Ein Kind lacht mit Ihnen – im körperlichen Kontakt, im Einverständnis, im Gefühl der Zusammengehörigkeit, in der Liebe und Zärtlichkeit.

Ein Kind empfindet rein körperliche Freuden (das Vergnügen, seinen Körper zu erkunden, die Freude, mit Erde, Wasser, Gegenständen herumzuspielen, die Freude über Streicheln und Kitzeln, über das Erleben der eigene Bewegungen) und intellektuellere Freuden (das Vergnügen zu lernen, etwas zu wissen, mitzuteilen, Fragen zu stellen).

Das kleine Kind begeistert sich an der Entdeckung seiner Fähigkeiten. Seine neuen Errungenschaften sind Grund für intensive Freude, für unbändigen Stolz, der es glücklich macht und den man mit ihm teilen sollte.

Die Freude begleiten

Mitteilen, lächeln, lachen, schreien, rufen, küssen, in die Arme nehmen – das sind die Verben der Freude.

Haben Sie keine Angst davor, Lärm zu machen. Äußern Sie Ihre eigenen Freuden lautstark, indem Sie schreien, springen, Ihre Kinder an sich drücken oder sie hochwerfen. Freude, das ist ein körperlicher Austausch.

Wir können auch ästhetische Freuden in den Kindern wecken, sie lehren, die Schönheit zu sehen. Ein Satz, wie »Schau, Mama, der Mond – ist der schön!« klingt rührend aus dem Mund eines kleinen Kindes.

Sprechen Sie über das, was Sie um sich herum sehen. Teilen Sie sich mit. Sie werden zur Belohnung tiefschürfende, köstliche Fragen hören, wie ich sie einmal aus dem Mund meines damals neunzehnmonatigen Sohnes Adrien mitten in seiner »Warum-Phase« vernahm, als er an einem Gewitterabend, an dem wir mit dem Fahrrad unterwegs waren und die Blitze betrachteten, die in der Ferne den Himmel zerrissen, von mir wissen wollte:

»Sag' Mama, warum macht die Sonne alles hell und ist trotzdem kein Blitz?«

Liebe und Freude sind der Nährboden für die Entwicklung des Individuums. Man kann einem Kind gar nicht oft genug: »Ich liebe dich« und: »Ich bin glücklich, mit dir zu leben« sagen.

Sagen Sie es so oft, wie sie es wollen, mehrmals am Tag, aber immer, indem Sie Ihrem Kind dabei in die Augen schauen oder einen körperlichen Kontakt herstellen und in Kontakt mit Ihrem Liebes- und Zärtlichkeitsgefühl sind.

Ein »Aber ja, natürlich liebe ich dich«, dahingesagt, ohne die Augen von der momentanen Beschäftigung zu heben, wird das Herz desjenigen, an den es gerichtet ist, nicht mit Freude erfüllen.

Selbstverständlich kann man nicht ständig fröhlich sein, und keineswegs sollte man Heiterkeit vorspielen. Aber wenn Sie nicht wenigstens zu achtzig Prozent ihrer Wachzeit heiter sind, dann ist es an der Zeit, daß Sie etwas in Ihrem Leben ändern.

Gibt es mehr oder weniger weit zurückliegende emotionale »Knoten«, die Ihnen das Glück verbieten? Dann lösen Sie sie. Das ist Ihre Pflicht als Mutter oder Vater; ansonsten werden Ihre Kinder sich unbewußt in den Dienst Ihrer verborgenen Leiden stellen, auch und vor allem, wenn Sie nie mit ihnen darüber sprechen. Kinder sind bereit, vieles in ihrer Persönlichkeit zurückzunehmen, wenn es darum geht, wieder ein Lächeln auf das Gesicht einer zu traurigen oder allzuoft wütenden Mutter zu zaubern.

Suchen wir in uns selbst Quellen innerer Freude – lassen wir uns nicht von Niedergeschlagenheit, Alltagsroutine oder allzu großem Ernst »auffressen«. Es ist gar nicht so schwer, glücklich zu sein. Man kann es auch unter schwierigen äußeren Umständen sein. Wenn uns das nicht allein gelingt, können wir uns helfen lassen.

Eltern, die von innerer Freude erfüllt sind, übertragen sie auf ihre Kinder; das ist das schönste Erbe, das die Kinder erhalten können.

Indem wir mehr Freude in die Familien und die Schulen bringen, können wir unsere Kinder auf einem Weg begleiten, der zu Entfaltung und Lebenslust führt.

Es genügt eine Kleinigkeit: ein Gänseblümchen, eine Kastanie auf der Erde, ein Kuchen aus Sand, ein kleines Überraschungsgeschenk, Kerzen beim Abendessen, das Steigenlassen von Ballons, Seifenblasen machen – Liebe und Zärtlichkeit.

7. Die Traurigkeit

Das Gesicht von Petra (vier Jahre alt) verzieht sich, sie preßt die Lippen zusammen, ihre Stirn legt sich in Falten, Tränen strömen aus ihren Augen – und plötzlich beginnt sie zu schluchzen. Zusammen mit ihrer Mutter, die ihr die Hand hält, blickt sie auf ihren Kater, der auf einem Kissen liegt und sich nicht mehr rührt. Das Tier war krank. Lange steht die Kleine da und weint neben ihrer Mutter. Sie nimmt Abschied.

Traurigkeit ist die Emotion, die einen Verlust begleitet.

Es ist ganz natürlich, daß man traurig ist, wenn man seine Katze verliert, ein Tier, ein Wesen, an dem man hing, aber auch ein Spielzeug, ein Haus, einen Garten, eine Schule. *Weinen ermöglicht, die Giftstoffe auszustoßen, die der Kummer freigesetzt hat.*

Tränen rühren uns

Adrien spielt im Auto mit einer kleinen Puppe. Er streitet sich mit seiner Schwester, schlägt dabei sein Spielzeug gegen den Sitz – und es zerbricht dabei. Er betrachtet seinen kleinen kaputten Hampelmann und bricht in Tränen aus.

»Hör auf, du gehst uns auf die Nerven!« schreit seine Schwester.

Ich mische mich ein:

»Er hat das Recht zu weinen«, sage ich, und zu ihm gewandt: »Du bist unglücklich, weil dein Hampelmann zerbrochen ist. Weine ruhig.«

Welcher Schmerz für einen kleinen Jungen! Er liebte dieses Spielzeug so sehr und hat es mit einer ungeschickten Handbewegung kaputtgemacht.

Aber wir ertragen das Weinen eines Kindes nur schlecht.

»Wein' nicht«, sagen wir. »Das ist doch nicht schlimm, ich kauf' dir ein anderes« oder: »Ach, was macht das schon, dann spielst du eben mit anderen Sachen!« oder: »Du bist doch so ein großer Junge, wisch' dir die Tränen ab, du bist doch kein Mädchen!« usw.

Die Tränen unserer Kinder rühren uns. Für viele Menschen sind sie gleichbedeutend mit Schmerz. Wenn ein Kind weint, spürt es einen Schmerz. Kann man behaupten, daß es diesen nicht mehr verspürt, wenn es nicht weint? Nein, das wäre magisches Denken!

Das Weinen bezeugt, daß der Organismus im Begriff ist, sich nach einem Verlust wiederherzustellen. Tränen haben eine erleichternde, heilende Wirkung: Es tut gut zu weinen.

Ja, es tut gut zu weinen, und vor allem in den Armen eines Menschen, der die Tränen sehen kann, ohne ihnen Einhalt gebieten zu wollen; es tut gut, vor einem Zeugen zu weinen, der es aufnehmen kann, ohne einen zu verurteilen, ohne Ratschläge zu erteilen und ohne wegzuschauen.

Wenn wir selbst im Alter unserer Kinder nicht das Recht hatten, Tränen zu vergießen, werden wir versuchen, auch ihre zum Versiegen zu bringen.

Fragen wir uns einmal ganz ehrlich: Was wollen wir – daß die Kinder nicht leiden oder daß wir nicht sehen, wie sie leiden?

»Wein' nicht«, bedeutet in Wirklichkeit: »Nimm Rücksicht auf meine Gefühlslage; es tut mir weh, wenn ich dich weinen sehe, also hör' auf, mich in Verlegenheit zu bringen.«

Die Bedürfnisse des Kindes rücken dann in den Hintergrund.

Tränen sind jedoch notwendig, damit man die Traurigkeit nicht in sich behält. *Eine Traurigkeit, die man nicht »herausweinen« kann, wird jahrelang eine blockierende Wirkung haben.*

Ein kleiner Junge, der seine Tränen hinunterschluckt, um seiner Mutter oder seinem Vater einen Gefallen zu tun, wird seinen Schmerz tief in seinem Inneren vergraben; zudem wird er sich einsam vorkommen und den Eindruck haben, seine wahren Gefühle seien nicht willkommen oder unangemessen. Er wird vielleicht wie ein »richtiger Kerl« wirken, aber wenn er einmal erwachsen ist, wird er so hart geworden sein, daß er die Tränen seiner Frau oder seiner Kinder gar nicht mehr verstehen kann, und er wird nicht mehr lachen und sich amüsieren können, ohne zuvor mindestens ein Glas Wein getrunken zu haben...

Tränen, die man nicht weinen kann, blockieren den Übergang zur Liebe. Warum hätte uns die Natur mit Tränen ausgestattet, wenn sie keinen Zweck hätten?

Es ist neun Uhr im Ponyclub – die Stunde, in der sich alle Kinder versammeln, sie sitzen auf dem Boden. Die Leiterin des Reitstalls fordert sie auf, tief durchzuatmen – dann tritt Stille ein. Sie sagt:

»Heute ist etwas sehr Trauriges geschehen. Pedro, das rotbraune Shetlandpony, ist tot. Es hat sich letzte Nacht mit anderen Pferden gestritten; dabei hat es einen Schlag mit dem Huf auf den Kopf bekommen und ist daran gestorben.«

Einige Kinder haben Tränen in den Augen. Sie fährt fort:

»Manchmal gibt es fröhliche Ereignisse und dann auch wieder traurige. Hier werden Tiere geboren, aber es sterben auch welche. So ist das im Leben nun einmal.«

Die Kinder weinen. Einige sind aufgestanden, um das Pony ein letztes Mal zu sehen.

»Weint nur. Diejenigen unter euch, die es wollen, können mit mir in kleinen Gruppen zu ihm gehen. Wer heute morgen nicht reiten will und lieber bei ihm Totenwache halten möchte, kann das tun. Der Kadaver wird am Mittag abgeholt.«

Die Kinder ziehen mit großer Achtung an dem toten, kleinen Pony vorbei. Einige laufen spontan los, um Blumen zu pflücken. Das Pony, das ausgestreckt in seiner Box liegt, ist bald vollständig mit Blumen bedeckt. Es herrscht eine Atmosphäre der Andacht; einige Gesichter sind rot vom Weinen – Liebesbezeigungen beim Lebewohl. Es ist ein schöner Abschied für ein Pony und eine gute Erfahrung für die jungen Reiter.

Der Tod gehört zum Leben dazu. Einem Kind zu ermöglichen, ein gestorbenes Tier noch einmal zu sehen oder zu berühren (falls es das wünscht), ihm zu gestatten, seinen Schmerz zu spüren, sich die Zeit für den Abschied von ihm zu nehmen, sich klarzumachen, daß es das Tier nie mehr wiedersehen wird – all das ist sehr konstruktiv.

Was soll man sagen?

Marine tut alles, um ihrem Sohn Antoine (fünf Jahre alt) mit der größtmöglichen Behutsamkeit anzukündigen, daß seine Großmutter gestorben ist:

»Sie ist weit fortgegangen, sie wird nie mehr wiederkommen.«

Antoine schaut seine Mutter an und sagt mit wissendem Blick:

»Ach so, sie ist tot.«

Wenn ein Kind einmal den Herbst erlebt hat, weiß es, daß es die Zeit ist, wo die Blätter welk werden und absterben. Es hat eine Fliege gesehen, die tot auf dem Rücken liegt, verdorrte Blumen, vielleicht auch einmal eine Taube, die überfahren auf der Straße lag, oder es hat sogar eines Tages seinen Goldhamster reglos aufgefunden. Der Tod bedeutet, je nach Altersphase, nicht dasselbe. Es wird behauptet, daß Kinder erst mit etwa neun Jahren eine Vorstellung von der Unumkehrbarkeit des Todes bekommen. Doch das ist kein Grund, ihnen Märchen zu erzählen.

Selten durchläuft ein Kind die ersten zehn Jahre seiner Existenz, ohne den Tod eines mehr oder weniger geliebten Wesens zu erleben: Unerwartet können ein Goldfisch, ein Hund, eine Großmutter, eine Schulkameradin, ein Freund seiner Eltern, ein Bruder oder eine Schwester, ja sogar ein Elternteil sterben. Natürlich haben diese Verluste unterschiedliche Bedeutungen. Was soll man den Kindern sagen? Die Wahrheit!

Die Wahrheit sagen heißt nicht, das Kind brutal mit einer

Wirklichkeit zu konfrontieren, die es nicht begreifen kann. Es ist wichtig, ihm Zeit zu lassen, den Rhythmus seines Auffassungsvermögens und seiner Fähigkeit zur Verarbeitung zu respektieren.

Der Tod seiner Großeltern ist auch der Tod Ihrer eigenen Eltern. Der Tod einer Schulkameradin bewegt auch Sie, der Verlust des Goldfischs löst Unbehagen in Ihnen aus. Das Kind wird direkt mit Ihren Emotionen konfrontiert – und das um so mehr, wenn diese nicht zum Ausdruck gebracht werden.

Kinder spüren und wissen sehr vieles. Es ist zwecklos, ihnen irgend etwas verbergen zu wollen. Wenn Sie das tun, dann besteht einerseits die Gefahr, daß die Kinder Angst bekommen, andererseits, daß sie das Vertrauen in Sie verlieren. Etwas Verborgenes, Geheimes macht viel mehr Angst als etwas, das gesagt werden kann. Die Kinder begreifen irgendwie, daß Sie ihnen nicht die Wahrheit sagen. Kurz, sie verlieren entweder das Vertrauen in Sie oder das Vertrauen in sich selbst.

Wenn Sie die Wahrheit hartnäckig leugnen, kann das Kind anfangen, an seinen eigenen Wahrnehmungen zu zweifeln oder sich negative Überzeugungen zusammenzureimen. Da Sie eine Realität leugnen, die es undeutlich wahrnimmt, folgert es daraus, daß es kein Recht hat, etwas zu wissen, das anderweitige Probleme hervorrufen kann. Um uns zu zeigen, daß es folgsam ist, verbietet es sich möglicherweise, in der Schule etwas zu wissen!

Psychologen haben nachgewiesen, daß das Aussprechen der Wahrheit immer weniger weh tut – sogar dann, wenn sie sehr schmerzlich ist.

Sein Vater hat sich das Leben genommen? Seine Mutter ist durch einen Autounfall ums Leben gekommen? Seine Schwester ist an Krebs gestorben? Es ist wichtig, daß das Kind das weiß. Sprechen Sie mit ihm über das, was geschehen ist, und achten Sie gut auf die Bilder, die das Kind möglicherweise damit assoziiert. Hören Sie ihm zu, stellen Sie ihm Fragen über das, was es sich vorstellt. Die empfundene Emotion umgibt das

Kind mit einer Art Hülle. Selbst wenn Sie sich sehr klar ausgedrückt haben, können Ihre Worte in seinem Kopf »gefiltert« und verfälscht ankommen.

Gestatten Sie ihm, so oft es will über den Tod des Betreffenden zu reden und zu erzählen, was es innerlich erlebt und sich vorstellt; erlauben Sie ihm, alle Fragen zu stellen, die ihm einfallen, auch wenn sie Ihnen unsinnig erscheinen.

Hören Sie ihm zu, und verbessern Sie es nur, wenn es nötig ist, um eine falsche Deutung oder allzu gewaltmäßige Bilder richtigzustellen.

Erklären Sie ihm die Beweggründe, die seinen Vater zu seiner Tat veranlaßt haben, die Umstände des Unfalls, die Ursachen der Krankheit (so gut Sie es eben vermögen). Kinder neigen dazu, sich für alles verantwortlich zu fühlen, was in ihrer Umgebung geschicht. Betonen und sagen Sie dem Kind immer wieder, daß es absolut nichts für das Vorgefallene kann und daß es das Recht hat, alle seine Emotionen zu fühlen – von der Wut bis zur Traurigkeit.

Ja, es hat das Recht, sehr wütend auf diesen Mann zu sein, der sein Vater war und der beschlossen hat, aus dem Leben zu scheiden, der es im Stich gelassen hat. Ganz gleich, welche Gründe für den Tod, den Selbstmord, die Krankheit oder den Unfall vorliegen mögen, das Kind fühlt sich von dem Menschen, den es liebte und brauchte, verlassen. Es ist ganz wichtig, daß es seine Wut spürt und ihr Ausdruck verleihen kann.

Elisabeth Kübler-Ross war eine amerikanische Ärztin schweizerischer Abstammung. Seit Beginn ihrer Berufsausübung und bis zu ihrem Tod im Januar 1999 hat sie mit Zehntausenden von Erwachsenen und Kindern gesprochen, die sich dem Tod näherten; sie hat Zehntausende Menschen durch diesen Übergang und ihre Familien durch die Trauerarbeit hindurchbegleitet. In ihren Büchern teilt sie uns mit, was die Menschen ihr anvertraut haben; sie schildert, was sie beobachtet hat. Die Phasen der Trauer sind heute wohlbekannt. Sie hat sie als erste beschrieben. Das sind die Phasen, die wir durchlaufen, wenn wir mit unserem eigenen Tod oder dem Verlust eines geliebten Wesens konfrontiert werden.

Die erste Phase ist die Leugnung.

»Nein, er ist nicht tot, das ist nicht möglich.« Dann kommt die Wut: »Das ist nicht gerecht, Papa, du bist gemein, du hast dich nicht um den Hamster gekümmert.« »Warum bist du fortgegangen, Mama, das wollte ich nicht. Das ist nicht gerecht.«

In diesem Stadium wäre es schädlich, wollte man versuchen, die Emotion zu dämpfen – etwa mit Sätzen, wie: »Weißt du, dein Hamster war alt« oder: »Ich kaufe dir einen neuen« oder gar in strengem, belehrenden Ton zu sagen: »Deine Mama konnte nicht anders handeln, du weißt, daß sie dich liebte.«

Das Kind muß seine Wut empfinden dürfen.

Hören Sie ihm zu und nehmen Sie Emotionen auf: »Du hast deinen Hamster sehr liebgehabt«, »Du bist wirklich unglücklich«, »Du bist wütend, du hättest gewollt, daß sie bei dir bleibt.«

Dann folgt die Phase der Depression. Das Kind befindet sich in einer Periode des Rückzugs; es interessiert sich nicht mehr für das, was es umgibt. Es beschäftigt sich mit der Vergangenheit; es denkt über die Beziehung nach, die es zu dem verstorbenen Menschen hatte. Begleiten Sie es, indem Sie ihm gestatten, zu weinen und darüber zu reden. Es ist die Arbeit der erinnernden Sehnsucht, die notwendig ist, damit das Akzeptieren erfolgen kann.

Nach dem Akzeptieren des Verlustes wird eine neue Bindung möglich. Sie zeigt an, daß die Trauerarbeit beendet ist.

Der Tod eines Menschen oder eines Tieres kann ein Anlaß sein, über den möglichen Tod von anderen Menschen zu sprechen, die man liebt. Die Fragen selbst rufen keine Angst hervor, außer wenn der Erwachsene nicht oder nur ausweichend antwortet. Das Nichtantworten auf Fragen ist das Beängstigende. Aber auch Versicherungen wie: »Ich werde nicht sterben, mein Liebling, und du auch nicht, nur sehr alte Menschen sterben« sind falsch.

Denn das Kind ist imstande, ihnen zu erwidern:

»Und das Pony, das gestorben ist? Es war nicht alt.«

Dann sind Sie gezwungen zu erklären: »Das war ein Unfall.«

Das Kind ist nicht dumm. Es hat verstanden, daß man durch einen Unfall sterben kann, aber wenn es spürt, wie sehr es seiner Mutter widerstrebt, darüber zu sprechen – dann muß das wohl so sein, weil sie Angst davor hat – das heißt, es ist gefährlich! Die Wahrheit macht viel weniger Angst, weil das Kind dann frei darüber sprechen, sich orientieren und die Fragen stellen kann, die es stellen muß, um die Dinge verstehen zu können.

Kinder gehen mit einer größeren Gelassenheit an den Tod heran als wir. Außer wenn sie sich ihm – im Falle einer schweren Krankheit – selbst nähern, haben sie, bevor sie neun Jahre alt sind, keine sehr klare Vorstellung davon. Sie machen kein Drama daraus und bringen es fertig, ihre Großmutter ganz unbefangen zu fragen: »Sag' mal, wann stirbst du eigentlich?« oder ihrer Mutter zu verkünden: »Mama, wenn du mal tot bist, dann bekomme ich deinen ganzen Schmuck« (meine Tochter Margot im Alter von vier Jahren). Ein wenig später fragte sie mich, ob ihre Großmutter tot sei, und meinte dann: »Wenn sie tot ist, können wir eine Postkarte an ihre Seele schicken. Und wir werden sie jeden Tag sehen, indem wir ihr einen Brief auf ihr Herz legen.«

Schwerkranke Kinder nähern sich dem Tod mit erstaunlicher Gelassenheit. Sie wissen, wann sie sterben werden, und sprechen ohne Scheu darüber, falls man es versteht, ihnen zuzuhören, ohne daß die eigenen Ängste in einem hochkommen. Doch wenn das Umfeld es nicht fertigbringt, ihnen Gehör zu schenken, verstummen sie. Sie sind sehr sensibel und bereit, ihr Bedürfnis nach Austausch und nach Rückversicherung zu opfern, um ihren Eltern keinen Kummer zu bereiten. Haben wir das Recht, ihnen so viel Selbstbeherrschung aufzuzwingen, wo sie doch als Kranke unseren Schutz so sehr benötigen?

Die Sehnsucht

Während Petra ihre Dusche nimmt, wird die tote Katze in eine Plastiktüte und danach in eine Pappschachtel gelegt. Petras Papa wird sie später in die Tierklinik bringen, wo man sie verbrennen wird. Das kleine Mädchen geht hinunter zum Hauseingang, um sich von ihrem geliebten Kater ein letztes Mal zu verabschieden. Sie weint heftig in den Armen ihrer Mutter.

Einige Tage lang spricht sie viel über ihren Kater.

»Er lag so gern auf dem Sofa … Wenn er da wäre, würde er jetzt hinter dem Ball herrennen … Ich bin so traurig darüber, daß er tot ist.« Nach und nach verblaßt seine Gegenwart. »Aber er wird immer in meinem Herzen sein, ich werde ihn nie vergessen«, sagt sie.

Diese Phase der Sehnsucht ist eine natürliche Etappe im Trauerprozeß. Nach dem Schock, dem Leugnen, der Weigerung, der Tatsache ins Auge zu sehen, der Wut, der Rebellion gegen das Unakzeptierbare, nach dem Verhandeln, einem letzten Versuch des Feilschens mit dem Schicksal kommt die Trauer.

»Denk' nicht mehr daran, das tut dir nur weh«, »Schau lieber nach vorne«, »Warum gräbst du in all dem herum?« hört man oft. Manche Eltern gehen sogar so weit, daß sie ihrem Kind schon nach wenigen Tagen ein neues Haustier kaufen.

Seine Identität wieder »zusammenfügen«

Dennoch ist die »Sehnsuchtsarbeit« äußerst wichtig. Man versenkt sich nicht in seine Erinnerungen, »um sich weh zu tun«, sondern um die Wirklichkeit des Verlustes zu integrieren und sich zu regenerieren – seine Ganzheit wiederherzustellen, nachdem man ein Stück von sich selbst verloren hat.

Ein Kind bindet sich naturgemäß an die Dinge, die es umgeben. Menschen, aber auch Gegenstände, Möbel, Wände sind »Markierungen«. Wenn die Kinder klein sind, sind diese Dinge wie »Verlängerungen« ihrer selbst. Was sie umgibt, gehört zu ihrer Identität. *Jeder Verlust ist ein Stück weit auch ein Verlust des eigenen Selbst.*

Ich habe einen Menschen verloren, er wird nie mehr in meinem Leben sein; ich überdenke die gemeinsam verbrachte Zeit noch einmal, um mir zu eigen zu machen, was mir dieser Mensch in meinem Leben durch seine Gegenwart gegeben hat. Seine Abwesenheit »schneidet« mir einen Teil von meinem Selbst »ab«.

Die Sehnsucht erfordert Regeneration; ich lasse mein Zusammensein, meine Berührungspunkte mit dem geliebten Wesen an meinem inneren Auge vorbeiziehen; ich schließe eine Lücke, ich entdecke meine verborgenen Empfindungen, ich beschwöre sie herauf, um mich damit von ihnen zu lösen; ich mache nach und nach die Wirklichkeit des Verlustes zum Bestandteil meiner Identität, ich füge die Risse zusammen.

Dieses Sich-Versenken in Erinnerungen ist zwar schmerzlich und geht mit Tränen einher. Aber es ist wichtig, über jede Erinnerung zu weinen, um sie zu verinnerlichen, ihr in seinem Herzen einen Platz zu geben und sie richtig in sich aufzunehmen. Der andere ist tot, aber er hinterläßt seine Spuren in uns.

Das Unvermeidliche akzeptieren

Der Säugling saugt an der Brust seiner Mutter; es geht ihm gut, das Leben ist schön, er ist im Paradies. Diese Brust ist ausschließlich gut. Ein wenig später hat er wieder Hunger, er bekommt Bauchweh, es geht ihm schlecht, er schreit, seine Mutter kommt nicht. Die Brust wird zu etwas gänzlich Schlechtem, weil sie das Kind enttäuscht. Die ersten Tage seines Lebens sind geprägt von diesen Schwankungen zwischen einer absolut guten und einer absolut schlechten Brust. Man nennt diese Phase die schizo-paranoide Phase. Schizo, weil die Welt zweigeteilt ist; paranoid, weil das Kind Angst vor der Heftigkeit seiner eigenen aggressiven Gefühle hat.

Danach kommt die sogenannte »depressive« Phase; hierbei

handelt es sich jedoch durchaus nicht um eine krankhafte Depression, sondern um eine wohlbegründete Traurigkeit. In dieser Etappe vollzieht sich die Integrierung des guten und des schlechten Objekts, der guten und der schlechten Brust: »Meine Mutter ist weder gänzlich gut noch gänzlich schlecht; sie ist manchmal gut und manchmal schlecht«; das Kind verabschiedet sich von dem »Schwarzweiß-Denken«, um die Wirklichkeit mit all ihren weißen, schwarzen und grauen Nuancen zu sehen. Das ist traurig, weil ich mich von dem Ideal einer Mutter lösen muß, die ständig gut und niemals enttäuschend ist. Ich löse mich von der Vorstellung, daß es ein Paradies gibt, um auf die Erde zurückzukommen und in Beziehung zu einer Mutter zu treten, die manchmal freigebig und manchmal frustrierend ist – eben ein richtiger Mensch, der seine eigenen Wünsche hat, der auch jenseits von mir existiert und nicht nur eine Verlängerung meiner Wünsche ist.

Manche Menschen leisten diese Integrierungsarbeit nie und verharren in der Dualität. Für sie sind die Dinge entweder weiß oder schwarz; sie sind nicht imstande, die riesige Palette der dazwischenliegenden Grautöne zu sehen.

Durch die Traurigkeit hindurchbegleiten

Um die Traurigkeit zu begleiten, sollten Sie dem Weinen des Kindes einfach Raum lassen. Ermuntern Sie Ihr Kind mit schlichten Worten dazu: »Das ist hart für dich ...«, »Du bist wirklich sehr traurig über ...«, »Der Gedanke, daß wir X nie mehr wiedersehen, ist traurig.«

Ganz allgemein ist zu sagen: Wenn jemand weint, dann sollten Sie ihn nur dann berühren, wenn Ihre Vertrautheit mit ihm groß genug ist, daß der körperliche Kontakt ihn nicht dazu veranlaßt, seine Tränen hinunterzuschlucken.

Sie können also Ihr Kind in die Arme nehmen: Brust gegen Brust. Während Sie selbst ruhig und tief in Ihr Becken hinein atmen, spüren Sie die Atmung des Kindes und nehmen es in Ihr Herz auf. Ermutigen Sie es, sich richtig auszuweinen, indem Sie zum Beispiel sagen: »Weine nur, mein Liebes, weine soviel du magst.«

Weinen hilft, eine Niederlage zu akzeptieren; vermeiden wir es also, am Ende eines Spiels, in dem Ihr Kind verloren hat, zu sagen: »Wein' nicht, nächstes Mal wirst du gewinnen«, sondern statt dessen: »Ich verstehe dich, mein Schatz, es ist schwer zu verlieren.«

Das kommt Ihnen übertrieben vor? Probieren Sie es aus. Die Tränen sind ohnehin da, und Sie werden beobachten, daß sie viel länger fließen, wenn sie nicht respektiert werden.

8. Die Depression

Die Depression unterscheidet sich grundlegend von einer vor-
übergehenden Niedergeschlagenheit, einem Phänomen, das
natürlich und normal ist. Sie ist eine Stimmung, die ganze
Wochen oder Monate, ja unter Umständen sogar Jahre anhält.

Die Depression tritt in der Form der Traurigkeit auf, aber es
ist keine »heilsame« Traurigkeit. Es ist eine Blockade aus miteinander verstrickten Emotionen.

Sie weist auf ein Problem hin, das das Kind nicht lösen kann,
auf eine tiefgehende Not, die nicht verstanden wird.

Wie erkennt man sie?

Wenn ein Heranwachsender von morgens bis abends ein ver-
schlossenes und abweisendes Gesicht macht, so ist sie nicht
weiter schwer zu erkennen. Aber bei einem kleinen Kind ist die
Depression häufig verdeckt. Sie verbirgt sich hinter unterschiedlichen Phänomenen wie übermäßigem Bravsein, Kon-
formismus oder Erregtheit und kann unbemerkt bleiben.

Wenn ein Kind zu brav oder zu gut in der Schule ist, ruft das
nur bei wenigen Erwachsenen Besorgnis hervor. Dennoch sind
gerade dies Erscheinungsformen der Depression. Ein Kind ist
normalerweise lebhaft. Wenn es zu fügsam, zu brav ist, dann
bedeutet das, daß er einen Teil seines inneren Lebens unterdrückt.

François ist elf Jahre alt. Er ist ruhig und hat sehr gute Schul-
noten. Aber nichts interessiert ihn wirklich; niemals macht er
irgendwelche Pläne. Er weiß nicht, wo er in den Ferien hinfah-
ren soll, noch, was er am kommenden Wochenende unterneh-

men wird. Abgesehen von seinem Computer – einer Art Refugium für ihn – hat er nur wenige Vorlieben. François ist kein überempfindsamer Mensch. Er neigt ein wenig zum Träumen, und sein Leben fließt ruhig dahin. Er nimmt es nicht in die Hand. Es ist, als gehöre es ihm gar nicht.

Was steckt dahinter? Die Eltern von François streiten sich oft. Der Mann betrügt seine Frau. Die Eltern behaupten zwar, ihr Sohn wisse nichts davon, und haben immer sehr darauf geachtet, daß er nie mitbekam, wenn sie darüber sprachen. Doch als François mit mir allein ist, ist sehr bald erkennbar, daß er wohl weiß, daß es im Leben seines Vaters eine andere Frau gibt und daß seine Mutter unglücklich darüber ist. Aber er kann nicht mit ihnen darüber sprechen. Nie erwähnt er, wie elend er sich wegen der Streitereien seiner Eltern fühlt. Er vergräbt alles in sich. Da seine Eltern nicht mit ihm darüber reden, geht er davon aus, daß er auch nicht darüber reden darf. Außerdem hat er Angst, er könne eine Trennung auslösen, wenn er seine Sorgen äußert. Und was ein Kind am wenigsten will, das ist das Gefühl, es sei der Grund für die Trennung seiner Eltern. Es hätte so gerne, daß sie sich lieben!

Wenn die Eltern dann endlich mit ihm darüber sprechen, kann es endlich über sein inneres Erleben sprechen, seine Wut spüren, sie ausdrücken, seine Ängste in Worte fassen, weinen – sich von der ganzen Last befreien, die es in sich trägt. Ein depressives Kind ist ein Kind, das leidet – ein frustriertes Kind, das an Defiziten krankt, aber nicht die Chance hat, sie auszudrücken. Die Depression wird durch die Unmöglichkeit, zu sprechen, zu sagen, was man auf dem Herzen hat, begünstigt.

Ein anderes – für die meisten Eltern ungeahntes – Gesicht der Depression ist die Erregtheit. *Hyperaktivität ist ein Kampf gegen die Depression.* Sie verdeckt häufig das tieferliegende Problem. Die Eltern schimpfen ihr Kind aus, bestrafen es und machen ihm Vorwürfe, und es wird dadurch immer mehr in seinem Elend isoliert. Oft ziehen es die Eltern vor, ihrem Sprößling lieber Valium oder Ritalin zu geben, als der Wahrheit ins Auge zu sehen, die da lautet: Unser Kind ist unglücklich – vielleicht sind wir daran nicht ganz unschuldig.

Wenn niemand sich die Mühe macht, die Bedürfnisse des Kindes wahrzunehmen, kann die Erregtheit in Gewalt ausarten.

Aus diesem Grund kommt Martin mit seiner Mutter zu mir. Er hat im Kindergarten einen kleinen Jungen geschlagen. Mit seinen vier Jahren wird er von allen – Erwachsenen wie Kindern – als Ungeheuer bezeichnet. Auf dem Spielplatz halten die anderen Mütter ihre Kinder von ihm fern. Er wird nie von Freunden eingeladen, und es kommen auch keine Freunde zu ihm. Martin ist ein Monster. Davon ist er überzeugt. Selbst seine Mutter hat sich schließlich dieser Meinung angeschlossen. Ist das genetisch bedingt? Kann man etwas dagegen unternehmen?

Ich bitte die Mutter, mir die Geschichte ihres Sohnes seit seiner Empfängnis zu erzählen. Ich erfahre – wie übrigens auch Martin, der neben uns sitzt und zuhört –, daß sein Vater seine Mutter schon vor seiner Geburt verließ, von dem Augenblick an, wo er von der Schwangerschaft wußte. Er wollte nicht Vater werden.

Versetzen wir uns einen Augenblick lang in Martins Lage. Wie soll er verstehen, daß sein Vater fortgegangen ist? Solange er die wahren Gründe für das Verschwinden seines Vaters nicht erfahren hatte, konnte er es sich nur damit plausibel erklären, daß er selbst ein Monster war. Um seinen Vater zu entschuldigen und ihm nicht die Verantwortung für seinen Weggang zu geben, hat Martin die Verantwortung dafür übernommen – er ist schuldig, er ist ein Monster. Er muß diese Überzeugung jetzt nur noch durch sein Verhalten bekräftigen. Da er ein Monster ist, benimmt er sich wie ein Monster.

Eine einzige Sitzung genügte, um Martins Verhalten radikal zu verändern, weil er jetzt verstand, woher diese Überzeugung kam, daß er ein Monster sei, und weil ihm gesagt wurde, daß er keinerlei Schuld an dem Weggang seines Vaters habe, daß dieser nicht fortgegangen war, weil Martin ein Monster war, sondern weil er eigene Probleme hatte, weil er sich außerstande fühlte, ein Kind großzuziehen.

Seine Mutter erkannte ihn gar nicht wieder! Martin hörte auf, sich allem, was seine Mutter ihm vorschlug, zu widersetzen. Selbst das Bad – zuvor eine wahrhafte Qual – wurde zum Vergnügen. Er war nicht mehr gewalttätig – außer an einem Abend, nachdem er aus dem Hort nach Hause gekommen war. Daraufhin erkundigte sich seine Mutter, was während des Tages vorgefallen war, und erfuhr, daß die Lehrerin Martin gezwungen hatte, ein Geschenk für den Vatertag anzufertigen!

Wenn ein Kind sich nicht geliebt fühlt, sagt es sich sehr bald, es müsse dafür einen Grund geben. Es kann sich nicht erlauben, seine Eltern in Frage zu stellen, und zieht es daher vor, sich selbst die Schuld dafür zu geben. Wenn die Eltern es schlagen, dann nicht, weil sie gewalttätig sind, sondern weil es selbst schlecht ist.

Übrigens ist dies die Erklärung, die die meisten Eltern ihren Kindern liefern. Sie sagen: »Ich schlage dich, weil du etwas Schlimmes, einen Fehler gemacht hast.« Um dich zu bessern – nicht den Fehler, denn tatsächlich ist nicht recht einleuchtend, wie man einen Fehler mit Hilfe des Schlagens aus der Welt schaffen könnte. Die Strafe hat also ihre Berechtigung, das Kind ist selbst schuld daran. Somit ist alles klar.

Wenn meine Eltern mich schlagen, dann, weil ich schlecht bin. Lieber werte ich mich selbst ab, als daß ich meine Eltern beschuldige. Ich brauche sie – wie könnte ich mir da erlauben, sie als fehlbare Menschen ansehen, die unfähig sind, sich zu beherrschen, imstande sind, Böses zu tun und gefährlich zu sein? Ich ziehe es vor zu glauben, daß ich der Schuldige bin. Ich bin ein Monster.

Die Symptome der Depression beim Kind:
Es – lacht nicht
    – interessiert sich für nichts. »Ich weiß nicht, was ich tun soll«

- langweilt sich
- ist dauernd »brav«, fast zu »brav«
- ist erregt
- hat Schlaf- und Eßstörungen
- hat Verhaltensstörungen
- braucht heftige Stimulantien und Adrenalinstöße durch: Coca-Cola, Zucker, gewalttätige Comics ...
- versagt in der Schule
- engagiert sich nicht in der Schule oder zu sehr – ein Warnsignal können auch andauernde hervorragende Noten sein!
- klagt oft darüber, daß es müde ist
- ist häufig krank

Schulversagen – ein Symptom

In der Schule zu versagen ist schmerzlich für ein Kind, selbst wenn es so tut, als mache ihm das nichts aus (vielleicht dann sogar noch mehr). Verschlimmern Sie die Sache nicht, indem Sie Schuldgefühle in ihm wecken, es beleidigen oder demütigen.

Was sind die Gründe für sein Versagen? Glauben Sie niemals, daß Ihr Kind dumm, unfähig, schwachsinnig, eine Null im Rechnen oder etwas Derartiges ist. Es leidet im Augenblick unter einer Lernhemmung, das ist alles. Nun müssen Sie noch herausfinden, was es beim Lernen behindert. Ist da ein anderes Kind, das es dominiert, ja sogar schlägt? Ein ungerechter, zu strenger, kalter oder ganz einfach inkompetenter Lehrer? Gibt es unausgesprochene Dinge in der Familie? Sind Mutter oder Vater krank oder depressiv? Steht das Kind im Konflikt mit einem Geschwister oder seiner Mutter? Oder auch mit den unbewußten Erwartungen, die sein Vater an es stellt?

Auch hier ist genaues Beobachten und Hinhören die erste angebrachte Reaktion.

Gegenüber der Schule sollten Sie Ihr Kind unbedingt in Schutz nehmen und bei den Begegnungen mit den Lehrern entschlossen für es Partei ergreifen. Sein ganzes Leben steht auf dem Spiel. Es ist nicht einerlei, ob man für eine Niete gehalten wird. So etwas steckt man nicht so einfach weg. Es ist ganz wichtig, einem Kind zu erklären, daß es kein Versager ist. Wenn es den schulischen Anforderungen nicht entspricht, dann gibt es dafür stichhaltige Gründe:

- Es hat einen ganzen Wust von Sorgen und darum keinen »Platz« im Kopf, um etwas anderes aufzunehmen.
- Sein Lehrer hat eine Unterrichtsmethode, die ihm nicht zusagt. Achten Sie darauf, daß Sie ein Kind nicht allzusehr psychologisieren, falls es Legastheniker oder einfach nur »visueller« veranlagt ist als sein Lehrer.
- Es langweilt sich!
- Damit das Kind sich für seine Schule interessiert, muß die Schule sich auch für das Kind interessieren. Es will sich für sich selbst und seine Entscheidungen verantwortlich fühlen.

In all diesen Fällen hat das Kind Emotionen in sich, die nicht zum Ausdruck kommen können und die seine schulischen Kompetenzen beeinträchtigen. Hören Sie ihm zu, helfen Sie ihm, die Gefühle und Gedanken, die es beschäftigen, in Worte zu fassen, bis seine Fähigkeiten neu geweckt werden und seine Motivation wiederkommt.

Ist das Kind depressiv?

Hier sind einige Fährten, die Sie verfolgen können:
- Leidet es darunter, daß Sie (oder Ihr Partner) nicht oft genug zu Hause sind? Und wenn Sie da sind, haben Sie dann auch Zeit für das Kind (ich meine damit nicht die Zeit, die den Hausaufgaben vorbehalten ist, denn sie zählt im affektiven Gleichgewicht nicht; Sie sind dann zwar an seiner Seite, aber für etwas, das vor allem für Sie selbst zählt, nicht jedoch für das Kind)?

- Ist es Opfer von Gewalt oder Zeuge von Gewalt, die einem seiner Geschwister oder einem anderen Elternteil angetan wird?
- Hat es einen Lehrer, der (körperlich oder verbal) gewalttätig, bösartig, äußerst geringschätzig, autoritär oder gleichgültig ist?
- Gibt es ein Geheimnis in der Familie – etwas, das Sie ihm nicht sagen?
- Stehen Sie, die Eltern, sich nahe, lieben Sie sich, respektieren Sie sich? Ganz gleich, ob sie getrennt leben oder zusammen wohnen – es ist die affektive Distanz, die für Kinder am schwersten zu ertragen ist.
- Lebt das Kind aus irgendeinem Grund nicht mit seinen Eltern zusammen?
- Wurde es Opfer eines sexuellen Mißbrauchs?
- Mutter oder Vater (oder beide) leiden – bewußt oder unbewußt – unter einer Depression.

Wie können Sie ihm helfen?

Sagen Sie ihm, daß Sie sehen, daß es ihm nicht gutgeht und daß Sie ihm helfen wollen. Oft wird das Kind es abstreiten und antworten: »Aber nein, es geht mir sehr gut.« Bleiben Sie in diesem Fall bei Ihrem Standpunkt, indem Sie ihm Ihre Gedanken erklären: »Wenn ich sehe, daß du im Zusammensein mit deinen Kameraden ständig aus der Haut fährst, dann sage ich mir, du bist nicht glücklich. Etwas beunruhigt dich – du scheust davor zurück, darüber zu reden. Vielleicht hast du Angst vor meiner Reaktion, vielleicht kannst du gar nicht recht in Worte fassen, was eigentlich los ist. Aber ich möchte, daß sich da etwas ändert. Für mich ist es wichtig, daß du glücklich bist. Also was ist?«

»Ich weiß nicht, alles geht mir auf die Nerven.«

»Was geht dir wohl besonders auf die Nerven, hast du eine Ahnung?«

»Na ja, zum Beispiel unser Rechenlehrer; ich kapiere nichts bei ihm und habe ständig schlechte Noten.«

Stellen Sie ihm weiterhin offene Fragen.

»Was löst das für ein Gefühl in dir aus, wenn du es nicht kapierst?«

»Was sagst du dann zu dir?« usw.

Geben Sie ihm die Möglichkeit, seine Gefühle zu äußern; dabei sollten Sie bereit sein, alles anzuhören, ohne an irgend etwas Anstoß zu nehmen, ohne selbst Schuldgefühle zu entwickeln und ohne zusammenzubrechen.

Hören Sie zu(!), und stellen Sie Fragen, die mit »was« oder »wie« beginnen, bis das Problem erklärt, wenn nicht gar gelöst ist. Es ist wichtig, daß die Emotionen ausgedrückt werden. Bedrängen Sie das Kind nicht stundenlang. Sprechen Sie es an, und hören Sie ihm dann einige Minuten lang zu. Sobald es sich »erleichtert« hat, beenden Sie das Gespräch. Geben Sie ihm aber zu verstehen, daß Sie zu einem späteren Zeitpunkt gerne noch einmal darüber sprechen wollen. Lassen Sie ihm genügend Zeit zum Verarbeiten und Nachdenken.

Und nun sollten Sie nachdenken. Sie kennen Ihr Kind, seine Umgebung und die Verhältnisse, unter denen es lebt, gut. Was könnte die Ursache für seine Verfassung sein?

Stehen Sie zu seiner Verfügung, hören Sie ihm öfter zu; unternehmen Sie auch mehr gemeinsam, machen Sie Spiele und andere Aktivitäten.

Helfen Sie ihm, eine heilsame Wut herauszulassen, wenn Sie entdecken, daß es ungerecht behandelt wurde, wenn man ihm irgendwelche Knüppel in den Weg legt oder wenn es von jemandem beleidigt wird. »Max, du hast das Recht, deinem Bruder zu sagen, daß du nicht damit einverstanden bist, wenn er dein Fahrrad nimmt« oder: »Laß es nicht auf dir sitzen, wenn er dich einen Angsthasen nennt.«

De-pression – das ist das Gegenteil von Ex-pression (Ausdruck). Die Lebensenergie ist eingeschlossen. Die Wut, das Äußern (Ex-pression) der Frustration, des Defizits und der Verletzung werden unterdrückt. *Je mehr der Wut Ausdruck verliehen wird, desto mehr nimmt die Niedergeschlagenheit ab.*

Helfen Sie Ihrem Kind, ein Gefühl für persönliche Macht und Kontrolle über sein eigenes Leben aufzubauen. Nehmen Sie seine Wutausbrüche positiv auf. Hören Sie sich seine Meinung über alle möglichen Dinge an, die die ganze Familie betreffen, beispielsweise das Ausgehen und die Ferien, und richten Sie sich danach – nicht systematisch, aber oft.

Wenn es noch nicht darüber bestimmen darf, was es anzieht, dann geben Sie ihm nun dieses Recht. Wenn Sie sich hingegen bisher jeglichen Kommentars über seine Kleider enthielten, dann fangen Sie jetzt an, ihm zu sagen, welche Kleider Ihnen an ihm gefallen und welche nicht.

Lassen Sie sich keine Gelegenheit entgehen, ihm zu zeigen, daß es absoluten Vorrang in Ihrem Leben hat, daß es wichtig für Sie ist, daß Sie es interessant genug finden, um gerne Zeit mit ihm zu verbringen. Schenken Sie Ihrem Kind Zeit.

Und wenn möglich, nehmen Sie Ihre eigenen Probleme in die Hand! Wenn es Ihnen noch nicht gelingt, dann sprechen Sie wenigstens mit Ihrem Kind darüber. Es darf nicht geschehen, daß das Kind sie trägt. Sagen Sie ihm, daß es nicht schuld daran ist und daß Sie diese Probleme selbst – unter Erwachsenen – zu regeln haben. Ermöglichen Sie ihm, sich Ihnen anzuvertrauen. Hören Sie auf seine Emotionen, seine Gedanken und seine Bedürfnisse.

9. Das Leben ist kein langer, ruhiger Fluß

Mißerfolg, Schmerz, Krankheit, Tod treten früher oder später im Leben eines jeden Menschen in Erscheinung. Was können wir tun, damit diese Heimsuchungen eher konstruktiv als destruktiv wirken? Wie helfen wir unseren Kindern, leidvolle Situationen zu überstehen, die sie in der Kindheit erleben, beispielsweise Trauerfälle, Trennungen, Krankheiten. Und wie können wir ihnen helfen, Erwachsene zu werden, die in der Lage sind, sich den Schwierigkeiten ihres Lebens mutig zu stellen?

Abhärtung, um schwierige Situationen zu meistern?

Wenn manche Leute von »Überbehütung« sprechen, dann denken sie oft an eine allzu sorglose Kindheit. Macht es ein Kind labil und belastungsunfähig, wenn es in eine glückliche Familie hineingeboren wird, unter optimalen Bedingungen bei Eltern aufwächst, die ein harmonisches Paar bilden und sich lieben, die ihm viel Liebe und Freiheit geben, und wo keine großen materiellen Probleme bestehen?

Um ihre eigenen pädagogischen Methoden zu rechtfertigen, behaupten manche Leute, eine Bagatelle könne ein solches Kind »umwerfen«. Nach ihrer Ansicht muß man die Kinder »das Leben lehren« – will sagen: sie mit Zwängen, Ungerechtigkeiten, Bestrafungen und Leiden konfrontieren. Ist das wirklich die Vorstellung vom Leben, die wir unseren Kindern vermitteln wollen?

Als meine Tochter in den Kindergarten kam, erklärte mir die Betreuerin, es sei sehr wichtig, daß sie lerne, bestimmte Regeln zu befolgen und sich Zwängen zu unterwerfen, denn sie würde ihr ganzes Leben lang auf Regeln stoßen. Zu diesem Zeitpunkt war meine Tochter gerade einmal drei Jahre alt! Das ist nicht meine Vorstellung vom Leben; daher haben wir sie aus diesem Hort genommen, in dem man mehr Wert auf soziale Anpassung als auf individuelle Entfaltung legte.

Die Kinder, die keinen Zwängen ausgesetzt werden, die man nicht schlägt, die man nicht zu zwingen oder zu verletzen versucht, werden sicherlich nicht »hart«, das heißt, sie tragen keinen »Schutzpanzer«. Wenn sie vor schwerwiegende Probleme gestellt werden, dann wird ihre erste Reaktion nicht darin bestehen, sich zu schützen oder zu fliehen. Vielleicht werden sie mehr als andere Menschen weinen. Aber ist das nicht der Beweis für eine gute psychische Gesundheit? Sie sind eben sensibler, und das ist etwas durchaus Positives.

Wir beklagen die Gefühllosigkeit dieser Welt und wollen unsere Kinder trotzdem angepaßt wissen.

Es ist eine überholte und veraltete Ansicht, die Äußerung von Emotionen als Schwäche zu deuten, als Unfähigkeit, die man überwinden müsse. Die Wirklichkeit zeigt, daß genau das Gegenteil der Fall ist. Wenn auch das Unterdrücken der eigenen Affekte in einem Machtspiel hilfreich ist und dazu dienen kann, den anderen zu manipulieren – so wird die emotionale Unterdrückung langfristig einen Menschen labil machen, nicht hingegen das Äußern der Emotionen – vorausgesetzt, daß sie gerechtfertigt und angebracht sind.

Nicht die Wutanfälle, die unsere Gehirne verdüstern, die Tränen, die uns in einem Abgrund aus Schmerz versinken lassen, die Ängste, die uns lähmen, sind die Emotionen, die ausgedrückt werden sollen – wie Sie auf den vorangegangenen Seiten dieses Buches immer wieder lesen konnten. Das sind Nebenaffekte, die einen Sinn haben, aber nur selten etwas mit der gegenwärtigen Situation zu tun haben. Solche Emotionen müssen entschlüsselt werden.

Während eines Vortrags, in dem ich über dieses Thema

sprach, ergriff eine junge Frau das Wort, um zu sagen, daß in dem Unternehmen, in dem sie tätig sei – ja in der Arbeitswelt ganz allgemein –, Emotionen nicht wahrgenommen würden. Als Beispiel führte sie ein Erlebnis an, das sie kurz zuvor gehabt hatte. Als Reaktion auf eine Ungerechtigkeit hatte sie verzweifelt vor ihrem Chef geweint, der ihr Verhalten dann gegen sie verwendete.

So überzeugen wir uns davon, daß Emotionen nicht willkommen geheißen werden! Diese Frau glaubte, sie habe sich auf angemessene Weise emotional geäußert. Aber einzig die Wut ist angesichts einer Ungerechtigkeit angebracht! Wenn man in einer solchen Situation weint, fordert man geradezu ein Machtspiel heraus, in dem man selbst die Rolle des Opfers einnimmt – und genauso hat der Chef reagiert.

Wir müssen die »emotionale Grammatik« besser beherrschen. Seine Emotionen ausdrücken heißt nicht, den Tränen, die keinen Sinn haben, »ungefiltert« oder ungehemmt freien Lauf zu lassen. Sie sind wenig hilfreich und sagen höchstens etwas über unsere Vergangenheit aus – im vorliegenden Fall über die Ohnmacht eines kleinen Mädchens vor seinem Vater!

Die richtigen Emotionen machen uns stark. Die verlagerten, unangemessenen, übermäßigen, ersatzhaften, nicht eindeutig erkennbaren Emotionen machen uns verletzbar.

Im Denken der meisten Menschen wird Weinen mit Schmerz assoziiert. Wenn ein Mensch Tränen vergießt, dann heißt das, daß ihm etwas weh tut. Und in einem magisch anmutenden Versuch, den Schmerz zu beseitigen, verlangen wir, daß er seine Tränen unterdrückt. Nach der Devise: Wenn der Betreffende nicht weint, empfindet er auch keinen Schmerz.

Sicher ist es nicht leicht mitanzuhören, wie ein andrer leidet. Aber wir sind erwachsene Menschen. Ist es nicht ungerecht, einen Menschen – und insbesondere ein Kind – zu zwingen, seinen Schmerz zu unterdrücken und ganz allein mit ihm fertigzuwerden, nur weil wir ihm hilflos gegenüberstehen?

Ein Kind, das sich aus*drückt*, d. h. Druck loswird, behält ihn nicht in sich. Es empfindet zwar Schmerz, aber dieser hat dann nicht die Macht, es zu zerstören. Mit Hilfe der Tränen geht es durch ihn hindurch.

Ein Kind, das seine Tränen unterdrücken muß, schließt seinen Schmerz in sich ein. Es ist damit allein. Es kapselt sich in seinem Kummer ab. Ein Teil seiner psychischen Energie wird dafür verwendet, diesem Schmerz einen Sinn zu geben, die Emotionen zu unterdrücken und weniger zu leiden. Es hat nicht mehr seine ganze Energie zu Verfügung, um sich zu entfalten, Dinge zu lernen, für die Schule zu arbeiten oder Beziehungen zu Freunden zu unterhalten. Es besteht die Gefahr, daß es durch diese Belastung geschwächt wird. Früher oder später wird es seiner Not durch ein Symptom Ausdruck verleihen.

Seine Eltern erkennen das leider nicht immer als solches. Ekzeme, Bettnässen, Eßstörungen, schlechte Noten, Gewaltausbrüche oder Depression sind einige mögliche Symptome. Die Emotionen können jahrelang »vergraben« sein und erst im Erwachsenenalter wieder zögernd an die Oberfläche kommen. Da sie die Wahrnehmung der Realität verfälschen, führen sie zu beruflichen Mißerfolgen, unglücklichen Ehen, Irrtümern und Konflikten. Die Emotionen explodieren dann beispielsweise angesichts einer Entlassung oder einer Scheidung oder implodieren in Krebsgeschwüren oder Herzinfarkt.

Im Leben eines jeden Menschen gibt es immer wieder schwierige Situationen; es ist unsinnig, solche Situationen absichtlich herauszufordern, um den Menschen abzuhärten. Im Gegenteil, einem Kind zu helfen, angesichts einer Belastungsprobe standhaft zu bleiben und sie ohne Schaden zu durchleben bedeutet, ihm zu helfen, ein Fundament aus Vertrauen in sich selbst, in die Menschen, die es umgeben, und in seine eigene Fähigkeit, Emotionen freizusetzen, aufzubauen.

Das Leugnen der Emotionen, das Abhärten vermittelt uns zwar die Illusion, wir würden uns irgendwie durchlavieren, aber wir wissen heute, wie schädlich die emotionale Unterdrückung für die körperliche und seelische Gesundheit ist. Die

Emotionen sind die Werkzeuge, mit denen die Natur uns ausgestattet hat, damit wir den Schwierigkeiten des Lebens begegnen können. Warum also sollten wir darauf verzichten?

Schauen wir uns im folgenden einige Belastungen an, die in der Kindheit häufig vorkommen. Schwere Mißhandlung lasse ich dabei außer acht.

Trennungen

Für ein Kleinkind ist eine Trennung das Allerschlimmste überhaupt.

Die Trennung bei der Geburt

Es kommt vor, daß nach der Geburt eines Kindes eine Trennung von der Mutter unumgänglich ist. Gesundheitliche Probleme können eine bestimmte Behandlung, Pflege und eine spezielle Ausrüstung erfordern, die in dem betreffenden Krankenhaus nicht zur Verfügung stehen. Immer mehr Entbindungsheime versuchen, Gegebenheiten zu schaffen, die gewährleisten, daß die Mutter-Kind-Bindung aufrechterhalten wird, aber das läßt sich nicht immer einrichten. Wenn man jedoch zu Ihnen sagt: »Es ist unmöglich!«, sollten Sie auf Ihrem Wunsch beharren und prüfen, ob es nicht doch möglich ist. Wenn Sie sich in ein Krankenhaus begeben, werden Sie zwar zum »Patienten« (patiens [lat.] – erduldend, leidend), doch das ist kein Grund, sich allem klaglos zu unterwerfen.

Mein erstes Kind kam durch einen Kaiserschnitt zur Welt. Nachdem man mich wieder zugenäht hatte, wurde ich in mein Zimmer zurückgerollt und erfuhr, daß meine Tochter erst in einer Stunde zu mir gebracht werden könne. Margot, die unterkühlt und untergewichtig war, »mußte« in einem Brutkasten bleiben, und ich war nicht darauf vorbereitet, mich dem medizinischen Verdikt zu widersetzen. Der kategorischen Behauptung: »Solange ihre Temperatur niedrig ist, muß sie im Warmen bleiben« konnten mein Lebensgefährte und ich nichts entgegnen. Und doch waren mein oder sein Körper genauso warm wie der Brutkasten.

Aber warum war es »unmöglich«, den Brutkasten in mein Zimmer hinunterzubringen?

»Die Brutkästen bleiben auf dem Stockwerk, wo sie sind. Die Krankenschwester, die die Brustkästen auf Ihrem Stockwerk betreut, tritt erst in einer Stunde ihren Dienst an.«

Wir glaubten, nicht richtig gehört zu haben! Jean Bernard ergriff den Brutkasten, verfolgt von den Krankenschwestern, die laut riefen: »Dazu haben Sie kein Recht!« »Ich nehme diesen Brustkasten mit nach unten. Sie haben kein Recht, ein Baby hier ganz allein zu lassen, während seine Mutter im Stockwerk darunter ist.« Er brachte den Brutkasten hinunter, und natürlich stellte das keinerlei Problem dar.

Nathan kam mit einem Herzfehler und durch Kaiserschnitt auf die Welt. Er wurde sofort danach in ein Spezialkrankenhaus verlegt. Aufgrund ihrer Operation konnte seine Mutter ihn nicht begleiten. Sein Vater jedoch kam mit. Er sprach mit seinem Kind, hielt es an seinen Körper. Als das Pflegepersonal ihn bei anbrechender Nacht bat, das Krankenzimmer zu verlassen, weigerte er sich ganz einfach. Auf keinen Fall wollte er den leidenden Säugling ganz allein in diesem fremdartigen Universum lassen. Er wollte an seiner Seite schlafen. Also verbrachte er die Nacht auf dem Fußboden, unter dem Kinderbett! Man versuchte alles, um dem Vater auszureden, neben seinem Kind zu bleiben. Aber seine Entschlossenheit war so groß, daß das Pflegepersonal davor kapitulierte. Am nächsten Abend gestand man ihm eine dünne Matratze zu.

Wenn alle Väter und Mütter so standhaft wären, hätten sich die Krankenhäuser schon lange angepaßt und Einrichtungen geschaffen, die den Bedürfnissen einer Familie Rechnung tragen.

Wenn die Trennung wirklich unvermeidbar ist, dann sagen

Sie es dem Kind. Ja, sagen Sie es Ihrem Baby. Es versteht Sie. Es versteht zwar die Worte nicht, begreift aber die dahinterstehende Absicht. Es ist verblüffend zu sehen, wie ein Säugling aufhört zu weinen oder wieder anfängt zu trinken, nachdem man ihm erklärt hat, was sich abspielt.

Ein Baby ist viel mehr als ein Wesen, das trinkt und verdaut.

Das Baby ist ein eigenständiger Mensch, man muß ihm Achtung entgegenbringen.

Auch wenn es noch nicht mit Worten sprechen kann, spricht es mit seinem Körper und seinem Schreien. Es versucht zu kommunizieren. Es hat ein Recht darauf, den Sinn der Dinge zu erfahren. Sein Gehirn prägt sich schon jetzt alles ein, was es hört.

Die Trennung, wenn das Kind in den Kindergarten kommt

Nach einiger Zeit, wenn die Mutter ihre Berufsarbeit wiederaufnimmt, wird das Kind in die Kinderkrippe gebracht. In den letzten Jahren hat sich die Krippenbetreuung von Kleinkindern grundlegend verändert. Fast überall achtet das Pflegepersonal der Kinderkrippen heute auf die Bedürfnisse der Kinder. Fast überall wird eine gewisse Vorbereitungszeit vorgeschlagen, eine Periode der Anpassung, in der Mutter oder Vater so lange in der Krippe willkommen sind, bis das Kind sich dort gut aufgehoben fühlt. Und fast überall wird man Ihnen helfen, mit Ihrem Kind zu sprechen – und auch die Betreuerinnen werden während Ihrer Abwesenheit mit ihm sprechen. Ein Kind ist kein Paket, das man abgibt und wieder abholt, es ist ein eigenständiger Mensch.

Sie bringen das Kind in eine Kinderkrippe, weil Sie Ihren Beruf wiederaufnehmen? *Das Kind muß das akzeptieren, aber es hat das Recht, seine Emotionen zum Ausdruck zu bringen.*

Wenn Ihr Kind auch nach den ersten Aufenthalten in der Kinderkrippe noch immer weint, wenn Sie sich verabschieden, dann versucht es, Ihnen etwas mitzuteilen. Sagen Sie sich nicht:

»Das wird vorbeigehen«. Sein Weinen weist auf ein Leiden hin.

Man ist leicht geneigt, seine Tränen als eine Weigerung zu sehen, in der Krippe zu bleiben, während Sie berufstätig sind. Urteilen Sie nicht vorschnell. Denken Sie darüber nach, was Ihr Kind erlebt, und versuchen Sie, sein Bedürfnis auszumachen. Hat es etwas mit der Betreuerin zu tun? Oder mit der Krippe selbst? Oder mit einem anderen Kind, das auch dort ist? Ist sein Verhalten eine Reaktion auf Ihre eigene Angst? Fühlen Sie sich selbst in Ihrem Leben alleingelassen?

Sprechen Sie mit ihm. Dabei sollten Sie unbedingt die Wahrheit sagen. Sie lieben Ihre Arbeit und sind froh, sie wiederaufnehmen zu können? Das nimmt dem Kind nichts von der Liebe, die Sie für es empfinden. Sagen Sie ihm, wie glücklich Sie Ihr Beruf macht. Ein Kind möchte seine Mutter glücklich sehen. Indem wir die Verantwortung für die Trennung jemand anderem zuschieben (der Gesellschaft, unserem Chef ...), versuchen wir, der Konfrontation mit den Emotionen des Kindes aus dem Weg zu gehen. Das Kind wird Ihre Abwesenheit nicht besser akzeptieren, wenn Sie sie ihm als eine Notwendigkeit darstellen, die außerhalb Ihres freien Willens steht. Im Gegenteil – es ist auf Dauer befriedigender und auch gesünder für das Kind, wenn Sie die Verantwortung für Ihre Belange übernehmen. Das gleiche gilt, wenn es nicht in die Schule gehen will. Sagen Sie nicht zu ihm:

»Alle Kinder gehen in deinem Alter in die Schule, das ist Pflicht.«

Informieren Sie Ihr Kind rechtzeitig!

Wenn es auch wahr ist, daß Babys kein Zeitgefühl haben, so ist es dennoch wichtig, sie vor jeder Trennung lange genug im voraus zu informieren. Selbst ein Kleinkind braucht Zeit, um sich vorzubereiten. Wenn Sie vorhaben, für eine Stunde wegzugehen, genügt es, Ihr Kind am Morgen dieses Tages davon in Kenntnis zu setzen (aber nicht erst zwei Minuten davor!). Wenn Sie dagegen beabsichtigen, eine Woche lang wegzufahren, sollten Sie es Ihrem Kind mindestens einen Monat davor mitteilen.

Warum eigentlich? Warum ist es nicht ratsam, es ihm erst an dem Tag, an dem Sie aufbrechen, mitzuteilen? *Eine Trennung betrifft zwei Menschen.* Macht man frühzeitig davon Mitteilung, so gibt man damit beiden Seiten die Zeit, ihre Emotionen wahrzunehmen, innerlich eine Brücke zwischen dem Augenblick des Aufbruchs und dem der Rückkehr zu schlagen und sich zu vergegenwärtigen, welche Bedürfnisse beide Beteiligte während der Trennung haben werden. Dementsprechend kann man Strategien entwickeln, wie man sich auch in dieser Zeit verbunden fühlt.

Ist es ein T-Shirt mit Ihrem Geruch, das ihm zusagt, oder irgendein kleiner Gegegenstand, der Ihnen gehört und den das Kind aus Ihrer Tasche nehmen darf? Oder ein Foto? *Indem man die Trennungszeit gemeinsam vorbereitet, fühlt man sich einander nahe.* Wenn das Kind während Ihrer Abwesenheit das Foto betrachtet, an dem Kleidungsstück riecht oder den kleinen Gegenstand in die Hand nimmt, wird es sich Augenblicke der Nähe mit Ihnen vorstellen.

Wenn es das Kind ist, das weggeht, so dienen ihm sein Lieblingsspielzeug oder ein Kleidungsstück mit Ihrem Geruch als Bezugsobjekte. Und lassen Sie es selbst auswählen, was es mitnehmen möchte: Fotos der Eltern, ein Teddybär, ein Gegenstand aus dem Haus, ein vertrautes Spielzeug helfen dem Kind zu fühlen, daß Papa, Mama und das Haus auch dann weiterhin existieren, wenn es nicht dort ist.

Wenn das Kind größer ist, können Sie zusammen mit ihm ein großes Bild malen, auf dem Sie einige Felder einzeichnen, die die Tage darstellen, die es nach und nach abhaken kann. Sie können ihm eine Art Adventskalender mit kleinen Türen fertigen, jeden Tag kann es dann eine Tür öffnen, um darin eine Liebesbotschaft, ein Bonbon oder ein kleines Geschenk vorzufinden. Lassen Sie Ihre Phantasie spielen!

Denken Sie daran, daß es nicht genügt, ein einziges Mal darüber zu reden. Sprechen Sie oft darüber, auch wenn es gar nicht gern mag, wenn Sie davon reden. Wenn das Datum der Trennung allmählich näherrückt, verändern sich die Emotionen.

- *Sprechen Sie mit ihm über den Menschen, der sich um das Kind kümmern wird.*
Vertrauen Sie Ihr Kind niemals einem Menschen an, den es nicht kennt.
Manche Kinder benötigen eine geraume Weile, bevor sie wirklich Vertrauen fassen können. Es genügt nicht, jemanden eine Stunde lang gesehen zu haben, um ihn zu kennen. Wenn Sie Ihr Kind einer Betreuerin anvertrauen müssen, die es nicht gut kennt, dann sollten Sie den beiden möglichst die Gelegenheit geben, sich gegenseitig kennenzulernen und sich gemeinsam auf Ihre Abwesenheit vorzubereiten.
- *Besprechen Sie mit dem Kind, was es während Ihrer Abwesenheit tun wird.* So besteht dann auch eine Verbindung während der Trennung.
- *Erklären Sie ihm, was Sie in dieser Zeit vorhaben. Teilen Sie ihm immer die wahren Gründe für die Trennung mit.* Lügen Sie niemals, und stellen Sie nicht etwas als aufgezwungene Pflicht hin, was in Wirklichkeit auf Ihrer eigenen Entscheidung beruht.
- *Sprechen Sie von sich, von Ihren Gefühlen:* »Ich bin traurig, weil ich dich verlassen muß, du wirst mir fehlen.«
- *Nehmen Sie die Emotionen des Kindes auf. Es hat das Recht, seiner Wut, seiner Traurigkeit oder seiner Angst Ausdruck zu verleihen.*
- *Erklären Sie ihm, wie und wann Sie sich wiedersehen werden.*

Wie man lernt, sich zu trennen

- *Spielen Sie Verstecken.*
Freud hat das Fadenspiel beschrieben, in dem ein Kind eine Garnrolle weit wegwirft, wobei es das Fadenende festhält

und »fort« sagt; dann zieht es die Rolle mit einem »da« wieder zu sich heran. Dieses Spiel – wie ein wenig später das Versteckspiel – hilft dem Kind zu lernen, mit Abwesenheit und Wiedersehen umzugehen. Ein kleines Kind liebt das Versteckspiel nur unter bestimmten Umständen. Es versteckt sich so, daß Sie es sehr bald wiederfinden, benutzt dasselbe Versteck zwanzigmal hintereinander und weint, wenn Ihr Versteck zu schwer ausfindig zu machen ist.

— *Lesen Sie ihm Geschichten vor*, in denen die Abreise eines Elternteils, die Besorgnis des Kindes, die Rückkehr und die Freude über das Wiedersehen geschildert werden. Man kann, daran anschließend, sagen:

»Auch du hast ein wenig Angst gehabt, als ich gestern weggegangen bin, genauso wie die kleinen Eulen hier. Und dann bin ich zu dir zurückgekommen. Die Mama kommt immer zurück. In der nächsten Woche werde ich wieder für zwei Tage wegfahren. Vielleicht wirst du dich dann ein bißchen allein fühlen – so wie die kleinen Eulen. An zwei Abenden werde ich dir keinen Gutenachtkuß geben können. Danach bin ich wieder da.«

— *Gewöhnen Sie das Kind schrittweise daran.*

Wenn möglich, sollten Sie sich bei der jeweiligen Trennungsdauer nach den Möglichkeiten des Kindes richten. Vermeiden Sie es, sich von einem Kind, das jünger als zwei Jahre alt ist, länger als vierundzwanzig Stunden zu trennen. Wenn es älter ist, kann es sprechen und sagen, was ihm recht ist. Hören Sie ihm zu.

Wann soll man die ersten Aufenthalte außerhalb des Hauses ins Auge fassen? Meiner Meinung nach dann, wenn das Kind imstande ist zu sagen, daß es gerne auswärts schlafen möchte. Es empfiehlt sich, mit einer Nacht bei seiner Großmutter oder einem Freund zu beginnen und die Dauer der Aufenthalte nach und nach zu verlängern.

— *Und gehen Sie niemals fort, ohne sich vorher zu verabschieden!*

Damit würden Sie vielleicht vermeiden, mit seinen Tränen konfrontiert zu werden, aber der Verrat wird einen Makel in Ihrer Beziehung hinterlassen. Lernen Sie vielmehr, sein Weinen gut aufzunehmen und mitfühlend zu sein. Das Weinen gehört zum normalen Umgang mit Trennungen.

Soll man während der Trennung miteinander in Kontakt bleiben?

Für einen Erwachsenen sind zwei Wochen kurz, für einen Zweijährigen ist es eine Ewigkeit.

— *Rufen Sie das Kind an! Schreiben Sie ihm! Schicken Sie ihm ein Fax! Zeigen Sie ihm, daß Sie an es denken.*

Sie ziehen es vor, nicht anzurufen, damit es nicht weint? Vielleicht sollten Sie tatsächlich vermeiden, es in der Stunde anzurufen, wo es wahrscheinlich ins Bett gehen wird – aber rufen Sie unbedingt an! Wenn es weint, nachdem Sie aufgelegt haben, dann hilft ihm das, seinen Kummer herauszulassen. Überzeugen Sie sich davon, daß es der Mensch, in dessen Obhut das Kind ist, durch sein Weinen hindurchbegleiten kann und nicht von ihm verlangt wird, sich wie ein »großes Kind« zu benehmen.

Es ist gerade zu sehr in sein Spiel vertieft? Macht nichts – dann hat es von Ihrem Wunsch gehört, mit ihm zu sprechen; es weiß, daß Sie es nicht vergessen.

Wenn Sie es dagegen nicht anrufen, könnte es sich Sorgen machen, und zwar ohne mit jemandem darüber zu reden. Die Person, die es gerade betreut, wird Ihnen zwar berichten, alles sei gutgegangen. »Er hat kein einziges Mal nach Ihnen verlangt. Nie gab es Tränen …« Das Kind hat wohl verstanden, daß es seinen Kummer verbergen sollte. Erst zwanzig Jahre später wird es möglicherweise seinem Psychiater davon berichten!

Stellen Sie sich vor, Ihr Liebster würde für einen Monat oder zwei verreisen (das entspricht jeweils einer Woche im Erleben eines Kindes). Die räumliche Distanz zwischen Ihnen kommt Ihnen schrecklich vor, Sie würden ihn so gerne in Ihre Arme schließen. Wenn Sie mit ihm telefonieren, sind Sie bewegt, es fällt Ihnen schwer, den Hörer aufzulegen, und möglicherweise vergießen Sie auch ein paar Tränen. Aber was wäre, wenn er, aus Furcht, Sie weinen zu hören und Ihnen Kummer zu bereiten, Sie während seiner Abwesenheit kein einziges Mal anriefe? Wie würde das auf Sie wirken?

Ihr Kind hat das Recht auf dieselbe Rücksichtnahme wie Sie, auf dieselbe Achtung seiner Bedürfnisse – und das um so mehr, als es noch klein und abhängig ist.

— *Sie bleiben mit Ihrem Kind zurück? Hören Sie ihm zu, wenn es über den abwesenden Elternteil spricht.*

»Wo ist Papa?« fragt mich Margot (zweieinhalb) zwanzigmal hintereinander. Jedesmal antworte ich ihr: »Im Büro, mein Liebes.«

Nach einer Weile wird mir bewußt, daß ich nur noch rein mechanische Antworten gebe; daher frage ich sie:

»Und du, was glaubst du, wo dein Papa ist?«

»Er ist im Büro, er arbeitet mit seinem Computer; vielleicht besucht er gerade einen Kunden.«

Als sie ihre Frage stellte, suchte sie in Wirklichkeit also gar keine Antwort. Es war einfach ihre Art, mir zu verstehen zu geben, daß sie dabei war, sich das Bild ihres Vaters vorzustellen.

»Du denkst an deinen Papa«, wäre wohl eine verständnisvollere und passendere Antwort gewesen.

Um keine unerwünschte Emotion hervorzurufen, vermeidet die Umgebung es zuweilen, den Abwesenden zu erwähnen. Doch wenn dieses Thema allzu strikt umgangen wird, kann dies dem Kind verdächtig und beunruhigend vorkommen. Ermöglichen Sie ihm, darüber zu sprechen, in Worte zu fassen, was es fühlt, was es zu sich selbst sagt.

Das Wiedersehen

– *Erwarten Sie nicht, daß das Kind sich Ihnen sofort in die Arme wirft.*

Lassen Sie ihm genügend Zeit, um die Information zu verarbeiten. Möglicherweise braucht es ein paar Minuten, um diese neue Wirklichkeit zu erfassen: Meine Mama ist wieder da. Vielleicht muß es auch einfach das beenden, was es gerade tut. Hüten Sie sich davor, dies als ein Desinteresse an Ihnen zu deuten. Das Gegenteil ist der Fall: Um Ihnen zu begegnen, möchte das Kind sich ganz auf Sie einlassen können; dafür muß es zuvor seine Holzklötzchen aufräumen oder sein Bild fertigmalen.

– *Halten Sie sich zurück – stürzen Sie sich nicht gleich auf das Kind, um es mit Küssen zu überschütten.*

Machen Sie aus diesem Augenblick des Wiedersehens keinen Augenblick der Verunsicherung. Ja, selbst die Küsse können verunsichern, wenn sie nicht im Rhythmus des Kindes gegeben werden. Öffnen Sie die Arme, gehen Sie in Hockstellung, um mit dem Kind auf gleicher Höhe zu sein, und lassen Sie es auf Sie zugehen.

– *Mustergültig im Kindergarten – unausstehlich zu Hause?*

Das Kind häuft den ganzen Tag über Spannungen an, die es sich vor Fremden nicht loszulassen traut. Es zeigt sie nur Ihnen, weil es weiß, daß Sie bei Ihnen gut aufgehoben sind. Sie lieben Ihr Kind, auch wenn es mürrisch und schlechtgelaunt ist.

– *Ihr Kind schmollt, wenn Sie nach Hause kommen?*

Und Ihnen ist das nur recht, weil Sie ohnehin gern ein wenig Ruhe hätten? Sie sagen sich ein wenig vorschnell: »Es hat keine Lust, mit mir zusammen zu sein«, und gehen zu anderen Dingen über? Dann haben Sie einen günstigen Augenblick verpaßt.

Ihr Kind ist wütend, weil Sie nicht da waren. Sie haben ihm gefehlt; es ist seine Art, es Ihnen zu sagen. Hören Sie ihm gut zu. Es will prüfen, wieviel Liebe und Interesse Sie trotz Ihrer vorigen Abwesenheit haben. Enttäuschen Sie es nicht.

Anstatt zu sagen: »Wenn du aufgehört hast zu schmollen, dann können wir zusammen spielen!«, sagen Sie lieber ohne Umschweife: »Ich habe Lust, mit dir und deinen Autos zu spielen.«

Die ersten affektiven Trennungen

Als Vater und Mutter sind Sie die wichtigsten Bezugspersonen Ihres Kindes. Danach kommt die übrige Familie: Großeltern, Onkel und Tanten. Aber Ihr Kind faßt auch zu anderen Menschen Zuneigung. Die Eltern unterschätzen oft die Bedeutung von wichtigen außerfamiliären Beziehungen.

Eine ausgebildete Tagesmutter geht irgendwann einmal in Rente, der Babysitter hat sein Studium beendet und eine Arbeit gefunden, das Au-pair-Mädchen kehrt in seine Heimat zurück ... Setzen Sie das Kind davon in Kenntnis, sobald Sie es erfahren haben. Machen Sie Fotos, damit Sie Erinnerungsstücke besitzen. Bitten Sie die betreffende Person, mit dem Kind zu sprechen und ihm die Gründe für ihren Weggang zu erklären. Wenn möglich, vermeiden Sie einen allzu unvermittelten Abschied.

Aus allen möglichen Gründen sind die Freundschaften, die man in den allerersten Kindergarten- und Schuljahren schließt, selten von Dauer. Unsere Gesellschaft wird immer mobiler. Die Freunde ziehen um oder wechseln die Schule. Wenn Ihr drei- oder vierjähriges Kind nicht darüber redet, dann eher, weil es sich noch nicht auszudrücken versteht, als weil es nichts empfindet.

Sie ziehen um

Ein Umzug bedeutet auch eine affektive Trennung. Er wird um so besser verkraftet werden, je mehr innere Sicherheit das Kind hat. Wenn es wenig innere Sicherheit hat, kann der Verlust der gewohnten Anhaltspunkte traumatische Auswirkungen haben.

– *Helfen Sie Ihrem Kind, sich sein zukünftiges Leben vorzustellen.*

Wenn möglich, nehmen Sie es *mehrmals* mit an den Ort, an dem es künftig leben wird. Auch Sie selbst werden dieses Bedürfnis haben, nicht wahr? Denken Sie daran, daß es viel mehr verunsichert von dem Ortswechsel ist als Sie, auch wenn es sich nicht um die technischen Aspekte des Umzugs kümmern muß (ja vielleicht gerade deswegen).

– *Lassen Sie es möglichst viel daran teilhaben.*

Sobald sich die Gelegenheit bietet, sollten Sie ihm einige Aufgaben anvertrauen. Unter dem Vorwand, unseren Kindern unnötige Sorgen zu ersparen oder – ganz konkret – sie nicht dauernd zwischen unseren Beinen herumwuseln zu sehen, wenn es ans Packen geht, halten wir sie fern – und nehmen ihnen damit etwas sehr Wichtiges.

Die faktischen Aufgaben, die sich um einen Umzug ranken, helfen dabei, sich von dem früheren Wohnort zu verabschieden und auf den neuen einzustellen. Das Packen und Aufräumen bedeutet auch, die Liebe zu spüren, die man manchen Gegenständen entgegenbringt, und sich ihre Geschichte in Erinnerung zu rufen.

Wenn das Kind noch ganz klein ist, kann es beispielsweise seine Stofftiere in einen Karton legen. Fall es größer ist, kann man es ihm überlassen, alle Kartons zu schließen, sie zu numerieren und auf jeden Karton zu schreiben, was er enthält.

Nur wenn es noch nicht laufen kann, ist es angebracht, daß Sie alles erledigen. Helfen Sie Ihrem Kind, seine Ressourcen zu mobilisieren und den Umzug bewußt zu erleben. Begleiten Sie es bei der Trauer über das Zurückgelassene, in der Bewußtwerdung seiner selbst und dessen, was trotz der Veränderung Bestand hat, und in der gedanklichen Vorwegnahme seines künftigen Lebens an einem neuen Wohnort.

1. *Trauer über das Vergangene, das man hinter sich läßt*
   Die Phasen der Trauer sind: die Leugnung, die Wut, das Verhandeln, die Traurigkeit und schließlich das Akzeptieren. Geben Sie jeder dieser Emotionen Raum. Begleiten Sie Ihr Kind auch durch die Sehnsucht hindurch. Schauen Sie sich Fotos von dem früheren Wohnort an, sprechen Sie über Erinnerungen ...

2. *Die Zwischenzeit*
   Es ist empfehlenswert, sich zwischen zwei Welten, zwei Wohnungen, zwei Lebensepochen eine Art »Zwischenzeit« zu gönnen – einen Raum für sich selbst, in dem man fühlt, was einem bleibt. Diese Zeit ermöglicht, eine Brücke zwischen der Vergangenheit und der Zukunft zu schlagen, zu spüren, daß das Leben Kontinuität hat. Man beobachtet, was noch ähnlich wie früher ist und was sich verändert hat, und stellt sich vor, in welcher Hinsicht sich die Veränderungen als konstruktiv erweisen werden.
   In dieser Zwischenzeit fühlt man, wie man lebt, spürt das Vertrauen, das man in sich, in seine persönlichen Ressourcen hat. Rufen Sie sich andere größere Veränderungen ins Gedächtnis, die Sie bereits erfolgreich bewältigt haben.

3. *Die Antizipation*
   Stellen Sie sich die Zukunft bildlich vor. Malen Sie sich aus, was sein wird. Projizieren Sie sich in Ihr kommendes Leben und entscheiden, wie Sie es führen wollen.

Die Ankunft eines neuen Kindes

Ja, das ist eine ziemliche Belastung, von der sich manche Kinder nur schwer wieder erholen. Die Mutter ist weniger häufig verfügbar, sie kümmert sich »immer« um das Baby. Sie ist müde, ja erschöpft von den vielen schlaflosen Nächten. Das ältere Kind muß nun warten, bis man sich ihm widmet. Manchmal wird es wegen des kleinen Neuankömmlings sogar ausgeschimpft. Dennoch benötigt es nach wie vor die Aufmerksamkeit seiner Mutter; man verlangt von ihm schon sehr früh, vernünftig zu sein! Es soll viele Anstrengungen und Anpassungen leisten, unter dem Vorwand, daß das andere Kind ja noch ein Baby ist! Und dann: Man hatte ihm angekündigt, es werde nun einen Spielkameraden bekommen, aber es muß entdecken, daß dieses Geschwisterchen gar nicht spielen kann. Es kann nur weinen und schlafen. Mama überschüttet es mit Zärtlichkeiten, es bekommt eine Menge Geschenke. »Das ist nicht gerecht«, sagt sich das ältere Kind.

Je größer das Kind ist, desto besser kann es mit diesem Einschnitt in seinem Leben umgehen. Wenn man einen größeren Abstand zwischen den Kindern läßt, hat dies andere Nachteile. Eine ideale Lösung gibt es nicht. Geschwister zu bekommen ist eine harte Prüfung; ist diese einmal überwunden, so werden sie zu einer großen Bereicherung.

Der oder die Älteste zu sein ist nicht einfach, der oder die Jüngste ebensowenig, gar nicht zu reden von der Stellung des »Mittleren«. Kurz und gut – keine Position ist einfach, und keine unserer Beteuerungen, vor allem kein »Ich liebe euch alle gleich« wird daran irgend etwas ändern.

Das Kind muß sich von seiner Stellung als Letztgeborener verabschieden, von nun an die Zeit seiner Eltern und oft auch das Zimmer und seine Spielsachen mit dem anderen Kind teilen. Es ist »entthront« – das geht nicht ohne Affekt vor sich. Es ist natürlich und normal, ja gesund, daß es Ihnen gegenüber Wut äußert, weil Sie ein neues Kind auf die Welt gebracht haben. Diese Geburt kann für das ältere Kind eine Gefahr der Trennung darstellen. Es kann beunruhigt sein, sich im Stich gelassen fühlen, ja es kann *Angst* haben, Ihre Liebe zu verlieren. Es sagt sich möglicherweise: »Mama will ein anderes Kind, ich genüge ihr nicht!« oder »Ich bin zu groß, sie will lieber ein Baby, sie liebt mich nicht mehr.«

Es kann Angst haben, Sie tatsächlich zu verlieren:

»Sie wird nicht aus dem Krankenhaus zurückkommen.«

(Diese Überzeugung ist sehr verbreitet. Zu sehen, daß seine Mama zurückkommt, ist für das Kind eine ungeheuere Erleichterung.)

Sie haben notgedrungen weniger Zeit für Ihr Erstgeborenes, es muß akzeptieren, nun die »zweite Geige« zu spielen; darüber ist es traurig.

Unter dem Vorwand, ihrem Sohn diesen Kummer ersparen zu wollen, hat Cyrille beschlossen, kein zweites Kind zu bekommen! Doch es ist auch nicht der Himmel auf Erden, das einzige Kind zu sein. Sich von einem kleinen Bruder oder einer kleinen Schwester entthront zu sehen ist nicht leicht einzustecken, aber auf längere Sicht ist das Zusammenleben unter Geschwistern interessant und bereichernd. Muß man dem Kind diese Prüfung ersparen oder ihm helfen, sie gut durchzustehen?

Appelle an die Vernunft oder an die Moral sind unnötig und verletzend. Zeigen Sie dem Kind, daß Sie seinen Kummer verstehen. Nehmen Sie die ganze Palette der Emotionen Ihres Kindes wahr, begleiten Sie es in seiner langen Arbeit des allmählichen Akzeptierens.

Anstatt ihm die Vorteile aufzuzählen, die es durch ein neues Geschwisterchen hat, lassen Sie es selbst diese Liste erstellen (wobei Sie es bitten sollten, auch die Nachteile zu erwähnen).

Der störende Neuankömmling kann auch ein Stiefvater oder eine Halbschwester sein. Jede neue Person bringt eine Erschütterung des familiären Gleichgewichts – und entsprechende Emotionen – mit sich. Familiäre Neuzusammensetzungen verlaufen nicht immer problemlos. Ihr Kind muß möglicherweise einen neuen Papa, eine neue Mama oder Halbgeschwister akzeptieren. Die Familienmitglieder sind nicht gezwungen, sich zu lieben. Ein Elternteil hat sich eine neue Lebensgefährtin (oder einen neuen Partner) gesucht. Die Kinder haben diese Entscheidung nicht getroffen. Dennoch können sich alle so weit gegenseitig schätzen, daß es ihnen gelingt zusammenleben – unter der Voraussetzung, daß alle wichtigen Dinge ausgesprochen und die Emotionen eines jeden wahrgenommen und respektiert werden.

Streitigkeiten in der elterlichen Paarbeziehung

Streiten Sie sich häufig mit Ihrem Lebenspartner? Ist Ihre Beziehung vom Groll bestimmt? Glauben Sie, daß es besser ist, den Kindern nichts zu sagen, um sie nicht in Unruhe zu versetzen?

Ihre Kinder sind nicht dumm. Sie fühlen diese Dinge, selbst wenn Sie darauf geachtet haben, niemals in ihrer Gegenwart eine heftige Diskussion zu führen (und vor allem in diesem Fall, denn Ihr Bemühen nach Verheimlichung unterstreicht in ihren Augen die Gefährlichkeit der Situation. Alle ihre Sinne sind angespannt).

Selbst wenn sie schlafen, nimmt ein Teil von ihnen auf, was um sie herum vorgeht. Es geistert durch ihre Träume und Alpträume, durch ihre unbewußten mentalen Bilder. Wenn ihnen nicht bewußt ist, wann diese Bilder auf sie einstürmen, und daher unfähig sind, sie in Worte zu fassen, können sie dadurch noch mehr verwirrt sein. Wenn man die Dinge einordnen kann, dann kann man auch Abstand davon gewinnen; sie überwältigen uns dann weniger.

Kinder leiden unter den Konflikten ihrer Eltern. Hören Sie ihnen zu, und sprechen Sie mit ihnen. Trauen Sie sich, das Thema anzuschneiden. Tun Sie es in einer respektvollen Haltung gegenüber Ihrem Lebenspartner, selbst wenn Sie sehr ärgerlich auf ihn sind.

Zuallererst sollten Sie zuhören, ohne ein Urteil zu fällen, ohne Partei zu ergreifen, ohne sich zu rechtfertigen oder Ihren

Lebenspartner zu beschuldigen. Hören Sie sich einfach an, was Ihr Kind empfindet.

»Was für ein Gefühl hast du, wenn Papa und ich uns streiten?«

»Es ist nicht angenehm für dich, wenn Mama und ich böse aufeinander sind ...«

»Bist du beunruhigt, wenn du hörst, wie wir uns zanken? Was denkst du dann?«

Rechtfertigen Sie sich nicht. Ihr Kind ist nicht Ihr Richter. Lenken Sie nicht die Aufmerksamkeit auf sich oder Ihren Lebensgefährten. Bleiben Sie auf das Kind konzentriert. Es braucht Raum für seine Worte. Es muß fühlen, daß es wichtig ist. Nehmen Sie seine Gefühle, seine Gedanken, seine Zweifel zur Kenntnis.

Antworten Sie auf seine Fragen, wenn aus ihnen richtige Fragen geworden sind und nicht nur »Köder«, die es »ausgeworfen« hat, um ein Stückchen Wahrheit »herauszufischen«. Lügen Sie es nicht an. Seien Sie ehrlich. Sie haben das Recht, etwas nicht zu wissen und ihm das zu sagen, aber nicht, ihm etwas vorzuspielen.

Ein Letztes: Beruhigen Sie Ihr Kind. Es ist nicht seine Schuld, wenn Sie sich nicht mit seinem Vater oder seiner Mutter verstehen; das Kind hingegen werden Sie immer lieben.

Sie lassen sich scheiden

»Ich kann mir einfach nicht vorstellen, daß ich sie gemeinsam – oder auch einzeln – zu mir rufe, ihnen in die Augen schaue und dabei verkünde: ›Papa und ich verstehen uns nicht mehr, wir werden uns scheiden lassen.‹«

Ehrlich mit seinen Kindern über das zu sprechen, was man empfindet, ihren Blicke, ihren Reaktionen, ihren Emotionen gegenüberzustehen ist für viele Eltern so schwer, daß sie es ganz einfach vorziehen, nichts zu sagen, manchmal bis zum Vortag, ja dem Tag der Trennung selbst. Manche verlassen sogar das Haus, ohne überhaupt mit den Kindern gesprochen zu haben. Argumente dafür gibt es viele:

»Ich will nicht, daß sie leiden.«

»Wenn ich ihnen sage, daß ich bald ausziehen werde, dann aber noch einen Monat oder eine Woche lang bleibe, werden sie es nicht verstehen.«

»Unnötig, sie im voraus zu traumatisieren.«

»Solange ich noch keine andere Wohnung gefunden habe und somit gar nicht genau weiß, wann ich ausziehen werde, ist es unnötig, darüber zu reden.«

»Ich will meine Unschlüssigkeit nicht zeigen.«

»Das ist eine Angelegenheit zwischen Erwachsenen, unnötig, die Kinder da hineinzuziehen …«

Der Erwachsene vergißt, daß er seinen Entschluß lange reifen ließ, ehe er ihn wahrmachte. Eine Trennung impliziert immer eine tiefgreifende Änderung im Leben des Kindes – warum sollte es nicht das Recht haben, sich ebenso darauf vorzubereiten?

»Ich will warten, bis ich eine Entscheidung getroffen habe«, berichtet mir Anne, Mutter von drei Kindern. Sie will sie nicht voreilig in Angst versetzen.

Sicherlich ist es für Kinder nicht schön, wenn man ihnen einschneidende Veränderungen ankündigt. Aber überlegen Sie einmal, wieviel Zeit es Sie gekostet hat, einen solchen Entschluß zu fassen – dann haben Sie eine Vorstellung davon, was eine Trennung für Kinder bedeutet. Und Sie wollen es ihnen erst ankündigen, wenn Sie sich sicher sind? Für Ihre Kinder wird alles viel zu schnell gehen.

Es ist besser, so früh wie möglich mit den Kindern zu sprechen, sogar über Ihre Bedenken – und vor allem, ihnen Gehör zu schenken. Wir haben Angst, sie zu verunsichern, wenn wir unsere eigenen Unsicherheiten erwähnen? In Wirklichkeit zeigt die Erfahrung, daß es ein Kind mehr verunsichert, wenn es ohne Vorbereitung mit einer solchen Entscheidung konfrontiert wird, als wenn es sie mit seinen Eltern teilen kann. Sprechen Sie mit

Ihrem Herzen, und Ihr Kind wird sich sicher und geborgen fühlen. Es sieht dann, daß Sie es ernst nehmen. Sie halten es auf dem laufenden. Es wird Ihre Entscheidung dann nicht als übereilt und unverständlich erleben. Natürlich wird es leiden, aber es wird ihm erlaubt sein, seinem Leiden lauthals Ausdruck zu verleihen, anstatt seine Besorgnis im Schweigen zu ersticken.

Nicht um zu vermeiden, daß die Kinder leiden, sagt man ihnen nichts, sondern um zu vermeiden, ihren Emotionen ausgesetzt zu werden – und ihren scharfsinnigen oder auch herausfordernden Bemerkungen. *Wir trauen uns nicht, dem Blick unserer Kinder und ihrem Urteil zu begegnen.*

Hinter der Unschlüssigkeit verbirgt sich oft ein Schuldgefühl gegenüber dem Kind. Die Überzeugung, eine Scheidung verwirre die Kinder in hohem Maße, hält sich hartnäckig. Zweifellos ist es für Kinder besser, mit Eltern zu leben, die sich lieben und in einer harmonischen Beziehung leben. Aber wenn sie sich nicht oder nicht mehr lieben? Wenn sie sich streiten, sich gegenseitig verachten oder gar zugrunde richten?

Viele Erwachsene erzählen in der Psychotherapie, wie sehr sie unter den Zwistigkeiten ihrer Eltern, ihren Streitereien, ihren Machtspielen, dem Kummer, den sie sich gegenseitig zufügten, gelitten haben – und nehmen es ihnen übel, nicht den Mut zu einer Trennung aufgebracht, sondern inakzeptable Handlungen und Worte hingenommen zu haben. Sie nehmen es ihnen übel, daß sie dadurch selbst ein negatives Bild von der Paarbeziehung an sich bekamen. Sie sind zutiefst davon geprägt, und das hat ihre eigenen Liebesbeziehungen belastet.

Wenn alles versucht wurde, um ein Paar miteinander auszusöhnen, wenn keine Liebe mehr da ist, dann kann die Trennung für alle eine Befreiung sein. Die Frage ist also nicht, ob eine Scheidung an sich destruktiv ist, sondern: »Wie kann man sich in einer Atmosphäre der Verständigung und der gegenseitigen Achtung voneinander trennen?« *Die Unmöglichkeit, darüber zu sprechen, seine Emotionen, seine Wut, seine Trauer oder seine Ängste auszudrücken, ist zerstörerisch.*

Wir müssen uns der heutigen Realität stellen. Männer und Frauen nehmen es nicht mehr hin, in gestörten Beziehungen zu leben. Wenn sie nicht glücklich zusammen sind, dann ziehen sie es vor, sich zu trennen.

Die Wahrheit kommt aus Kindermund

Wenn die Eltern sich nicht verstehen, dann wissen die Kinder das. Sie ahnen es, ohne es immer in Worte zu fassen.

Cécile erwog schon seit geraumer Zeit, sich von ihrem Mann zu trennen, hatte aber mit ihm noch nicht darüber gesprochen. Mir gegenüber behauptete sie, ihre Kinder wüßten noch nichts. Ich schlug ihr vor, etwas genauer auf das zu hören, was sie sagten. Am selben Abend fragte sie ihr sechsjähriger Sohn zu ihrer großen Bestürzung:

»Sag' mal, Mama, wenn du dich scheiden läßt, zu wem komme ich dann?«

Glücklicherweise hatten wir die Antworten gemeinsam vorbereitet. Sie verstand es, ihm zuzuhören. Nach diesem Gespräch verbesserten sich seine Leistungen im Rechnen radikal! Da begriff Cécile die Situation. Ihr Sohn hatte so viele Fragen in sich, auf die er keine Antworten wußte, daß er davon in seiner Lernfähigkeit behindert war – vor allem bei rechnerischen Teilungsaufgaben! Und das war nur logisch: Wie konnte er solche Aufgaben lösen, wo er doch vage spürte, daß seine Familie vor einer Teilung stand?

Die Kinder spüren vieles, wagen aber nicht, darüber zu sprechen, aus Angst, das Unausgesprochene zum Ausbruch zu bringen, aus Angst, die Dinge zu verschlimmern oder eine schon beschlossene Trennung zu beschleunigen. Das heißt aber nicht, daß sie nicht das Bedürfnis hätten, darüber zu sprechen! Es ist die Aufgabe des Erwachsenen, den ersten Schritt zu tun.

Außer in den Fällen, wo einem Kind Gewalt angetan wird, Gewalt zwischen den Eltern besteht oder das Kind Opfer sexuellen Mißbrauchs ist, möchte ein Kind nicht, daß sich seine Eltern trennen. Aber es ist wichtig zu sehen, daß die Kinder später, wenn sie dann erwachsen sind, ihren Eltern eher vorwerfen, daß sie sich weiterhin miteinander stritten, in einer öden und lieblosen Paarbeziehung lebten, deprimiert oder unglücklich waren, als sich getrennt zu haben. Was Kinder aus geschiedenen Paarbeziehungen ihren Eltern vorwerfen, ist nicht die Trennung selbst, sondern die Tatsache, daß man ihnen nicht zugehört, keine Rücksicht auf sie genommen, sie nicht informiert hat.

Eine Trennung kann sich als schmerzlich erweisen, doch ist sie keinesfalls immer schädlich. Sicherlich gibt es Kinder, die unter einer Scheidung sehr leiden, aber es gibt auch solche, die sich danach erleichtert fühlen, weil die Dinge dann klar sind. Sie stehen dann zwei Elternteilen gegenüber. Sie haben das Recht, über ihre eigene Situation zu reden, was sie sich vorher vielleicht selbst nicht zugestanden haben. Sie werden wieder heiter und frei.

Als Sylvias Eltern sich trennten, war sie bereits dreißig Jahre alt. Dennoch war sie erschüttert darüber. Eine ganze Anzahl von Geheimnissen war dadurch ans Tageslicht gekommen. Manche Themen, ja auch einige Tabus in der Familie, wurden zur Sprache gebracht. Es wurde ihr bewußt, daß sie fast ihre ganze Kindheit hindurch mit einer Lüge gelebt hatte. Die Vermutungen und Ahnungen, die sie in bezug auf die Beziehung ihrer Eltern gehabt hatte, waren also richtig! Sie hatte niemals wirklich an diese Fassade geglaubt, die sie aufrechterhalten hatten; sie spürte, daß sie zusammen nicht glücklich waren, aber sie hatte nie gewagt, den Schleier zu lüften. Mit diesem verzerrten Bild der Liebe, das sie nun hatte, erlebte sie eine Menge Enttäuschungen in ihren Liebesbeziehungen. Die Trennung ihrer Eltern war zwar ein schmerzliches Ereignis, hatte aber sehr günstige Wirkungen auf sie. Nach dieser Trennung – und insbesondere nachdem sie die Wirklichkeit ihrer Eltern durchschaut hatte – konnte sie sich von der Last ihrer Vergangenheit befreien und den Mann kennenlernen, mit dem sie heute lebt.

Als sie klein war, hätte sie nicht gewollt, daß ihre Eltern sich trennen. Doch heute glaubt sie, daß die Dinge einen günstigeren Verlauf für sie genommen hätten, wenn ihr Vater früher weggegangen wäre. Sie hatte immer den Eindruck gehabt, daß er ihre Mutter unglücklich machte; sie nahm ihm sein Verhalten übel und warf ihrer Mutter blinde Ergebenheit und Freudlosigkeit vor. Hätte sie die Möglichkeit gehabt, ihre Eltern getrennt zu erleben, so hätte sie tiefere Beziehungen sowohl zu ihrem Vater als auch zu ihrer Mutter aufbauen können. Ihr Vater entfloh regelmäßig der häuslichen Atmosphäre, kehrte spät zurück und fuhr nie mit Frau und Kind in die Ferien.

Paradoxerweise kann eine Scheidung manchen Kindern ermöglichen, ihren Vater zu entdecken! Dank den Besuchstagen sehen sie ihn öfter. Vorher kam er erst spät abends nach Hause, verbrachte die Wochenenden mit Schlafen oder dem Erledigen dringender Arbeit. Leider kommt es auch vor, daß ein Elternteil nach einer Trennung für immer verschwindet.

Die wichtigste Pflicht, die wir gegenüber unseren Kindern haben, ist – abgesehen davon, daß wir sie zu nähren und zu schützen haben –, ihnen zu ermöglichen, glücklich zu sein. Wenn eine Scheidung uns dabei helfen kann, dann wird sie willkommen sein. Willkommen bedeutet nicht, daß sie eine leichte Angelegenheit ist. Nehmen Sie sich die Zeit, die Emotionen des Kindes wahrzunehmen und das Kind in seiner Trauerarbeit und seinem Abschied von der »ganzen« Familie zu begleiten. Helfen Sie ihm danach beim Aufbau neuer Bindungen mit beiden Elternteilen.

Eine Trennung ist nicht traumatisch *per se*. Die Unmöglichkeit, seine Gefühle auszudrücken, ist es, das Verbot, seine Wut, seine Angst, seine Traurigkeit zu äußern. Das Leugnen von Emotionen macht aus der Scheidung ein traumatisches Erlebnis.

Ihre Kinder wollen, daß Sie glücklich und entspannt sind

Häufig schreiben wir unseren Kindern ein Urteil zu, das im Grunde das unserer eigenen Eltern ist.

Patricia lebte seit Jahren mit ihren Kindern allein. Sie hatte nie einen neuen Mann akzeptiert, weil sie der Ansicht war, ihre Kinder würden es nicht ertragen, daß ein fremder Mann ihren Vater »ersetzt«. Als sie sich endlich traute, mit ihnen darüber zu sprechen und sie anzuhören, entdeckte sie zu ihrer Verblüffung, daß ihre Kinder (acht und zwölf Jahre) ganz im Gegenteil sehr gern wollten, daß sie eine Liebesbeziehung einging.

Paula lebte allein mit ihrem sechzehnjährigen Sohn und wagte nicht, abends auszugehen. Sie hatte Angst, ihn zu verstimmen, und wollte den Verlust des Vaters wiedergutmachen. *Sie* würde ihn nie verlassen, wollte sie damit sagen. In Wahrheit hätte ihr Sohn jedoch sehr gern gesehen, daß sie ausging und sich amüsierte. Er traute sich nicht, es ihr zu sagen, aus Angst, sie könne das als Lieblosigkeit interpretieren. In dem Wunsch, den jeweils anderen zu schützen, igelte sich jeder selbst ein. Dementsprechend wurde die Aggressivität zwischen ihnen unweigerlich immer größer. Sie zankten sich – um sich nicht aussprechen zu müssen.

Kann man einen abwesenden Vater ersetzen?

Ein – allzu – großer Prozentsatz von Vätern sieht die Kinder nach einer Scheidung nicht mehr. Um den Schmerz oder ihre eigenen Schuldgefühle nicht ertragen zu müssen, versuchen die Väter, die Vergangenheit ganz einfach auszulöschen. Es gibt sogar Agenturen, die Geschiedenen bei ihrer Flucht helfen! Sie

»radieren« ihre Identität aus; sie werden als vermißt gemeldet. Man gibt ihnen dann eine neue Identität, zumeist in einem anderen Land. Aber was für ein Gefühl löst das bei den Kindern aus?

Jeder Elternteil ist für sich selbst und für das Bild verantwortlich, das er den Kindern von sich vermittelt, für die Botschaften, die er ihnen – mehr noch durch sein Verhalten als durch Worte – zukommen läßt.

Ich glaube nicht, daß es Aufgabe der Mutter ist, das Bild des Vaters weiterzutragen. Manche Psychoanalytiker meinen, es sei praktisch nicht von Bedeutung, ob der Vater wirklich abwesend sei. Allein wichtig sei die Abwesenheit des väterlichen Bildes in der Sprache der Mutter. Daran sieht man, wie sehr die Väter rationalisiert worden sind!

Ihre Stellung ist auf diese Weise natürlich äußerst bequem: Ist man abwesend, wird man gern idealisiert, wohingegen man zu Hause Konflikten ausgesetzt ist.

»Mein Vater, das war mein Gott!« Dann mit leiser Stimme: »Er war nie da.« Diese wenigen Worte sagen viel über das Allmachts-Bild, das man ihm verliehen hatte. Sandrine fällt es heute schwer zu verstehen, wie sie zwischen einer Mutter, die wie eine Art »Heilige« war und sich mit Leib und Seele aufopferte, und einem Vater, der der Gott in der Familie war, so depressiv, so passiv dem Leben gegenüber werden konnte, so unterwürfig gegenüber den anderen und so unglücklich.

Die Kinder brauchen keine idealisierten Eltern. Sie brauchen ehrliche Eltern. Selbst wenn die Wirklichkeit nicht besonders angenehm ist, wird sie immer noch gesünder für den Aufbau ihrer Persönlichkeit sein als ein idealisiertes Phantom.

Wie sollte man eine Trennung ankündigen?

– Lassen Sie sich Zeit und kündigen Sie die Neuigkeit nicht ohne Vorbereitung an. Sprechen Sie von sich, von Ihren Gefühlen. Sobald die Dinge einmal ausgesprochen sind, sollten Sie Ihre Emotionen mit Ihren Kindern teilen. Weinen Sie ruhig zusammen (ohne zu erwarten, daß die Kinder sie trösten).

— Antworten Sie nicht im voraus auf Fragen, die die Kinder noch nicht gestellt haben. Gestehen Sie ihnen ihren eigenen Rhythmus zu. Daher ist es auch so wichtig, von Anfang an mit ihnen darüber zu sprechen.

— Hören Sie ihnen zu – ohne Urteile zu fällen, ohne sich zu rechtfertigen. Hören Sie sich an, was sie wahrnehmen, was sie empfinden, was sie sagen, was sie sich vorstellen.

— Nehmen Sie ihre Wut-, Angst- und Trauergefühle auf und begleiten Sie sie darin. Das sind gesunde und nützliche Reaktionen.

Unfälle, Krankheiten, Leiden

Wenn wir auch für unsere Gesundheit, unseren Lebensstil, unsere Ernährungsweise und unseren Umgang mit Streß und Emotionen verantwortlich sind, so sind wir doch keinesfalls allmächtig. Niemand ist vor Krankheiten oder Unfällen geschützt. Man kann Kindern nicht jeden Schmerz ersparen. Das Leiden des Kindes ist eine schwere Prüfung für den Erwachsenen. Daher verlangt es vom Kind, Mut an den Tag zu legen, seine Tränen hinunterzuschlucken und sein Leiden nicht zu zeigen, um Mutter und Vater nicht in Bedrängnis zu bringen.

Aber die Weigerung, das Weinen des Kindes und seinen Schmerz anzuhören, kann das Kind in seinem tiefsten Inneren verletzen und für sein späteres Leben verheerende Folgen haben.

Marcel ist in den Fünfzigern. Er wird wegen einer akuten Bauchfellentzündung mit Blaulicht ins Krankenhaus gebracht. Die Infektion wütete seit Wochen in ihm, doch er spürte nichts – weil er seit seiner frühesten Kindheit gelernt hatte, nichts zu fühlen.

Das Kind kann sich nicht erlauben, Sie zu verlieren, und tut immer alles, um Sie nicht zu belasten. (Doch, doch, selbst wenn es Sie halb wahnsinnig macht. Das ist dann sein einziges Ausdrucksmittel, aber auch das tut es, um Sie zu schützen).

Ein Kind bringt nur das zum Ausdruck, was es ausdrücken darf. Das kann so weit gehen, daß es lernt, seinen Schmerz nicht mehr zu fühlen, wenn es merkt, daß das für Sie weniger belastend ist. Er wird sich mit seinem Schmerz von der Außenwelt zurückziehen oder sich selbst gefühllos machen.

Unterlassen Sie es, das Fehlen von Tränen in irgendeiner Weise zu werten. Wenn eine Krankenschwester von dem Kind verlangt, »tapfer« zu sein, oder es anlügt, indem sie behauptet, die Spritze täte nicht weh, dann mischen Sie sich ein! Sagen Sie Ihrem Kind ganz offen, daß nur es selbst mit seinem Körper lebt und daß es daher nur selbst wissen kann, was ihm weh tut oder nicht. Es hat das Recht, das zu sagen und zum Ausdruck zu bringen. Auch wenn ein Besucher, sei es ein Freund, Ihre Schwiegermutter oder Ihr eigener Vater, zu ihm sagt: »Du bist doch so ein großer Junge …«, dann sollten Sie widersprechen, indem Sie beispielsweise sagen: »Das Kind muß nicht die Probleme der Erwachsenen übernehmen, die sie im Umgang mit ihren eigenen Affekten haben; es ist wichtig zu weinen und klagen, wenn einem etwas weh tut.«

Wenn das Kind weint, dann gehen Sie auf sein Jammern ein – und es wird sich verstanden und begleitet fühlen. Und wenn man sich auf diese Weise unterstützt fühlt, ist es leichter, den Schmerz zu ertragen.

Wenn es ins Krankenhaus kommt und Sie nicht bei ihm sein können, dann erklären Sie ihm, daß andere Leute oft nicht sehr gut wissen, wie sie sich gegenüber dem Leiden anderer verhalten sollen, und daß sie aus diesem Grund das Fehlen von Emotionen gutheißen. Bringen Sie ihm bei zu erwidern: »*Ich bin krank, es ist mein Körper, ich spüre, was mir weh tut und was nicht, und ich habe das Recht, Schmerz zu empfinden und es zu sagen.*«

Helfen Sie Ihrem Kind zu weinen, zu stöhnen, ja selbst zu schreien, wenn es sehr große Schmerzen hat. Das wird vielleicht den Ärzten und Krankenschwestern lästig sein, aber Ihnen ist Ihr Kind wichtiger als diese Menschen.

10. Einige Vorschläge, wie Sie mit Ihren Kindern glücklicher leben können

Neben Ihrer Funktion als Eltern sind Sie ein eigenständiger Mensch. Auch das Kind ist ein eigenständiger Mensch. Sie haben Bedürfnisse und das Kind auch. Der Konflikt zwischen den unterschiedlichen Bedürfnissen kann eine Art Konkurrenz zwischen Eltern und Kind bewirken, die zumeist unbewußt und dennoch ungesund ist.

Auf den folgenden Seiten finden Sie ein paar wichtige Vorschläge und konkrete Hilfsmittel, die Ihnen helfen, Machtspiele zu vermeiden und mehr Sie selbst zu sein.

Seien Sie glücklich

Kinder schätzen eine gewisse Routine im Alltagsleben, sie finden darin Halt und Orientierung. Aber wenn ihre Eltern sich freudlos einem mechanischen »Fahrt zur Arbeit-, Fernseh-, Schlaf-Rhythmus« unterwerfen, dann kommen ihnen Zweifel. Warum sollen sie größer werden, für die Schule arbeiten und erwachsen werden, nur um später in dieses entfremdende System einzutreten?

Es ist zwecklos, sich für seine Kinder zu opfern; vielmehr ist das persönliche Glück eines der fundamentalen Elemente für die Entfaltung der Kinder, weil es Lust macht, größer zu werden, und weil es die Kinder der Aufgabe enthebt, Sie glücklich zu machen. Zudem sind glückliche Eltern im affektiven Sinne viel verfügbarer für ihre Kinder.

Die Bedürfnisse eines Neugeborenen stehen tatsächlich an erster Stelle. Doch nach dieser Phase wäre Ihr »Opfer« ein richtiges Gift für das Kind. Wenn Sie erschöpft sind und nicht genug eigenen Raum haben, wird es Ihnen immer schwerer fallen, ihm etwas zu geben. Es ist notwenig, daß Sie sich ausruhen, neue Ressourcen schöpfen, Freunde treffen, Sport treiben, ausgehen und sich genügend um sich selbst kümmern, damit Sie nicht beim geringsten Zwischenfall auf die Palme gehen.

Es sind eher die Frauen, die zu dieser Opferhaltung neigen. Aber es gibt auch Männer, die ihr Leben der Vorstellung opfern, die sie sich von den Bedürfnissen ihrer Kinder machen. Ein Opfer wird selten um seiner selbst willen gebracht; der jeweilige Elternteil erwartet, im Gegenzug etwas dafür zu bekommen – und das Kind entdeckt später mit Verzweiflung, daß das Ganze ein Tausch und kein Geschenk war.

Um nicht zu spüren, wie ihre »Aufopferung« sie frustriert, wenden viele Frauen die Technik der Überkompensation an. Sie vergessen sich selbst, achten nicht auf ihre eigenen Bedürfnisse und Emotionen und konzentrieren sich ausschließlich auf ihre Kinder. Sie verhätscheln sie, überbehüten sie, erweisen sich als ungeheuer aufmerksam und unentbehrlich, bereit, alles zu geben und den kleinsten Wunsch zu erfüllen. Damit verbieten sie ihren Kindern nicht nur jede Autonomie, sondern auch die Wut – jene Wut, die sie in sich selbst so stark unterdrücken. Sie nähren so bei ihren Kindern einen heftigen unbewußten Zorn, der sich erst viel später Bahn brechen oder den der Betreffende gegen sich selbst richten wird.

Leben Sie Ihr eigenes Leben – leben Sie nicht durch Ihre Kinder.

Das Kind versucht, seine Eltern aufzuheitern

Wenn ein Elternteil deprimiert, verängstigt oder unglücklich ist – ganz gleich, ob er es zeigt oder nicht –, spürt es das Kind und versucht, ihn aufzuheitern.

Mireille war ein reizendes Kind, das keine Probleme bereitete. Sie lächelte immer und brachte die anderen zum Lachen. Sie war witzig, machte eine Menge Blödsinn – sie war ein richtiger kleiner Clown. Äußerlich gesehen war ihre Kindheit glücklich. In Wahrheit jedoch spürte sie, daß sie niemals das Recht hatte, sie selbst zu sein. Ihre Mutter war depressiv. Die Tochter spürte, daß sie unglücklich war. Und da ihre Mutter ihr nie wirklich sagte, was ihr so weh tat, folgerte Mireille zudem daraus, sie selbst sei daran schuld! Sie hatte die vage Vorstellung, sie sei überflüssig, und versuchte, ihren Platz zu rechtfertigen, indem sie so wenig wie möglich verlangte und andere zum Lachen brachte.

Mireille kontrollierte sich ständig, um ja nicht zu viele Bedürfnisse zu zeigen; sie versteckte ihre Emotionen unter einem ewigen Lächeln. Sie hatte sich die unmögliche Aufgabe vorgenommen, ihre Mutter glücklich zu machen. Immer fröhlich, schien sie von nichts berührt zu sein. Da sie fortwährend anderen zu Diensten stand, stellte sie die Bedürfnisse ihrer Mitmenschen systematisch über ihre eigenen. Ihr Leben war von Überzeugungen bestimmt, wie »Ich habe keine Bedürfnisse, ich habe nicht das Recht, ein eigenes Leben zu haben« und »Ein Kind ist eine Belastung«.

Mireille verwirklicht sich in ihrem Beruf – natürlich in einem Beruf, in dem sie für andere da ist; es fiel ihr bislang schwer, eine stabile und harmonische Beziehung mit einem Mann zu führen. Jetzt ist sie achtundvierzig Jahre alt und bedauert, kein Kind zu haben.

Was können wir tun, um unsere Kinder nicht mit unseren Lebensproblemen zu belasten? Die Probleme zu verbergen ist zwecklos – das Kind spürt sie. Das Wichtigste ist, ehrlich mit dem Kind darüber zu sprechen. Wenn Mireilles Mutter ihrer Tochter die Gründe mitgeteilt hätte, die sie so bedrückten, hätte Mireille nicht so große Schuldgefühle entwickelt. Sie hätte sich nicht auf den gefährlichen und unmöglichen Versuch eingelassen, ihre Mutter zu heilen; sie hätte das Recht gehabt, selbst Bedürfnisse zu haben.

Früher war man allgemein der Ansicht, daß man den Kindern Probleme nicht mitteilen dürfe, um sie nicht zu beunruhigen.

Sie galten als noch nicht alt genug, um die Angelegenheiten der Erwachsenen zu verstehen. Heute wissen wir, daß Kinder alles verstehen können, sofern man es ihnen erklärt. Spricht man mit ihnen darüber, so beruhigt sie das, weil es ihnen hilft, ihre Eindrücke in Worte zu fassen. Es hilft ihnen, sich als eigenständige Menschen zu sehen, die von ihren Eltern getrennt sind und daher keine Verantwortung für sie übernehmen müssen.

Wir müssen uns klarmachen, daß alle Probleme, denen wir uns nicht stellen wollen, jetzt oder später einmal unsere Kinder oder Enkel belasten. Ist das wirklich unsere Absicht?

Übermäßige Schüchternheit, mangelndes Selbstvertrauen, Scham- und Schuldgefühle, Ängste, schlechte Paarbeziehungen, beruflicher Mißerfolg sind nicht genetisch vorprogrammiert und werden dennoch weitergegeben (manchmal, indem eine Generation übersprungen wird).

Wie geht es Ihnen in Ihrer Paarbeziehung? Wie verwirklichen Sie sich in Ihrer Arbeit? Hat Ihr Leben einen Sinn?

Verdrängen Sie diese Fragen nicht, damit Sie später nicht sehen müssen, wie Ihre Kinder sich damit herumquälen.

Sie durchleben eine Zeit finanzieller Schwierigkeiten, Sie sind arbeitslos, von Kündigung bedroht, oder Sie haben heftige Auseinandersetzungen mit Ihrem Chef – sprechen Sie darüber. Teilen Sie, ohne die Dinge allzusehr zu dramatisieren, Ihre Erfahrungen, ihre Gefühle mit, damit Sie die Bürde verringern, die die Kinder zu tragen haben.

Geheimnisse sind immer schädlich. Ihr Kind ist nicht von dem Mann, mit dem Sie zusammenleben? Sagen Sie es ihm. Sie sind mit siebzehn Jahren vergewaltigt worden? Sagen Sie es ihm. Sie haben Konkurs gemacht? Sagen Sie es ihm. Sie waren schon einmal im Gefängnis? Sagen Sie es ihm. Sie haben den Schulabschluß nicht geschafft? Sagen Sie es ihm. Ihr Vater hat Sie geschlagen? Sagen Sie es ihm.

Sagen Sie ihm auch, was schön und heiter in Ihrem Leben gewesen ist, aber lassen Sie die dunklen Geschehnisse nicht weg. Wenn Sie sie verschweigen, wird das Kind unbewußt davon geprägt werden. Sie werden verblüfft sein zu sehen, daß es in dieselben Situationen gerät wie Sie, daß es im selben Alter wie Sie vergewaltigt wird oder eine Frau trifft, die vergewaltigt wurde, daß es seinerseits in Konkurs geht, beinahe oder tatsächlich ins Gefängnis kommt, in seiner Ausbildung versagt ...

Dieser Wiederholungsprozeß hat die Funktion, ihm zu ermöglichen, in seinem Inneren zu fühlen, was mit Ihnen geschehen ist, um Sie zu verstehen und einen anderen Ausweg für dasselbe Problem zu finden. Indem Sie ganz einfach Ihre Emotionen zum Ausdruck bringen, Ihr Erleben in Worte fassen, können Sie es von dieser Last befreien.

Und – vergessen Sie nicht, mit dem heiteren, freudvollen Teil in Ihnen in Kontakt zu treten. Atmen Sie tief ein und aus, spüren Sie das Leben in sich, denken Sie daran, wie schön es ist zu leben. Lassen Sie sich nicht vom Alltag und seinen Schwierigkeiten überschwemmen. Nehmen Sie sich die Zeit, die Liebe zu spüren, die Sie den Menschen, die Sie umgeben, und Ihren Kindern entgegenbringen, zu fühlen, daß Sie auf Ihrem Weg vorankommen, daß Sie glücklich über das Leben sind, das Sie führen. Sie sind nicht glücklich in Ihrem Leben? Wenn Sie Krebs, einen Herzinfarkt oder Depressionen bekommen, wird das für Ihre Kinder auch nicht leicht zu ertragen sein.

Holen Sie sich Hilfsmittel zur Veränderung, lassen Sie sich helfen und tauschen Sie sich mit Ihren Kindern aus.

Hören Sie zu

»Zuhören, zuhören, das will ich gerne, aber mein Kind erzählt mir ja nichts!«

Wie oft habe ich diesen verzweifelten Satz aus dem Mund enttäuschter Eltern gehört. Doch es genügt nicht, sein Herz und seine Ohren zu öffnen, damit ein Kind spricht!

Damit es sich Ihnen anvertrauen kann, braucht es die Sicherheit, verstanden und akzeptiert zu werden, ohne daß es in seinen Gefühlen beurteilt wird. Doch gestehen wir es ein – es ist manchmal schwer, sich damit zu begnügen, ein Problem anzuhören, ohne Partei zu ergreifen, Lösungen oder seine Meinung vorzubringen, eine Emotion zu hören, ohne zu versuchen, den Betreffenden zu beruhigen, zum Schweigen zu bringen oder aufzurichten.

Widersprüchliche Anordnungen, Drohungen, Strafpredigten, Demütigungen, das Wecken von Schuldgefühlen, aber auch Schmeicheleien, übermäßige Rückversicherungen oder Ablenkungsmanöver sollten vermieden werden. Alles, was ein Kind davon versteht, ist, daß seine Emotionen nicht willkommen sind und daß Sie es für unfähig halten, aus seinen Schwierigkeiten allein herauszufinden.

Jedesmal, wenn wir ein Problem anstelle des Kindes lösen, nehmen wir ihm die Möglichkeit, autonom zu werden. Jedesmal wenn wir ihm etwas erklären, das er schon weiß, fühlt es sich gedemütigt und herabgesetzt.

Zuhören heißt, das Echo für die Emotion zu bilden, damit das Kind sich so akzeptiert fühlt, wie es ist, und sich in seinem tiefsten Inneren selbst versteht. Es geht dabei nicht so sehr darum, die Worte zu hören, als ihr affektives Echo zu verstehen.

Es erzählt Ihnen einen Streit mit einem Freund oder einem Lehrer, es berichtet von einem Mißerfolg oder sieht eine Schwierigkeit voraus, es beklagt sich über seinen Vater oder seinen Bruder? *Hören Sie auf die Emotionen und nicht auf die Fakten.*

Hören Sie mit Ihrem Körper zu

Jeder Mensch bringt sein innerliches Erleben durch seine Körperhaltung zum Ausdruck. Indem Sie eine Haltung einnehmen, die der Ihres Kindes ähnelt, passen Sie sich dem Kind an – und werden spürbar besser zuhören.

234

Manche Haltungen machen Emotionen schlichtweg unmöglich. Ihr Körper schickt Ihrem Kind unbewußte Botschaften. Wie kann es in Ihre Verständnisfähigkeit Vertrauen haben, wenn Sie bequem in Ihrem Sessel sitzen, während es selbst Ihnen gerade gesteht, wie schüchtern es gegenüber seiner Freundin ist? Sie können in diesem Augenblick nicht in Kontakt mit seinem Gefühl treten, es ist physiologisch einfach unmöglich. Es spürt daher, daß Sie ihm nicht »wirklich« zuhören. Sie hören die Worte, nicht aber sein inneres Erleben.

Hören Sie mit dem Herzen zu

Trauen Sie sich, in Ihrem Inneren das Echo auf sein Erleben widerhallen zu lassen.

Sie brauchen deswegen nicht ebenfalls anfangen zu weinen. Es geht nicht darum, sich von den Emotionen des Kindes anstecken zu lassen! Ihr Kind braucht Ihr Mitgefühl, will, daß Sie empfinden, was es empfindet, daß Sie verstehen, was es erlebt – nicht mit Ihrem Kopf, sondern mit Ihrem Herzen. Aber dazu ist nicht erforderlich, daß Sie Ihrerseits in Verzweiflung versinken. Schlimmer noch: Wenn Sie weinen, wird das Kind innehalten, um Sie nicht zu verletzen.

Wenn Ihre eigene Kindheit einen bitteren Nachgeschmack hinterlassen hat, wenn eine Menge Emotionen aus der Vergangenheit nie zum Ausdruck gekommen sind, dann können diese alten und verdrängten Affekte sich mit diesem neuen Empfinden vermischen und emotionale Verwicklungen bilden. Erkennen Sie Ihre eigenen Kindheitsgefühle und klammern Sie sie aus (kümmern Sie sich zu einem anderen Zeitpunkt darum).

Atmen Sie tief ein und aus (durch die Nase), und stellen Sie sich dabei vor, Sie würden die Luft bis in Ihr Becken, bis in Ihr Steißbein einströmen einlassen.

Versuchen Sie nicht, das Problem für Ihr Kind zu lösen, sondern ihm zu helfen, das, was es selbst empfindet, zum Ausdruck zu bringen. Nehmen Sie seine Emotionen auf, als wären Sie eine Schüssel, die Wasser auffängt.

Seien Sie ein Behälter seiner Affekte, ohne diese in ihrer Äußerung zu unterbrechen. Helfen Sie Ihrem Kind, sich in Sie zu »ergießen«, und geben Sie ihm im Austausch nur Liebe – weder Angst noch Wut noch Traurigkeit, nur Liebe, um ihm Festigkeit und das notwendige Vertrauen zu geben, damit es seinem Problem gegenübertreten kann.

Helfen Sie ihm, sein inneres Erleben in Worte zu fassen. Sie können sich dabei folgender Redewendungen bedienen:

Es ist hart für dich, daß …
Es ist schwierig …
Ich sehe, daß du traurig bist, daß es dir heute nicht besonders gut geht …
Ich stelle mir vor, daß …
Ich verstehe, daß du unter … leidest.
Du bist … (traurig, wütend, beunruhigt …)
Du bist traurig, wenn du daran denkst, daß … (z. B. du euer Haus nie mehr sehen wirst)
Du hast Lust … (z. B. dich zu rächen, X nie mehr zu sehen, ihn/sie nie mehr anzurufen …)
Du magst … (Musik, die Vögel, die Tiere …)

Um ihm zu helfen weiterzugehen,
sollten Sie ihm offene Fragen stellen

Verbannen Sie das »warum« aus Ihrem Wortschatz, denn es kann Schuldgefühle wecken und appelliert mehr an das Denken als an das Fühlen, das uns hier interessiert. Versuchen Sie es mit Fragen, die mit »was«, »wie« oder »wovor« beginnen. Probieren Sie es aus, und Sie werden den Unterschied feststellen.
Was ist denn los?
Was löst das in dir aus?
Was geht in dir vor, wenn …?

Was hast du empfunden, als …?
Was machst dich am meisten traurig, zornig …?
Was fehlt dir am meisten?
Was beschäftigt dich am meisten?
Was denkst du (z. B. über die Haltung dieses Menschen, über jenes Verhalten …)?
Was fühlst du angesichts dieses Ereignisses?
Wie siehst du die Dinge?
Wie verstehst du das?
Was stellst du dir vor?
Wovor hast du Angst?
Wovor hast du am meisten Angst?
Was brauchst du?

Wenn Ihr Kind Ihnen genügend Einzelheiten mitgeteilt hat, können Sie versuchen, das Ganze vollkommen neu zu formulieren (Vorsicht: Es handelt sich dabei nicht um irgendeine Deutung von Ihnen, sondern um die Neuformulierung dessen, was es Ihnen gesagt hat).

Wenn du … fühlst du dich … weil …

Hier sind zwei Beispiele für diese Art Satz:

»Wenn du eine Frage stellst und dein Lehrer dir daraufhin sagt, du wärst eine Null, dann bist du wütend, weil du es nötig hättest, daß er dir hilft, das Problem zu verstehen.«

»Wenn deine Schwester ihre Freundinnen empfängt, fühlst du dich allein und traurig, weil dich das daran erinnert, daß dein bester Freund weggezogen ist.«

Erst wenn die Situation ausführlich besprochen worden ist und alle Emotionen ausgedrückt wurden, können Sie zu den folgenden Fragen kommen:

Was stellst du dir als Lösung vor?
Was kannst du tun?
Was kann ich tun?
Was können wir tun?
Wie kann ich dir helfen?

Kommunizieren Sie mit dem Körper, dem Herzen, dem Kopf – von Mensch zu Mensch

Massagen, Kitzeln, spielerisches Raufen, Fangenspielen sind unersetzliche Arten der Berührung, mit denen man sagt: »Ich liebe dich«, »Ich akzeptiere dich, wie du bist«, und dem Kind hilft, ein tiefes Vertrauen in seinen Körper und sich selbst aufzubauen – natürlich unter der Voraussetzung, daß man die Grenzen respektiert, die das Kind setzt. Hören Sie sofort auf, es zu kitzeln oder abzuküssen, wenn das Kind es nicht mehr will.

Es ist sehr reizvoll, ein kleines Kind zu kitzeln oder abzuküssen – aber tun wir es zu unserem Vergnügen oder zu seinem? Wenn unser Vergnügen sich mit seinem deckt, dann ist alles in Ordnung, aber sobald das nicht mehr der Fall ist – Stop! Der Erwachsene hat kein Recht, den Körper des Kindes für sein persönliches Vergnügen zu gebrauchen, und es ist ganz wichtig, daß das Kind weiß, daß sein Körper ihm gehört und daß seine Grenzen respektiert werden.

Träumen Sie gemeinsam

Ihre Tochter bleibt verzückt vor einem prachtvollen Brautkleid stehen. Anstatt sie »auf die Erde zurückzuholen«, sollten Sie sich mitreißen lassen. Stellen Sie sich beispielsweise folgendes vor:

»Ich werde Blumen im Haar tragen, die Sonne wird scheinen, und es werden eine Menge Leute da sein. Du wirst dieses Kleid hier tragen, wir werden köstliches Gebäck essen ...«

Ihr Sohn träumt von einem elektrischen Auto; träumen Sie mit ihm:

»Du fährst gern Auto, nicht? Ich stelle mir vor, wie du damit in unserem Garten herumfährst, brumm, brumm, das wäre toll!«

Über Wünsche kann man immer sprechen und sie ausdrücken. Sie nähren die Phantasie.

Hören Sie sich die Träume Ihrer Kinder an und teilen Sie ihnen die Ihren mit.

Sprechen Sie über Ihre Gefühle

Sprechen Sie über das, was Sie in Ihrem Alltag gefühlsmäßig erleben. Haben Sie das Gefühl, in Ihrem Beruf ungerecht behandelt zu werden? Sind Sie nach einem Telefonanruf Ihrer Mutter frustriert? Steigt ein Gefühl der Empörung in Ihnen hoch, weil einer Ihrer Freunde, der noch viel zu jung zum Sterben war, Sie soeben verlassen hat? Sind Sie eifersüchtig auf einen Kollegen? Teilen Sie Ihren Kindern Ihre Emotionen mit. Die Kinder werden sich Ihnen dann näher fühlen und innerlich ruhiger sein.

Erzählen Sie von Ihrer Kindheit

Nicht, um Schuldgefühle in den Kindern zu wecken, mit Sätzen wie: »Zu meiner Zeit hatte man all das nicht und lebte dennoch gut«, sondern um ihnen die Möglichkeit zu geben, Sie besser kennenzulernen und zu verstehen, auch, damit sie einen Zugang zu ihren eigenen Wurzeln bekommen. Schildern Sie Gegebenheiten, Episoden, Ereignisse und das Verhalten der erwähnten Personen, aber beschreiben Sie vor allem auch das, was Sie fühlten, was Sie sagten, welche Träume und Phantasien Sie hatten.

Erst als Eric erfuhr, daß sein Vater ebenso wie er selbst schlechte Noten in der Schule hatte – und vor allem, warum dieser es nicht fertigbrachte zu lernen: Sein eigener Vater schlug ihn und setzte ihn häufig herunter –, fühlte er sich innerlich sicherer und ruhiger, worauf seine Noten besser wurden. Zum großen Erstaunen seines Vaters, der angenommen hatte, er habe bereits vorher alles versucht, um seinen Sohn zu motivieren ...

Mit allem, was Sie nicht gelöst oder gemeistert haben, werden Ihre Kinder sich später auseinandersetzen müssen!

Sprechen Sie über alles

Kinder sind intelligenter, als man glaubt. Sie verblüffen uns durch die Richtigkeit und Klugheit ihrer Überlegungen. Dennoch verbergen wir ihnen viele Dinge unter dem Vorwand, sie seien noch zu jung dazu.

Durch das Fernsehen sind die Kinder heute viel informierter als wir früher. Es ist wichtig, sich das klarzumachen und nicht davor zurückzuschrecken, über bestimmte, darin behandelte Themen zu diskutieren, damit allzu oberflächliche Informationen nicht zu mehr oder weniger abwegigen Deutungen führen.

Kommunizieren Sie von Seele zu Seele

Hin und wieder sollten Sie daran denken, daß Ihre Kinder eigenständige Menschen sind, die ein eigenes Leben und ein eigenes Schicksal haben. Sie begegnen ihnen in diesem Leben, Sie haben eine Aufgabe, eine Funktion für sie – aber die Kinder haben ihre eigene Persönlichkeit.

> Eure Kinder sind nicht eure Kinder.
> Sie sind die Söhne und Töchter der Sehnsucht
> des Lebensrufes nach sich selber.
> Sie kommen durch euch ins Leben, aber nicht *von* euch,
> Und obwohl sie mit euch sind, gehören sie
> euch doch nicht.
>
> Khalil Gibran, *Der Prophet*

Genießen Sie das Glück, Eltern zu sein

Umgeben Sie sich mit Fotos und Zeichnungen Ihrer Kinder, um die Erinnerung an Ihre Liebe für sie wachzuhalten, um Ihre Zärtlichkeit neu zu wecken, wenn sie Flecken auf dem Sofa hinterlassen haben, sich weigern, den Tisch abzuräumen, oder mit schlechten Noten nach Hause kommen.

Voll in Anspruch genommen von den täglichen Aufgaben, vom Haushalt, Kochen, den Schularbeiten, vergessen wir zuweilen, wie glücklich wir eigentlich darüber sind, daß wir zusammenleben. Alle Eltern beklagen, daß die Kindheit schnell, viel zu schnell vorübergeht. Versäumen wir sie also nicht!

Sie werden noch genug Zeit haben, das Haus auf Hochglanz zu bringen, wenn sie einmal fortgegangen sind, und unsere vier Wände werden uns leer erscheinen ohne ihre Schreie und ihr Lachen.

Schlußbemerkung

Emotionen sind nicht gefährlich. Sie sind nicht nur die Würze des Lebens, sondern seine eigentliche Essenz. Jedesmal wenn Sie Ihr Herz oder das Ihres Kindes zum Verstummen bringen, jedesmal wenn Sie davor zurückscheuen, auf Ihre innere Stimme zu vertrauen, jedesmal wenn Sie nicht auf das hören, was Ihr Kind Ihnen zu sagen versucht, schränken Sie Ihr eigenes Leben und seines ein.

Das Ziel liegt in den Mitteln, sagte Mahatma Gandhi. Hören wir unseren Kindern zu, damit sie lernen, wie man zuhört. Respektieren wir die Kinder, dann werden sie auch ihre Mitmenschen zu respektieren wissen. Seien wir bereit, unsere eigenen Emotionen zu spüren und zu befreien, dann projizieren wir unsere eigenen Kümmernisse nicht mehr auf sie und werden imstande sein, ihr Weinen zu akzeptieren. Begleiten wir sie auf ihrem eigenen Weg, indem wir den Phasen ihrer Entwicklung folgen. Helfen wir ihnen, zum Ausdruck zu bringen, was in ihnen steckt. Helfen wir ihnen, sich ihrer eigenen Identität bewußt zu werden, Vertrauen in ihre Fähigkeiten, in ihre Vorlieben, ihre Wünsche und Bedürfnisse zu bekommen. Mit einem Wort: Helfen wir ihnen, ihre Emotionen wahrzunehmen, zu benennen und zu gebrauchen.

Sich mit Emotionen zu beschäftigen ist etwas sehr Neues. Es ist ebenfalls neu, Kinder zu respektieren und sie als eigenständige Menschen zu betrachten. Wir sollten keine Schuldgefühle empfinden, wenn es uns nicht immer gelingt.

Wir müssen unsere sozialen Strukturen ändern, damit Eltern dafür mehr Hilfe und mehr Unterstützung bekommen.

Danksagung

Ich danke allen, die an diesem Buch mitgewirkt, mich inspiriert, mir Fragen gestellt und mich zum Nachdenken gezwungen haben; allen Eltern, die mir ihre Erfahrungen anvertrauten, und allen Kindern, die mir ihre Geschichten erzählten. Die aufgeführten Beispiele stammen aus meiner Berufspraxis, aus meinem eigenen Privatleben oder dem meiner Freunde.

Ich danke Marianne Leconte, die an mich geglaubt und mir geholfen hat, meine Ambitionen als Autorin zu wecken und zu verfeinern.

Ich danke meinem Vater und meiner Mutter für die aufmerksame Lektüre meines Manuskripts, vor allem aber dafür, daß sie mir immer zugehört und mich stets respektiert haben.
Ich danke Patrice Le Bon für seine Unterstützung, sein Vertrauen und seine Förderung.
Ich danke Jean Bernard, Adrien und Margot Fried für ihre Liebe.

Anmerkungen

[1] Françoise Dolto, *Les Chemins de l'éducation*, Paris 1994, S.62

[2] Der Ausdruck stammt von Alain Crespelle. Er war mein erster Psychotherapeut, mein erster Lehrer und über viele Jahre hindurch mein Vorbild. 1999 ist er gestorben. Ich möchte ihm an dieser Stelle meine Anerkennung aussprechen, indem ich diesen Ausdruck verwende, der sehr gut veranschaulicht, wie unsere Emotionen sich im Verhalten unserer Kinder widerspiegeln.

Bibliographie

Unbedingt zur Lektüre empfohlen:

Cornet, Jacqueline: Faut-il battre les enfants? Hommes et perspectives, Revigny 1997.

Solter, Aletha: Warum Babys weinen – Die Gefühle von Kleinkindern, München 1984.

dies.: Wüten, toben, traurig sein – Starke Gefühle bei Kindern, München 1994.

Weitere hilfreiche Bücher:

Bessell, Harold: Le Développement socio-affectif de l'enfant, Québec 1987.

Bouton, Jeannette: Bon et mauvais dormeurs, 1971.

Brazelton, T. Berry: Working and Caring, Reading 1985.

ders.: Touchpoints – Emotional and Behavioral Development, Reading 1992.

Buzyn, Etty: Papa, maman, laissez-moi le temps de rêver, Paris 1995.

Cyrulnik, Boris: Das Drehbuch menschlichen Verhaltens – Was Tiere uns voraus haben, München 1986.

ders.: Sous le signe du lien, Paris 1989.

Dolto, Françoise: Les Étapes majeures de l'enfance, Paris 1994.

dies.: Les Chemins de l'éducation, Paris 1994.

Ekman, Paul: Warum Kinder lügen, Hamburg 1990.

Garber, Stephen W., Garber, Marianne D., Spyzman, Robyn F.: Les Peurs de votre enfant, comment l'aider à les vaincre, Paris 1997.

Gordon, Thomas: Familienkonferenz: die Lösung von Konflikten zwischen Eltern und Kindern, München 1993.

Ifergan, Harry und Rica, Etienne: Mais qu'est ce-qu'il a dans sa tête?, Paris 1998.

Klein, Melanie: Envy and gratitude, London 1957.

Korczak, Janusz: Das Recht des Kindes auf Achtung, Göttingen 1970.

ders.: Wie man ein Kind lieben soll, Göttingen 1967.

Leach, Penelope: Die ersten Jahre deines Kindes, Bern 1979.

Lieberman, Alicia: Ein kleiner Mensch – das Gefühlsleben des Kindes in den ersten drei Jahren, Hamburg 1995.

Manent, Geneviève: La Dualité, un atout, Barret-le-Bas 1997.

Maschino, Maurice T.: Y a-t-il de bonnes mères? Paris 1999.

Miller, Alice: Du sollst nicht merken, Frankfurt/Main 1983.

dies.: Das Drama des begabten Kindes und die Suche nach dem wahren Selbst, Frankfurt/Main 1995.

Portelance, Colette: Éduquer pour rendre heureux, Québec 1988.

Purves, Libby: Die Kunst, (k)eine perfekte Mutter zu sein, München 1999.

Risse, Jean-Claude: Le Pédiatre et les petits poucets, Paris 1988.

Stern, Arno: Les enfants du Closlieu ou l'initiation au Plusêtre, 1989.

Stork, Hélène E.: Les Rituels du coucher de l'enfant, Paris 1993.

Wagner, Anne und Tarkiel, Jacqueline: Nos enfants sont-ils heureux à la crèche?, Paris 1994

Kleine Unruhegeister brauchen Hilfe

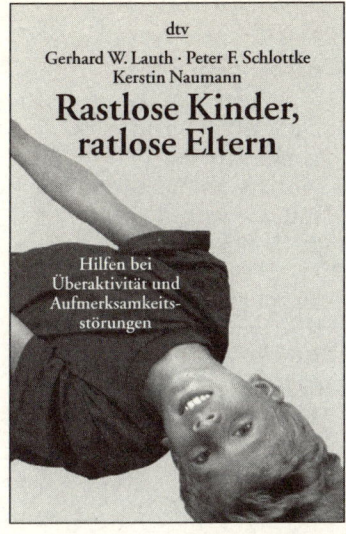

Gerhard W. Lauth
Peter F. Schlottke
Kerstin Naumann
**Rastlose Kinder,
ratlose Eltern**
Hilfen bei Überaktivität
und Aufmerksamkeits-
störungen
Originalausgabe
dtv 3-423-**36122**-0

In diesem umfassenden und kompetenten Ratgeber finden Eltern, Lehrer und Erzieher alles über Ursachen, Erscheinungsbild und Behandlung von Aufmerksamkeitsstörungen und Überaktivität.

- Was ist aufmerksamkeitsgestört
- Was Eltern im Alltag tun können
- Zusammenarbeit mit der Schule
- Psychologische Behandlung
- Behandlung mit Medikamenten
- Diättherapie
- Mit einem ausführlichen Anhang

... Eltern sein dagegen sehr
Erziehungsberater im dtv

Ben Bachmair
Abenteuer Fernsehen
Ein Begleitbuch für Eltern
dtv 3-423-**36243**-X

Brigitte Beil
Gutes Kind, böses Kind
Warum brauchen Kinder
Werte? · dtv 3-423-08424-3

Bruno Bettelheim
Kinder brauchen Märchen
dtv 3-423-**35028**-8

Jeffrey L. Brown
Keine Räuber unterm Bett
Wie man Kindern Ängste
nimmt · dtv 3-423-**36093**-3

Deepak Chopra
Mit Kindern glücklich leben
Die sieben geistigen
Gesetze für Eltern
dtv 3-423-**36267**-7

Oggi Enderlein
Große Kinder
Die aufregenden Jahre
zwischen 7 und 13
dtv 3-423-**36220**-0

Klaus Fritz
**Ein Sternenmantel voll
Vertrauen**
Märchenhafte Lösungen
für alltägliche Probleme
dtv 3-423-**36120**-4

Barbara Högl
Störfälle?
Die viel zu unaufmerk-
samen Kinder
Notizen, Fundstücke und
Interviews
dtv 3-423-**36213**-8

Isabel Hörmann
Ein Traum von Kind
Aus dem Leben einer
ratlosen Mutter
dtv 3-423-**36222**-7
Quo vadis, Superweib?
Eine Mutter packt aus
dtv 3-423-**20272**-6

Kinder verstehen
Ein psychologisches
Lesebuch für Eltern
Herausgegeben von
Sophie von Lenthe
dtv 3-423-**35017**-2

Gerhard W. Lauth
Peter F. Schlottke
Kerstin Naumann
**Rastlose Kinder,
ratlose Eltern**
Hilfen bei Überaktivität
und Aufmerksamkeits-
störungen
dtv 3-423-**36122**-0

Maria Montessori
Kinder sind anders
dtv 3-423-**36047**-X

...Eltern sein dagegen sehr
Erziehungsberater im dtv

Angela Murmann
Das Tunnelbiest
und andere Geschichten
aus meiner Erziehungskiste
dtv 3-423-36141-7

Cora Neuhaus
Corona Schmid
Nur eine Phase?
Verhaltensauffälligkeiten
bei Kindern
dtv 3-423-36219-7

Gerlinde Ortner
**Märchen, die Kindern
helfen**
Geschichten gegen Angst
und Aggression
dtv 3-423-36107-7
**Neue Märchen, die
Kindern helfen**
Geschichten über Streit,
Angst und Unsicherheit
dtv 3-423-36154-9

Jirina Prekop
Der kleine Tyrann
Welchen Halt brauchen
Kinder?
dtv 3-423-36050-X

Jirina Prekop
Christel Schweizer
Unruhige Kinder
Ein Ratgeber für beun-
ruhigte Eltern
dtv 3-423-36030-5

Ulla Rahn-Huber
**Der ultimative Survival-
Guide für junge Eltern**
dtv 3-423-36167-0

Dorothy Rich
Lernspiele für den EQ
So fördern Sie die emotio-
nale Intelligenz Ihres
Kindes
dtv 3-423-36226-X

Julia Rogge
**Den Alltag in den Griff
bekommen**
Familien-Management
dtv 3-423-36199-9

Lawrence E. Shapiro
EQ für Kinder
Wie Eltern die emotionale
Intelligenz ihrer Kinder
fördern können
dtv 3-423-36121-2

**Weder Macho noch
Muttersöhnchen**
Jungen brauchen eine neue
Erziehung
dtv 3-423-36123-9

Eva Zeltner
Mut zur Erziehung
dtv 3-423-36048-8

Klug mit Gefühlen umgehen

Laura Day
Mit P.I. zum Erfolg
Praktische Intuition für
Karriere, Reichtum und
Glück
<u>dtv</u> premium 3-423-**24183**-7
P.I. in der Liebe
Mit Praktischer Intuition
zu Erfüllung und Glück
<u>dtv</u> 3-423-**36270**-7

Daniel Goleman
**EQ. Emotionale
Intelligenz**
<u>dtv</u> 3-423-**36020**-8
EQ²
Der Erfolgsquotient
<u>dtv</u> 3-423-**36211**-1

Daniel Goleman, Paul
Kaufman, Michael Ray
Kreativität entdecken
<u>dtv</u> 3-423-**36136**-0

**Die heilende Kraft
der Gefühle**
Hrsg. von Daniel Goleman
<u>dtv</u> 3-423-**36178**-6

Verena Kast
Neid und Eifersucht
Die Herausforderung durch
unangenehme Gefühle
<u>dtv</u> 3-423-**35152**-7
Der Schatten in uns
Die subversive Lebenskraft
<u>dtv</u> 3-423-**35160**-8

Arnold Lazarus
Fallstricke der Liebe
Vierundzwanzig Irrtümer
über das Leben zu zweit
<u>dtv</u> 3-423-**36185**-9

Joseph LeDoux
Das Netz der Gefühle
Wie Emotionen entstehen
<u>dtv</u> 3-423-**36253**-7

Dorothy Rich
Lernspiele für den EQ
So fördern Sie die emotio-
nale Intelligenz Ihres
Kindes · <u>dtv</u> 3-423-**36226**-X

Lawrence E. Shapiro
EQ für Kinder
<u>dtv</u> 3-423-**36121**-2

Peter Schmidt
**Die Kraft der positiven
Gefühle**
Mit neuen Mentaltechniken
innerlich frei werden
<u>dtv</u> 3-423-**36256**-1

Claude Steiner
Emotionale Kompetenz
<u>dtv</u> 3-423-**36157**-3

Peter Uffelmann
Verzeih dir selbst
Die sieben Schritte zum
Selbstwertgefühl
<u>dtv</u> 3-423-**08553**-3

Schule und Erziehung

Gibt es die ›richtige‹ Erziehung? • Was erwartet mein Kind von mir, was kann ich von ihm erwarten? • Was kommt beim Schulanfang auf mein Kind zu? • Wie hat es Spaß am Lernen?

Experten klären Ihre Fragen und helfen bei Problemen.

Barbara Högl
Störfälle?
Die viel zu unaufmerksamen
Kinder · dtv 3-423-**36213**-8

Gerhard W. Lauth
Peter F. Schlottke
Kerstin Naumann
**Rastlose Kinder,
ratlose Eltern**
Hilfen bei Überaktivität und
Aufmerksamkeitsstörungen
dtv 3-423-**36122**-0

Cora Neuhaus
Corona Schmid
Nur eine Phase?
Verhaltensauffälligkeiten
bei Kindern
dtv 3-423-**36219**-7

Neil Postmann
Keine Götter mehr
Das Ende der Erziehung
dtv 3-423-**36046**-1

Jirina Prekop,
Christel Schweizer
Unruhige Kinder
Ein Ratgeber für beun-
ruhigte Eltern
dtv 3-423-**36030**-5

Lawrence E. Shapiro
EQ für Kinder
Wie Eltern die Emotionale
Intelligenz ihrer Kinder
fördern können
dtv 3-423-**36121**-2

Peter Struck
**Erziehung von gestern –
Schüler von heute –
Schule von morgen**
dtv 3-423-**36210**-3

Peter Struck
Netzwerk Schule
Mit dem Computer das
Lernen lernen
dtv 3-423-**36239**-1